빵과 서커스

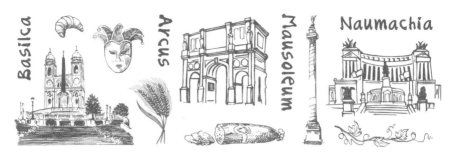

BREAD AND CIRCUSES

─ ✦ 2,000년을 견뎌낸 로마 유산의 증언 ✦ ─

빵과 서커스

나카가와 요시타카 지음 임해성 옮김

에듀아카이브

일러두기

• 본문 중 괄호 안의 부연 설명은 모두 편집자주입니다.

• 본문에 등장하는 고대 로마 시대의 인명, 지명 등은 라틴어 발음에 가깝게 표기하고 처음에만 알파벳으로 병
기했습니다. 단, 교황의 이름은 가톨릭교회의 표기법을 적용했습니다. 그 밖의 외래어는 국립국어원 외래어
표기법에 따랐습니다. 명확한 이해를 위해 한자 병기가 필요한 부분은 추가했습니다. 《성서》의 경우 공동번역
성서의 명칭으로 표기하고 개신교에서 통용되는 제목을 나란히 넣었습니다.

• 본문에 삽입한 도판 대부분은 출판권을 확보했지만 일부는 원저작권자의 동의를 구하지 못했습니다. 저작권
자와 연락이 닿는 대로 정당한 사용료를 지불하겠습니다.

남아 있는 것들로 보는
사라진 로마

로마는 확실히 인류의 유산이다. 그러나 불행히도 그 유산의 상속자는 명확하지 않다.

나는 지금까지 네 번 이탈리아 출장을 다녀오면서 로마를 방문할 기회가 있었는데, 그때마다 로마인의 후예라는 정체성과 자부심이 거의 없는 것처럼 보이는 이탈리아인들의 말과 태도에 놀랐다. 한편으로는 그래서 로마가 이탈리아인들의 국수주의적 자부심의 재료로 소모되는 일 없이 지금까지 우리 앞에 남아 있는 것인지도 모르겠다는 생각이 들었다. 어쨌건 로마는 인류의 유산이 됐고, 이 책은 인류 전체의 유산으로서 로마가 남긴 세계 유산의 증언을 다루고 있다.

로마를 이야기할 때면 꼭 로마 멸망 원인이 거론된다. 하지만 여전히 역사학계에서도 의견이 분분하다. 아마도 계속 그럴 것이다. 역사란 본래 그러니까. 지난 일이니까. 그런데 한 가지 고정관념은 작용하는 것처럼 보인다. 역사적으로 어떤 나라든지 융성의 정점을 찍고 나면 통치자와 국민들이 안이해지고 나태해져서 결국 내리막길을 걷게 된다는 생각 말이다. 마치 오르막길이 있으면 내리막길이 있고, 추락하는 것은 날개가 있다는 말처럼 지극히 당연하게 받아들여진다.

로마도 그랬을까? 로마 멸망 원인이 대화 주제로 오를 때 항상 나오는 몇 가지 설(說)이 있다. '게르만족의 대이동'과 같은 학계의 그것이 아니라 그야말로 '설'이다. 우선 사람들 사이에서 가장 부담 없이 회자되는 '목욕탕설'이다. 여기서 목욕탕은 '쾌락'의 대명사로 쓰인다. 로마인들이 너무나도 목욕을 좋아해서 결국 그들의 나태하고 향락적인 생활습관을 가속화시켰다는 얘기다. 혼욕 문화가 있던 로마 시대의 목욕은 아무래도 성적 충동을 불러일으키기 쉽고, 그것이 결국 문란한 성도덕으로 이어져 로마 전체를 무기력하게 만들었다는 생각 말이다. 목욕을 몸에 붙은 때를 벗겨내는 청결 행위가 아닌, 일종의 관능적 쾌락 추구의 행위로 즐겼던 세태를 비판하는 관점이다.

다음은 이보다는 좀 더 과학적인 논리가 있어 보이는 주장인데, 다름 아닌 '납중독설'이다. 납중독이 인체에 미치는 치명적인 악영향은 상식으로 통한다. 그런데 로마인들은 수도 구축에 납관을 사용했고, 자연스럽게 납이 섞인 물을 마셨으며, 심지어 납으로 만든 분 등을 얼굴에 바르기도 했다. 그 결과 로마 남성들의 인체에 퍼진 납 성분이 불임을 유발해 로마 인구가 말기로 갈수록 격감했다는 논리다.

마지막으로 목욕탕설과 섞여서 흔히 회자되는 '극단적 타락설'이 있다. 로마가 급작스런 멸망을 초래하게 된 것은 로마 시민들의 지나친 사치와 방탕 그리고 난잡한 성생활 때문이라는 것이다.

물론 그럴듯하긴 하지만 뭔가 엉성해 보이는 이런 설들은 여러 사료와 분석으로 그 개연성을 철저히 반박할 수 있다. 그렇더라도 고대 로마에는 실제로 위에서 언급한 일들이 있었다. 하지만 그것들은 로마가 멸망할 시점에 이르러서가 아니라 애초부터 그랬다. 로마는 태생이 그런 나라였다. 로마가 성립한 초기에서부터 말기에 이르기까지 이른바 '빵과 서커스'로 상징되는 문화는 지속됐다. 로마는 성적 욕망의 극단적 추구나 동성애, 변태 행각 등에 대해 오늘날 현대인으로서는 상상하기 어려울 만큼 관대한 나라였다. 특히 귀족들의 향락주의는 대단해서, 매일 밤마다 먹고 마시고 섹스하고, 그때까지 먹은 걸 토해내고 다시 먹고 마시는, 식도락과 성도락으로 점철되는 광란의 연회를 되풀이했다. 로마를 다루는 영화나 TV 드라마에서 꼭 등장하는 장면이기도 하다. 과장된 연출 같지만 대부분 사실이다.

그러나 이 책의 저자는 만연된 쾌락주의가 로마 멸망의 원인이라고 말하지 않는다. 로마인들의 향락 추구는 이미 건국할 시점부터 당연한 생활습관으로서 받아들여졌으며, 오히려 로마제국의 쇠망기라고 할 수 있는 4세기 이후에는 그 방탕함도 확연히 줄어들었기 때문이다. 조심스러운 표현이지만 되레 그 반대일 수도 있다. 콘스탄티누스 1세가 기독교를 공인한 뒤, 그리고 테오도시우스 1세에 의해 로마 국교가 된 이후 금욕주의가 급격히 로마인들에게 강요됐다. 이른바 폭군의 대명사처럼 불리는 저 유명한 네로 황제 때는 귀족은 물론 일반 시민에 이르기까지 극단적인 쾌락을 추구하던 시대였는데도 당시 로마의 국력은 탄탄했다. 이렇게만 봐도 로마 멸망 원인을 무분별한 쾌락주의와 연결시키는 것은 무리가 있다.

다른 한편으로는 "로마 멸망의 원인을 찾는 게 무엇이 중요한가?" 하는 반대의 질문도 던져볼 수 있다. 그래서 어쩌란 말인가? 로마의 쇠락은 제국의 거대한 규모가 가져온 자연스럽고도 불가피한 결과였다. 번영은 부패를 촉진한다. 정복의 범위가 넓어질수록 파멸의 압력은 늘어난다. 흐르는 시간과 누적되는 사건들이 인위적인 지지대를 제거했을 때 제국이라는 비대한 구조물은 그 자체의 무게에 의해 무너지기 시작했다.

우리에게 정작 중요한 질문은 "로마를 로마이게 한 것은 무엇인가?"이다. 배울 만한 가치를 담고 있는 쪽은 이쪽이다. 일개 도시가 거대 제국으로 성장한 현상은 특별했던 역사적 사건을 넘어 깊은 성찰을 이끌어낸다. 서양의 직선적 역사관과 세계관은 인간에게 단 한 번의 기회만이 주어진다고 전제한다. 그러므로 타자의 사례를 통해 번영과 멸망의 원인을 찾아냄으로써 아직 기회를 얻지 못한 '나'에게 그것을 적용해 교훈으로 삼고자 한다. 서양식 합리성이다.

반면 동양의 순환적 세계관은 역사는 돌고 도는 것이며 인간에게 여러 번의 기회가 주어진다고 전제한다. 달은 차면 기울고, 꽃의 붉음은 열흘을 가지 못하며, 와신상담은 졌다고 진 것이 아니고, 끝날 때까지 끝난 것이 아니며, 나아가 끝도 시작도 아예 없다고 한다. 다만 이런 유전(流轉) 속에서 그 연유와 인과를 밝혀 지금의 '나'는 그 같은 번잡함을 피하려는 것이 동양식 합리성이다.

이런 측면에서 보면 에드워드 기번의 《로마제국 쇠망사》보다 시오노 나나미의 《로마인 이야기》가 우리나라에서 더 많이 읽힌 게 이해가 된다. 정서가 맞아서일까? 수많은 논란에도 불구하고 로마에 대한 새로운 시각과 해석의 틀을 제공했다는 점에서는 충분히 의미를 부여할 수 있다. 그런데도 불구하고 시오노 나나미의 《로마인 이야기》가 숱한 논란의 대상이 되는 까닭은 무엇보다도 객관적 역사를 바라보는 그의 주관적 관점이다. 분명히 역사가의 시선은 아니다. 역사를 좋아하는 사람의 근거 없는 해석이라는 비난에서 자유로울 수 없는 이유다.

이 책은 특이하게도 역사가나 역사 애호가의 관점에서 로마를 바라보지 않는다. 저자 자신이 역사학자가 아닐뿐더러 본인의 시야를 벗어나는 주제는 일절 말도 꺼내지 않는다. 이 책은 엔지니어가 쓴 로마 이야기다.

그래서 현재 남아 있는 로마의 유형 유산을 토대로 이야기를 풀어나간다. 다시 말해 '남아 있는 것들로 보는 사라진 로마'다. 저자는 일본 유수의 건설 기업 다이세이(大成) 건설 엔지니어 출신으로 현재는 대학 교수다. 토목 책임자로서 세계적 교각으로 평가받는 세토(瀨戶) 대교 등을 설계·시공한 경험이 있는 인물이다. 세토 대교는 일본 혼슈(本州) 지역과 시코쿠(四国) 지역을 이어주는 다리로, 5개 섬을 걸쳐 3개의 현수교(懸垂橋)와 2개의 사장교(斜張橋) 그리고 1개의 트러스교로 구성돼 있다. 교량부만 9,368미터이며, 고가부를 포함하면 길이가 13.1킬로미터로 철도·도로 병용교로서는 세계 최장이다. 사업비로 약 1조 1,338억 엔이 투입됐으며, 내진 설계가 되어 있어 리히터 규모 7 이상의 지진에도 견뎌낼 수 있다.

저자는 자신의 경험을 접목시켜 로마를 토목·건축의 관점에서 접근한다. 로마를 로마이게 한 요인들이 사라지고 난 이후의 세계와 그것이 다시 복원된 역사 사이에서 유형의 증거를 찾아내고자 했다. 로마를 융성하게 만든 것들 가운데 하드웨어적으로는 수도와 가도, 원형 극장과 원형 경기장, 공공 욕장과 종교 시설 등의 형태가 남아 있다. 이 같은 유형의 유산과 우리에게 알려진 무형의 정보를 일치시키려는 작업이 바로 이 책이다.

물건이 그 사람을 말해주듯이 유산이 그 나라를 말해준다. 로마가 남긴, 지금은 세계 유산으로 보호되고 연구되는 수많은 건축물들. 방대한 지식의 흔적이 남아 있는 고대 로마의 도서관 유물, 그 시대의 문화 정보가 담겨 있는 공공 욕장과 원형 극장, 원형 경기장 유적, 모든 길은 로마로 통한다는 것이 무엇을 담고 있는지 알려주는 수도와 가도 등 눈에 보이는 것들과 인문·역사적 지식을 일치시키기 위해 저자는 로마제국 영역에 오늘날까지 2,000년을 견디며 남아 있는 세계 유산의 증언에 귀를 쫑

굿 세우고 우직한 작업을 계속해왔다.

독자 여러분은 이 책을 통해 로마가 번영할 수 있었던 원인을 머릿속에서 그려볼 수 있다. 문서화·표준화와 같은 정보관리, 원천 기술의 개발과 전승 및 네트워크 구축과 같은 기술관리 측면에서 당시 로마가 이뤄낸 위업을 구체적으로 정리해볼 수 있다. 그러고 나면 자연스럽게 "그런데 왜 암흑기라는 중세로 넘어갔을까?"라는 질문이 맴돌게 된다. 역사를 살펴보는 게 이래서 재미있다. "역사에서 만약은 아무런 의미가 없다"는 숱한 충고에도 불구하고 우리는 늘 가정을 하게 된다.

"로마가 멸망하지 않았더라면?"

저자는 만약 로마가 멸망하지 않았더라면 실제 역사에서 르네상스와 근대 이후 인류가 접하게 될 과학적 발견과 기술적 발명이 얼마나 더 빠르게 실현됐을 것인지에 대한 합리적 추론을 전개하는 단계로까지 나아간다. 그렇다고 저자가 책 속에서 자신의 목소리를 관철시키고자 애쓰는 것 같지는 않다. 새로운 사실을 깨달았다고 떠벌리지도 않는다. 그저 엔지니어의 시각에서 바라본 고대 로마를 담담하게 그려내고 있다.

어찌 보면 이 책은 로마 역사를 처음 접하는 독자들에게 걸맞은 텍스트는 아닐 수도 있다. 로마 역사에 관한 개괄적인 밑그림을 갖고 있는 독자들에게는 상당히 흥미롭게 읽힌다. 이른바 교양인이라는 사람들은 모두 로마에 관심이 많다. 그럴 만하다. 이야기 자체가 흥미롭기도 한데다 깊은 통찰을 요구하기 때문이다. 그런 면에서 이 책은 로마 역사에 관해 기본적으로 관심을 갖고 있으며 오랫동안 여러 질문을 품어온 교양인에게 제격이다. 지향이 있는 삶을 살아가고 싶은 현대인들에게 교양이 되는 앎을 나누고자 저자가 내미는 손이기도 하다.

속 깊고 주도면밀한 저자의 집필 의도를 곡해하고 섣불리 경박한 해석을 하는 것 같아 조심스럽지만, 이 책을 우리말로 옮긴 역자이기 이전에 저자인 나카가와 요시타카 선생과 오랫동안 교류한 벗으로서, 그만의 진정성이 담겨 있는 이 세계 유산 속 보물찾기를 시작하기 전 독자 여러분께 약간의 힌트는 드리고 싶었다. 지루한 들여다봄과 감당하기 버거운 넓은 구역이 보물찾기 영역으로 제공되는 것은 세심한 관찰과 예기치 못한 발견이 주는 기쁨을 극대화하기 위한 합목적의 수단이다. 중도에 포기하고 그늘을 찾는 방관자가 되기보다는, 끝까지 참여하면 마침내 성장의 주인공이 될 수 있다는 믿음을 전하면서 쓸데없는 노파심을 접는다.

아울러 이 책은 일본에서 출간된 원서를 우리말로 옮긴 것이 아니라, 저자가 애초에 한국에서의 출판을 목적으로 집필한 원고를 번역한 것이다. 즉, 오리지널 판권을 예문아카이브가 확보한 저작물이다. 그래서 옮긴이로서 이 책이 더 의미 있게 다가왔다. 출판권이 저자의 모국인 일본으로 역수출되는 모습도 기대해본다.

옮긴이 임해성

제1장 로마제국이 남긴 유산들

제2장 도시의 완성, 장벽과 상하수도

제3장 모든 길을 통하게 만든 로마 가도

제4장 빵과 서커스 ①: 식량과 바닷길

제5장 빵과 서커스 ②: 오락과 휴식

제6장 만신전에서 유일신전으로

제7장 시민의 교양

제8장 영원할 것만 같던 제국

로마인이라서 행복했던 시절

현대 사회는 번영과 포식이 보여주는 빛에 반해 도시로의 인구 집중과 지방 도시의 과소화, 3D 직종의 기피, 정치적 포퓰리즘(populism), 난민 문제, 종교적 갈등에 기인한 국가 분단 현상이라는 어두움이 커다란 그림자를 드리우고 있다. 이 같은 양상은 고대 로마제국의 '번영과 쇠망' 과정과 유사하다. "역사는 되풀이된다"는 말이 설득력 있게 다가오는 이유일 것이다.

나는 이 책에서 그 '데자뷰(deja-vu)'를 담아볼 생각이다. 기독교인들은 율리우스 카이사르(Julius Caesar, 기원전 100~44)가 닦아놓은 대제국을 쇠퇴시키고 기독교의 나라를 만들었다. 그것이 나빴다는 뜻은 아니다. 로마의 번영 또한 기독교와 함께했다. 그 번영의 징표는 위대한 세계 유산으로서 남아 있다. 기원전 27년 아우구스투스(Augustus, 기원전 27~기원후 14) 황제 때 처음 세워진 뒤 기원후 125년 경 푸블리우스 하드리아누스(Publius Hadrianus, 재위 117~138) 황제에 의해 재건된 판테온(Pantheon)은 본래 다신교였던 로마의 모든 신을 모신 '만신전(萬神殿)'이었다. 그래서 현재 포로 로마노(Foro Romano)로 부르는 '포룸 로마눔(Forum Romanum)'과 마찬가지로 파괴돼 성당 건축용 석재의 채석장이 될 뻔했다. 하지만 사람들을 매료시키는 아름다움 덕분에 609년 가톨릭 성당으로 바뀐다. 판테온은 내가 고대 로마에 평생의 관심을 기울이게 된 결정적 계기가 되기도 했다.

신약성서 마태오(마태)·마르코(마가)·루가(누가) 복음서에는 공통적으로 "카이사르의 것은 카이사르에게, 하느님의 것은 하느님에게"라는 구절이 등장한다. 특히 〈마태오의 복음서(마태복음)〉는 예수 그리스도가 로마제국의 속주(屬州) 유대(Judea)에서 활동할 당시의 이야기를 비교적 상세히 기록하고 있는데, 2장 1절의 내용에서처럼 유대인들에게는 기원전 73년 로마군에 포위돼 2년 동안 마사다(Masada, '요새'라는 뜻)에서 항전하다가 로마군의 총공세 전날 960명이 집단 자결했던 처절한 역사가 있다. '로마제국으로부터의 독립'이라는 유대 민중의 욕구가 넘치고 있었던 것이다. 유대인 용기의 상징으로 이스라엘 국방군의 입대식이 매년 이곳 정상에서 열린다. 오늘날까지 이어지는 유대 민족의 힘을 상징한다고 할 수 있다.

예수는 독립 추진파인 바리새인들로부터 "우리가 카이사르에게 세금을 내야 합니까?"라는 짓궂은 질문을 받는다. 세금을 내야 한다고 대답하면 로마 지배 체제를 인정하는 셈이 되므로 신자들의 불신을 초래한다. 거부해야 한다고 말하면 반역자로 간주돼 로마 당국에 고발될 수 있다. 예수를 시험하기 위한 좋은 질문이었다. 그때 예수는 세금으로 내는 금화를 가져오라면서 그 금화에 누구의 얼굴이 새겨져 있는지 물었다. 그들은 "카이사르의 얼굴이 새겨져 있습니다"라고 대답했다. 그러자 "카이사르의 것은 카이사르에게, 하느님의 것은 하느님에게 돌려라" 하고 말했다는 이야기다. 기독교에서는 유명한 일화다.

여러 가지 의미로 해석이 가능하겠지만, 나는 "속세의 것은 속세의 것에 따르라", "신앙은 내면의 자유가 더 중요하다"는 의미로 받아들이고 있다. 약자나 강자나 자기 입맛대로 편하게 인용할 수 있는 문장이기도 하다. 그래서 해석을 잘해야 한다.

나는 32년 동안 일본의 대형 건설사 토목 기술자로서 세토 대교, 아카시(明石) 해협 대교 등의 장대 교량 건설에 참여했다. 그리고 9년 동안은 대학 교수로서 매니지먼트를 교육하고 연구했다. 그동안 집필한 책으로는 《수도로 보는 고대 로마 번영사(水道が語る古代ローマ繁栄史)》《도로로 보는 고대 로마 번영사(交路からみる古代ローマ繁栄史)》《오락과 휴식으로 보는 고대 로마 번영사(娯楽と癒しからみた古代ローマ繁栄史)》 등이 있는데, 모두 로마의 역사와 관련이 있다. 의아하게 여길 독자들을 위해 왜 내가 전문 분야도 아닌 '고대 로마 번영사' 시리즈를 쓰게 됐는지 그 이유를 설명하고자 한다.

2004년 로마를 1주일 동안 찬찬히 돌아볼 기회가 있었다. 그때 '판테온' 실물을 처음으로 보게 됐다. 앞서 언급했듯이 판테온은 서기 118년~128년경 황제 하드리아누스가 재건한 만신전으로 안지름 43미터의 콘크리트 재질의 '돔(dome)' 구조다. 오늘날의 테베레(Tevere) 강인 티베리스(Tiberis) 강 범람원, 즉 연약한 지반 위에 세워진 건축물이다. 철근 배근이 없는 초기 콘크리트 돔으로서는 바티칸의 산 피에트로(San Pietro, 성 베드로) 대성당을 웃도는 최대 규모를 자랑한다. 그런 건축물이 1,900년 세월이 넘도록 긴 시간을, 더구나 지진이 빈번히 일어나는 이탈리아의 연약 지반 위에 우뚝 솟아 있는 것이다.

돔의 기반은 두께 6미터의 콘크리트로 이뤄져 있고 정상부는 두께 1.5미터로 화산회를 사용한 경량 콘크리트다. 천장에는 지름 9미터의 거대한 눈, '오쿨루스(oculus)'라 부르는 둥근 창을 만들어 이를 통해 경량화를 실현했다. 또한 기초를 6미터로 깊게 파서 강고한 지반 위에 건축함으로써 구조 설계에 만반을 기했다. 구조의 멋스러움과 함께 오쿨루스를 통해 쏟아져 들어오는 빛의 다발이 돔 내벽의 회백색 격자무늬를 음영으로 부각시킨다. 나아가 돔을 지탱하는 30개의 기둥과 내벽의 색 대리석이 빛을 받는 각도에 따라 미묘한 빛깔의 농담(濃淡)을 연출한다.

로마 인근의 모든 고대 미술품에 관한 총책임자의 권한을 부여받았던 르네상스(Renaissance) 시대의 거장 라파엘로 산치오(Raffaello Sanzio, 1483~1520)가 마지막 소원으로 훗날 자신이 누운 관을 판테온에 묻어달라고 요구한 것도 무리가 아니다. 판테온의 구조 설계와 미적 아름다움뿐 아니라, 내가 경탄한 것은 그 건설 기술의 뛰어남이다. 콘크리트 돔은 콘크리트 전체가 한 몸이 아니면 힘을 발휘하지 못한다. 일반적으로 콘크리트는 타설 이음매가 많으면 많을수록 약해지는 법이다. 이 시대에 지금처럼 커다란 크레인이나 탄탄한 발판, 거푸집이 있었던 것도 아니다. 더욱이 오늘날과 같은 믹서가 없어서 수작업으로 콘크리트를 반죽했을 테니 고품질이라고 할 수 없고 조금씩 타설했을 것이다. 그런데도 어떻게 1,900년 세월을 견딜 수 있는 구조물을 만들 수 있었을까?

나는 대학에서 기계공학, 대학원에서 토목공학을 전공하고 세계 제일의 장대 현수교 아카시 해협 대교의 주탑(主塔) 기초 공사를 경험한 바 있어서 구조물의 설계 시공에 관해 매우 잘 알고 있다. 당시 주탑 공사는 깊은 수심에 급조류 그리고 국제 항로인 까닭에 늘 항해하는 선박들로 넘쳐나는 환경 속에서 진행된 세계 건설사상 유례가 없는 난공사였다. 그때 나는 공사 총책임을 맡았는데, '콘크리트 반죽 방법'을 주제로 박사학위를 취득한 터라 콘크리트 지식에도 일가견이 있었다. 게다가 매니지먼트를 강의하고 연구한 경험 덕분에 건설을 효율적으로 추진하는 데에도 자신이 있었다.

　내 자랑으로 거만을 떨려는 게 아니라 당시만 해도 세상에서 내가 만들수 없는 구조물은 없다고 자부했던 것이다. 그런데 그때 판테온을 만나게 됐다. 순간 마음속에서 '너는 현대의 장비와 재료가 아닌 약 2,000년 전의 것들로 판테온을 만들어낼 수 있느냐?' 하는 질문이 들려왔다. 나는 속으로 '아무리 생각해도 도저히 안 될 것 같다'고 대답했고 스스로 무너지는 느낌을 받았다.

　이후 나는 천성적인 호기심과 남에게 지기 싫어하는 성격 탓에 본격적으로 고대 로마에 관해 공부하기 시작했다. 전공이 전공인지라 로마제국이 남긴 토목·건축 유산에 특히 관심이 갔다. 그래서 콜로세움(Colosseum)이나 카라칼라 욕장 등 멋진 로마 유적을 이탈리아는 물론 동쪽으로 터키, 서쪽으로 에스파냐, 남쪽으로 튀니지, 북쪽으로 스코틀랜드까지 당시 로마제국의 영토였던 곳들을 샅샅이 둘러봤다. 그 결과물이 바로 '고대 로마 번영사' 시리즈였다.

　로마제국은 발군의 군사력을 바탕으로 광대한 지역을 점령할 수 있었다. 하지만 단순히 영토의 넓이만 놓고 보면 대영제국의 3,370만 제곱킬로미터나 몽골제국의 3,300만 제곱킬로미터에 한참 못 미치는 500만 제곱킬로미터에 불과하다. 그러나 대영제국은 346년, 몽골제국은 162년밖에 존속하지 못했다. 반면 로마는 제정 로마 시대만 따져도 500년, 지중해를 내해로 만든 카르타고(Carthago)와의 포에니(Poeni) 전쟁 종료 시점인 기원전 146년부터 따지면 무려 620년 동안 존속했다. 참고로 러시아제국(2,280만 제곱킬로미터)은 196년간 유지됐다.

　고대 로마가 이처럼 오랜 세월에 걸쳐 넓은 영토를 보유하고 번영을 유지할 수 있었던 비결은 무엇일까? 그것도 수도인 로마뿐 아니라 저 멀리 변방의 속주에서도 같은 수준의 번영을 누릴 수 있었던 까닭은 무엇일까? 그런데 왜 멸망한 것일까? 그리고 멸망 뒤에는 무엇을 남겼을까? 이 같은 관심이 계속해서 생겼다. 이 같은 의문을 풀어나가고자 한 노력이 이 책《빵과 서커스》를 쓰게 된 동력이 됐다.

나는 이 책에서 로마제국의 역사를 그들이 남긴 성벽, 상·하수도, 가도(街道), 해도(海道), 공공 욕장, 원형 극장, 원형 경기장, 전차 경주장, 신전, 도서관과 같은 토목·건축 유산과 연결해 살피면서 다음의 질문에 답하고자 한다.

로마는 왜 제국의 구석구석까지 내규모 시설을 지을 수 있었을까? 로마의 스승이라 불리던 그리스는 왜 그러지 못했을까? 에드워드 기번(Edward Gibbon, 1737~1794)이 말한 것처럼 로마는 "세계 역사상 인류가 가장 행복한 시대"를 어떻게 실현할 수 있었을까? 또한 '빵과 서커스', 이른바 포퓰리즘의 시대에 들어서면서 사람들이 나태해졌는데도 어떻게 그토록 오랫동안 대제국을 유지할 수 있었을까?

여기까지는 카이사르가 세운 로마의 시대다. 이후는 기독교의 시대가 된다. 동서로 제국이 분리된 이후 서로마제국은 게르만족의 침입으로 멸망했을까? 더 어려운 상황이었던 동로마제국은 어떻게 1,000년을 더 존속할 수 있었을까? 서로마제국 멸망 후 왜 그 화려했던 문화와 과학 기술의 계승이 이뤄지지 않고 르네상스까지 약 1,000년 동안 중세의 암흑기를 보내야만 했을까? 현대로까지 이어진 로마 문화에는 어떤 것들이 있을까?

그리고 언제나 가장 궁금한 질문, 만약 476년에 서로마제국이 멸망하지 않았다면 역사는 어떻게 변했을까?

제1장

로마제국이 남긴 유산들

고대 로마는 다민족 국가로, 전승에 따르면 기원전 753년 왕정(王政) 로마가 건국된 뒤 기원전 509년 공화정(共和政), 기원전 27년 제정(帝政)이 시작됐다. 96년~180년 오현제(五賢帝) 시대에 현재의 유럽연합(EU) 432만 제곱킬로미터를 능가하는 500만 제곱킬로미터의 영토를 확보했고, 395년 동과 서로 분열돼 476년 서로마제국이 먼저 멸망했다(이 책에서 로마라 함은 서로마를 일컫는 것이다). 제국 시대만 따져도 500년 넘게 유지됐으며, 지중해를 '내해(內海)'로 만든 기원전 264년~146년 포에니 전쟁을 포함시키면 622년이나 지속한 장수 국가다.

ː 유웨날리스의 탄식 ː

바로 직전에서 언급했듯이 세계 역사상 가장 넓은 영토를 보유했던 대

┃
로마제국 최대 영토(117년)

영제국(3,370만 제곱킬로미터)은 346년, 몽골제국(3,300만 제곱킬로미터)은 162년, 러시아제국(2,280만 제곱킬로미터)은 196년 동안 그 영토를 유지했다. 중국의 한족은 몽골을 무지몽매하다는 뜻의 '몽(蒙)' 자를 써서 몽고(蒙古)라고 표기하며 애써 멸시했다. 그들의 생각이 옳지만은 않지만 어쨌건 역사에서 몽골제국은 가장 넓은 영토를 점령한 대제국이긴 했으나 뛰어난 문명을 자랑하는 초대국(超大國)은 아니었다. 더욱이 이들 제국을 경영한 황제나 국왕은 대부분 자신들 일족 출신이 일반적이었다. 그런데 로마제국은 이탈리아 지역 출신들뿐 아니라 속주 출신자들도 많았다. 아버지가 노예였는데도 불구하고 그 자식이 황제가 된 사례도 두 번이나 있었다. 명저《로마제국 쇠망사(The History of the Decline and Fall of the

Roman Empire)》의 저자 에드워드 기번은 이렇게 썼다.

"세계 역사상 인류가 가장 행복했던 시대와 번영했던 시기가 언제냐고 물어보면 사람들은 주저 없이 96년 도미티아누스(Domitianus, 재위 81~96) 황제의 죽음으로부터 180년 콤모두스(Commodus, 180~192) 황제 즉위 무렵까지의 시기를 꼽는다."

인류의 행복과 번영의 관점에서 《로마제국 쇠망사》가 출간된 1788년까지 무려 1,300년 동안 로마제국을 넘어서는 나라는 서양 세계에 없었다는 얘기다. 행복한 시대에는 전란이 없을뿐더러 식량 걱정도 없이 오락과 문화를 마음껏 즐길 수 있다. 물론 이를 위해서 오락과 문화 시설이 생겨났다.

또한 행복한 시대에는 자연스럽게 사람들이 나태해진다. "건강한 정신은 건강한 신체에 깃든다(아니마 사나 인 코르포레 사노, Anima Sana In Corpore Sano)"라는 어록으로 유명한 로마의 시인 유웨날리스(Decimus Iunius Iuvenalis, 60~130)는 이렇게 탄식했다.

"시민들은 로마가 제정이 되면서 투표권이 사라지자 국정에 대한 관심을 잃었다. 과거에는 정치와 군사의 모든 영역에서 권위의 원천이었던 시민들이 이제는 오매불망 오직 두 가지만 기다린다. 빵과 서커스를."

그는 포식과 오락만을 추구하는 로마의 쇠퇴가 멀지 않았음을 경고했다. 하지만 그의 글이 작성된 시점을 기원후 100년경으로 산정하더라도 서로마제국이 멸망한 476년까지 무려 376년간이나 대제국은 유지됐다. 그러나 확실히 포식과 오락에 빠진 사람들은 힘들고 귀찮은 일을 싫어하게 된다. 점점 오락과 쾌락의 자극이 넘치는 도시로 모여드는 가운데 저출산, 지방의 과소화, 농업 생산 감소 문제가 발생했다. 그 결과 제국의 세수가 감소해 국력이 약해졌다.

이는 현대 국가들이 겪고 있는 문제와 크게 다르지 않다. 로마는 이런 문제들에 나름대로 대처하면서 370여 년 동안 제국을 유지할 수 있었던 것이다. 이렇게 오늘날 세계 각지에서 일어나는 비슷한 종류의 문제를 고대 로마제국은 어떻게 대처했는지 살펴보는 것도 이 책을 쓴 목적 중 하나다.

: 의문의 역사 :

많은 학자들은 375년에 발생한 게르만족의 대이동을 서로마제국의 결정적인 멸망 원인으로 보고 있다. 그런데 로마 영토를 게르만족이 대규모로 침입한 것은 이미 기원전 2세기경부터 있어왔고, 4세기~5세기에 이동해온 이들은 최대 10여 만 명에 불과한 것으로 밝혀졌다. 당시 로마제국 군단병의 수는 그 몇 배에 달했다.

나폴레옹 보나파르트(Napoleon Bonaparte, 1769~1821)는 "훈련되지 않은 이민족을 상대로 훈련된 정규군을 이용하면 카이사르와 같은 대승을 거둘 수 있다"며 이민족 타도는 결코 어렵지 않다고 주장한 바 있다. 일본의 역사학자 유게 토오루(弓削達)는 자신의 저서 《로마는 왜 멸망했는가(ローマはなぜ滅んだか)》에서 게르만족 대이동의 원인에 관해 "그들은 다만 위험하고 가혹하고 빈궁한 생활에서 벗어나 문명이라는 과일을 맛보고 싶어 했을 뿐"이라고 설명한다. 즉, 로마제국 안에서 평온하게 살고자 했을 뿐 로마제국을 멸망시킬 의도는 없었다는 것이다. 하지만 로마인들은 그들에 대한 멸시와 공포 때문에 제국 내 거주를 허용하지 않았고, 그로 인한 전투가 이어지다가 476년 서로마제국은 멸망했다.

395년 테오도시우스 1세(Theodosius I, 재위 379~395)가 제국을 쪼개 자신의 두 아들 아르카디우스(Arcadius)와 호노리우스(Honorius)에게 나눠주면서 로마는 동로마와 서로마로 분리돼 아르카디우스(재위 395~408) 동로마 제국의 황제가 되고 호노리우스(재위 395~423)는 서로 마제국의 황제가 된다. 이 시점의 영토 크기를 트라야누스(Traianus, 재위 98~117) 황제 때와 비교해보면 동로마제국의 영토 범위는 217년 파르티아(Parthia, 현재의 이란 북부 지역) 왕국에 패해 지금의 이라크, 이란, 아르메니아의 일부 지역을 뺏겼고 270년경 게르만족의 침입으로 다키아(Dacia, 지금의 루마니아) 지역을 처분했으므로 전성기 때의 8할 정도에 해당했다.

반면 서로마제국은 거의 줄어들지 않았다. 오히려 동로마제국이 이민족의 침입을 자주 받아 더 어려운 상황이었다. 일례로 제국을 4개로 분할해(사두정치) 통치한 디오클레티아누스(Diocletianus, 284~305) 황제는 스스로 동방의 '정제(正帝, Augustus)'가 되어 니코메디아(터키·이즈미트)에 거점을 마련했다. 동쪽이 더 위중하다고 본 것이다. 그런데도 서로마제국이 불과 81년 뒤에 먼저 멸망했고 동로마제국은 오스만 튀르크(Osman Turk)가 침입해온 1453년까지 존속할 수 있었다.

서로마제국 멸망 후 르네상스 시대까지 유럽은 약 1,000년 동안 이른바 '암흑의 중세'를 겪었다. 그럼에도 불구하고 로마라는 이름은 신성로마제국과 루마니아의 국명으로 이어졌다. 오늘날에도 로마는 '로맨스(romance)', '로맨틱(romantic)' 등 여러 용어 속에 살아 숨 쉬고 있다.

： 신이 만든 시골, 인간이 지은 도시 ：

'세계 유산(World Heritage)'이란 1972년 제17회 유네스코(UNESCO) 총회에서 '세계 문화 유산 및 자연 유산 보호 협약'에 의거 등록된 유형 유산을 말하는데, "유적, 경관, 자연 등 인류가 공유해야 할 '현저한 보편적 가치'를 가진 것 가운데 이동이 불가능한 부동산과 그에 준하는 것"으로 정의되며, 건축물이나 유적 등의 '문화 유산', 지형과 생물 다양성 및 경관미 등을 갖춘 지역의 '자연 유산', 문화와 자연 양쪽 모두에 해당하는 '복합 유산'이라는 3개 분야로 분류되고 있다.

2016년 기준으로 세계 유산의 총수는 1,052건인데, 그중 문화 유산은 814건이고 자연 유산은 203건이며 복합 유산은 35건이다. 다음의 표와 같이 이탈리아가 가장 많은 51건이고, 다음이 중국(50건), 에스파냐(45건), 프랑스(42건), 독일(41건) 등으로 주로 유럽에 편중돼 있다.

아직 세계 유산으로 등재되지는 않았지만 요르단의 제라시(Jerash) 유적처럼 수많은 신전, 개선문, 원형 극장, 전차 경주장 등이 양호한 상태로 남아 있는 곳도 많다. 그렇지만 제라시가 세계 유산으로 등재되지 않은 이유는 유지·관리에 많은 비용이 들기 때문이다. 독일 쾰른에는 1248년에 건설이 시작돼 1880년에 완성된 쾰른 대성당(Köln Cathedral)이 세계 유산으로 지정돼 있다. 쾰른은 고대 로마의 게르마니아 인페리오레(Germania Inferiore) 속주의 주도였기에 대성당 말고도 고대 로마 시대의 상·하수도 시설이 남아 있지만 그것들은 아직 세계 유산에 등록되지 못했다. 그래서 등록의 형평성에 문제를 제기하는 이들도 있다.

이 책에서 다루는 고대 로마에 관한 세계 유산은 약 2,000년의 풍상을 견디고 살아남은 구축물과 복구물, 재사용된 것, 건축재로의 활용이나 채석장으로 전락한 인위적 파괴 그리고 자연재해를 면한 것들이다. 고대 로마는 현재의 유럽뿐 아니라 아프리카와 중동도 지배했다. 그래서 고대 로마와 관계가 있는 세계 유산 66건은 표에서와 같이 수많은 나라에 산재해 있다.

66건 중 많은 순서대로 정렬하면 이탈리아, 에스파냐, 터키, 이스라

| 고대 로마와 관련한 세계 유산 목록 |

관할국	소재지(유적명)	장벽	원형극장	원형경기장	전차경주장	공공욕장	수도	개선문	가도	신전	교회	무덤	도서관	기타
이탈리아	로마 역사 지구	○	○	○	○	○		○		○	○	○		
이탈리아	라벤나 초기 기독교 건축물										○	○		
이탈리아	폼페이 유적지 외		○	○		○	○			○	○			○
이탈리아	아그리젠토 유적지									○				
이탈리아	카살레의 빌라 로마나													주거
이탈리아	아퀼레이아 유적지								○					
이탈리아	파에스툼과 벨리아 고대 유적군									○				
이탈리아	빌라 아드리아나		○							○			○	
이탈리아	웨로나(베로나) 거리		○							○				
이탈리아	시라쿠사 유적지		○							○				
프랑스	오랭주의 로마 극장 및 개선문		○					○						
프랑스	아를의 로마 유적	○	○	○	○	○								
프랑스	퐁 뒤 가르 수도교						○							
프랑스	리옹 역사 지구		○											
에스파냐	코르도바 역사 지구								○					
에스파냐	세고비아 구 시가와 수도교						○							
에스파냐	메리다의 고대 유적군	○	○	○			○							
에스파냐	라스 메둘라스													광산
에스파냐	타라고나의 고대 유적군		○				○							
에스파냐	루고의 로마 성벽	○												
에스파냐	헤르쿨레스(헤라클레스)의 탑													등대
에스파냐	고도 톨레도						○							
포르투갈	에보라 역사 지구									○				
독일	트리어의 로마 유적군 외	○		○		○				○		○		
독일/영국	로마제국 국경 (게르마니아/스코틀랜드)	○												
루마니아	오러슈티에 다키아인 요새군	○												
헝가리	페치의 초기 기독교 묘지											○		
크로아티아	디오클레티아누스 궁전													궁전
불가리아	카잔루크의 트라키아인 분묘											○		
불가리아	스베슈타리의 트라키아인 분묘											○		
세르비아	감지그라드 갈레리우스 궁전													궁전
알바니아	부트린트		○											광장

국가	유적									분류
그리스	아테네 아크로폴리스						○		○	
그리스	데살로니키 초기 기독교 건축물군						○			궁전
그리스	아스클레피오스의 성지 에피다우로스		○							광장
그리스	필리포이 고대 유적지		○				○			
터키	이스탄불 역사 지구	○		○	○		○			
터키	크산토스와 레툰 유적지		○				○			광장
터키	페르가뭄의 성지		○				○		○	
터키	에페수스 유적지		○				○		○	
터키	카파도키아 유적군						○			
터키	히에라폴리스 파묵칼레		○		○					
시리아	보스라 유적지	○	○							
시리아	팔미라 유적지	○	○	○		○		○		
시리아	시리아 북부 고대 촌락군						○			주거
요르단	페트라 유적지		○			○		○		도시
요르단	움 아르 라사스 유적지						○			
요르단	예수 세례지 요르단 건너편 베다니						○			
이스라엘	마사다	○								
이스라엘	네게브 사막 향신료 교역로와 도시군									
이스라엘	마레샤와 베이트구브린 동굴군							○		
이스라엘	벳 셰아림의 네크로폴리스									
이스라엘	예루살렘 구시가지와 성벽군	○								
아르메니아	에치미아진과 즈바르트노츠 유적지						○			
튀니지	카르타고 유적지		○	○		○	○		○	항구
튀니지	엘젬의 원형 경기장			○						
튀니지	카르타고 묘지 유적								○	주거
튀니지	두가 유적지		○				○			
이집트	아부 메나							○		
리비아	렙티스 마그나 유적지		○	○			○	○		시장
리비아	사브라타 유적지		○		○		○	○	○	항구
리비아	키레네 유적지		○				○		○	
알제리	제밀라 유적지		○		○		○			시장
알제리	티파사 유적지		○					○	○	
알제리	팀가드 유적지		○		○	○		○	○	거리
모로코	볼루빌리스 유적지					○				거리

로마제국이 남긴 유산들

엘, 프랑스, 튀니지 등으로 로마제국 영토에 골고루 분포한다. 또한 이 표에서 구조물 수가 많은 도시는 오늘날 이탈리아의 로마와 폼페이 (Pompeii)와 윌라 아드리아나(Villa Adriana), 프랑스의 아를(Arles), 에스파냐의 메리다(Merida), 독일의 트리어(Trier)와 필리포이(Filippoi), 터키의 이스탄불(Istanbul)과 베르가마(Bergama)와 에페수스(Ephesus), 시리아의 팔미라(Palmyra), 요르단의 페트라(Petra), 튀니지의 카르타고와 두가(Dougga), 리비아의 렙티스 마그나(Leptis Magna)와 사브라타(Sabratha)와 키레네(Cyrene), 알제리의 제밀라(Djemila)와 티파사(Tipasa)와 팀가드(Timgad), 모로코의 볼루빌리스(Volubilis)다.

그런데 로마제국 멸망 이후의 상황에 따라 오히려 번영에서 소외된 터키와 아프리카에 세계 유산에 해당하는 로마의 유산이 많이 남아 있다. 이 '로마제국 멸망 이후의 상황'이 무엇이었는지를 밝히는 것도 이 책의 중요한 주제 가운데 하나다.

우선 먼저 '멸망'이라는 단어가 전혀 어울리지 않던 전성기 로마를 상징하는 세계 유산을 중심으로 로마가 어떻게 이뤄졌는지를 살펴보고자 한다. 도시는 문명이다. 18세기 영국의 시인 윌리엄 쿠퍼(William Cowper, 1731~1800)는 "신은 시골을 만들었고 인간은 도시를 지었다"고 말했다. 세계 최초로 산업화를 이룩한 영국이 1820년에 100만 명이 넘는 최초의 근대 산업도시를 선보인 이래 인구 100만이 넘는 대도시는 전세계를 통틀어 1900년에도 11개에 불과했다. 그런데 로마는 2,000년 전에 인구 100만의 대도시를 운영하고 유지했다. 이제 그 원천은 무엇이었는가에 대한 질문으로 시작하고자 한다.

제2장

도시의 완성, 장벽과 상하수도

고대 4대 문명의 발상지가 보여주는 바와 같이, 물이 풍부하지 않으면 도시는 성립하지 않는다. 고대 로마는 도시의 물 수요를 채우기 위해 많은 수도를 부설했다. 외부의 적으로부터의 방어를 위해 만들어진 성곽 도시는 높은 장벽이 필수였고 인구가 늘어나면 필연적으로 상수도의 정비가 필요해졌다. 흑사병 등의 전염병을 막기 위해 위생적인 배설물 처리가 과제가 되었으므로 하수도 정비도 불가결해졌다. 이 장에서는 세계 유산으로 남아 있는 로마제국의 성곽 도시와 장벽, 수도 로마와 카르타고 등의 상·하수도 시설을 소개한다.

: 성곽 도시와 장성 :

민족과 국가 사이의 전쟁이 끊이지 않았던 고대 유럽에는 성곽 도시가

라키시 공방전을 묘사한 부조(영국 박물관 소장)

많았고 이민족의 대규모 침입을 막거나 제국의 영역을 명시하기 위해 장성(長城)이 많이 만들어졌다. 이때의 장성이란 폐쇄만을 목적으로 한 차벽이 아니어서 도시 간 상거래를 위해 상인들의 통행도 가능했다. 하지만 전쟁이 발발해 공성전에서 패하게 되면 도시 거주민들은 모두 참살되거나 노예가 됐다. 그렇기 때문에 농성해 수성을 하려면 높고 튼튼한 성벽과 우수한 수비 병력이 반드시 필요했다.

성곽과 장성을 공격하기 위한 공성탑(攻城塔)은 고대 문명 메소포타미아(Mesopotamia)의 아시리아(Assyria)에서 개발됐다. 위 사진은 기원전 701년 신(新)아시리아 센나케리브(Sennacherib, 재위 기원전 705?~681) 왕이 유대의 두 번째 도시인 라키시(Lachish) 시가지를 공격하던 당시의 공성탑 부조다. 공성탑은 경사로를 쌓고 올라가 성벽을 파성추(破城槌)로 파괴하는 무기다. 센나케리브 왕은 적대자들의 생가죽을 벗기거나 꼬챙이에 꿰어 거리에 효수했다. 이 공성탑의 모형은 로마 문명 박물관에 전시돼 있다.

성곽 도시의 필수 요건

전투가 시작되기 전에 항복한다면 사정이 달라질 수도 있겠지만, 농성하기로 결심하고 성문을 열지 않았다면 점령당한 뒤 학살을 당하거나 노예가 되는 경우가 허다했다. 따라서 항복도 하기 싫고 점령당하기도 싫다면 반드시 도시를 방어해낼 수 있는 강성한 성벽과 수비병이 필수였다. 일반적으로 수비병은 곧 도시의 주민이었다. 역사에 남아 있는 도시 포위전의 비참한 사례를 몇 가지 살펴보고자 한다. 물론 기록의 숫자는 아마도 과장됐을 것이다.

우선 페니키아(Phœnicia)의 티루스(Tyrus) 포위전을 들 수 있다. 고대 로마제국의 정치가이자 저술가 루키우스 플라위우스 아리아노스(Lucius Flavius Arrianos, 90~175)가 남긴 《알렉산드로스 대왕 원정기(Arriani de Expedit, Alex. Magni Historiarum)》에 따르면 기원전 332년 해상 요새 도시 티루스(지금의 레바논 티레 지역)가 성문을 열지 않고 저항하자, 알렉산드로스의 마케도니아군이 7개월에 걸쳐 최대 수심 5미터의 바다에 길이 700미터, 폭 59미터의 제방을 쌓았다. 그런 뒤 2기의 공성탑으로 해발 44미터의 성벽을 공략해 점령했다. 수비병 4만 명 중 1만 명을 살육하고 3만 명을 노예로 삼았다.

다음은 기원전 149년~146년 제3차 포에니 전쟁에서의 카르타고 포위전이다. 3년 동안 로마군이 포위 공격 끝에 함락했고 카르타고를 불살랐다. 당시 카르타고 수비병은 9만 명이었고 시민은 21만 명이었다. 이들 중 사상자가 무려 25만 명에 달했다. 5만 명은 노예가 됐다.

아와리쿰(Avaricum) 포위전도 빼놓을 수 없다. 아와리쿰은 현재의 프랑스 부르주(Bourges) 지역을 일컫는 곳이다. 율리우스 카이사르의 《갈리아 전기(Commentarii de Bello Gallico)》를 보면 기원전 52년 로마군의 공격에 갈리아군 1만 명과 시민 4만 명이 6개월 동안 농성을 벌였으나 생존자는 시민 800명뿐이었다.

마지막으로 유대의 마사다 포위전이 있었다. 1세기 유대계 로마 정치가이자 역사가 플라위우스 요세푸스(Flavius Josephus, 37~100)가 기록한

33

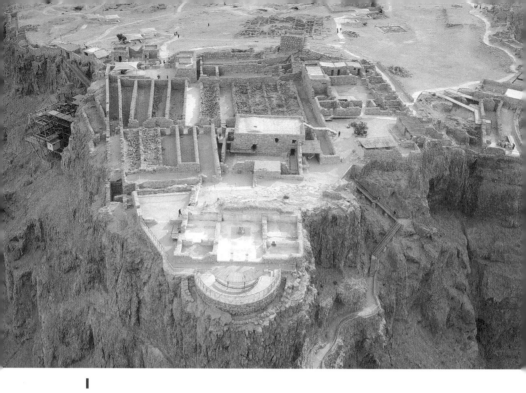

마사다 유적(이스라엘)

《유대 전쟁사(The Wars of the Jews)》에 따르면 서기 73년 이스라엘 마사다에서 유대인 967명이 농성전에 들어갔다. 70년 예루살렘이 함락되자 마사다로 피신한 이들은 로마군의 공격을 3년 동안이나 견뎌냈지만, 결국 식량이 떨어진데다 로마군의 총공격 하루 전 노예가 될 것이 두려워 960명이 집단 자결(서로가 서로를 죽이는 방식으로)하고 7명만 살아남았다.

  일반적으로 튼튼한 성곽 도시에서는 높은 성벽으로 둘러싸인 좁은 땅에 많은 사람들이 살았다. 예컨대 수도 로마는 성벽 내 면적이 14제곱킬로미터였고 최대로 번성할 때에는 100만 명이 생활했다. 인구 밀도를 따져보면 2015년 기준 면적 605제곱킬로미터에 인구 990만 명의 서울보다 약 4배가 많았다. 폐쇄적인 초과밀 도시를 건설하고 운영하자면 여러 가지로 불편한 일이 생기게 마련이다. 따라서 다음과 같은 대비가 필요했다.

첫째, 전쟁 그리고 인재에 의한 대형 화재의 위험에 대비해 도시를 불연화(不燃化)할 필요가 있다. 예를 들면 64년 로마 대화재에서는 로마 시 14개 구 가운데 3분의 2에 해당하는 10개 구가 불에 탔다. 그중 3개 구는 잿더미로 변했고, 7개 구는 무너진 가옥의 잔해만 약간 남았을 뿐이었다. 이 때문에 네로(Nero, 재위 54~68) 황제는 로마를 재건할 때 석조 건물 건축을 강요했다.

둘째, 불결한 상·하수에 의한 전염병을 막고자 깨끗한 물을 대량으로 제공할 수 있어야 했고, 수세식 화장실과 하수도 등이 필요했다. 또한 상·하수도를 지하화하지 않으면 안 됐는데, 성곽 도시 내 교통 혼잡의 요인이 됐기 때문이다.

셋째, 생활 효율을 위해 고층 주택과 포장도로가 필요했다.

넷째, 폐쇄 공간 내 거주자들의 불평불만을 해소하려면 오락거리를 제공해야 했다.

다섯째, 성곽을 만들려면 고도의 건설 기술이 필수적이었다. 수도 로마의 성벽은 석재나 콘크리트로 만들어졌다. 중국의 만리장성(萬里長城)의 경우 벽돌과 점토를 이용해 쌓은 판축(版築) 구조다.

로마제국의 성벽과 시벽

세계 유산으로 등록된 고대 로마의 12곳 성벽을 살펴보자. 참고로 한국의 성벽 가운데 세계 유산으로 등록된 것은 18세기 조선 시대 때 건립된 화성(華城)과 13~17세기를 거쳐 완성된 남한산성(南漢山城)을 들 수 있다. 화성은 길이 5.7킬로미터에 높이 4~6미터이며, 그 위에 높이 1.2미터의 난간이 있다. 남한산성은 길이 12킬로미터에 높이 7미터의 성벽으로 둘러싸여 있다.

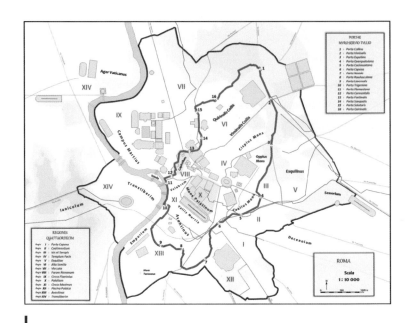

검정선 영역이 아우렐리아누스 성벽. 안쪽의 빨강선은 기존의 세르위우스 성벽

다시 로마제국으로 돌아와 오늘날 이탈리아 로마에 위치한 세르위우스(Servius) 성벽과 아우렐리아누스(Aurelianus) 성벽부터 살펴보자. 로마시는 고대 로마 세계의 중심 도시다. 역사에서 보듯이 수많은 이민족이 침입을 되풀이한 곳이다. 이를 막고자 세르위우스 성벽과 아우렐리아누스 성벽이 만들어졌다. 아우렐리아누스 성벽은 이름대로 아우렐리아누스(재위 270~275) 황제 때 건립된 것으로 383개의 탑과 7,020개의 흉벽 요철, 18개의 대문, 5개의 통문, 116개의 공공 화장실, 2,066개의 커다란 창문을 갖춘 탄탄한 성벽이었다.

아우렐리아누스 황제는 원로원에서 '레스티투토르 오르비스(Restitutor Orbis, 세계를 재건한 자)'라는 칭호를 얻을 만큼 뛰어난 군주로, 분열됐던 제국을 재통일하거나 침략을 거듭하는 이민족을 물리쳤다. 그리고 이민

아우렐리아누스 성벽(부분)

족의 침입에 대비하기 위해 아우렐리아누스 성벽 건설을 시작했다. 다만 그가 재위 5년 만에 서거했기 때문에 다음 황제인 프로부스(Probus, 재위 276~282) 시대에 완성됐다.

기원전 390년 갈리아인들이 로마를 침입했다. 7개월간 점령과 약탈이 이어지자 로마는 450킬로그램의 금을 지급하는 조건으로 갈리아인들을 철수시킨다. 기원전 211년에는 카르타고의 장군 한니발(Hannibal)이 로마 성벽에 대한 위력 정찰을 실시한다. 기원전 46년에는 카이사르가 로마 시를 확장하기 위해 세르위우스 성벽을 철거한다. 서기 271년~275년 아우렐리아누스 황제가 수도 로마 방위를 위해 아우렐리아누스 성벽을 건설한다.

408년에는 서고트족 알라리크(Alaric, 재위 395~410) 왕이 약 3만 명의 군대를 몰고 아우렐리아누스 성벽을 봉쇄해 로마 시를 오고가는 모든 물자를 차단하자 결국 로마는 금 1.9톤과 은 1.1톤, 인도산 향료 1.1톤 등의 배상금을 지급하는 조건으로 물러가기를 요청했다. 4개월 전 알라리크가 도저히 이길 수 없다고 여기며 두려워하던 로마군 총사령관 플라위우스 스틸리코(Flavius Stilicho, 365?~408)를 호노리우스(Honorius, 재위 393~423) 황제가 반역죄로 사형시킨 바 있었다. 알라리크는 이 호기를 놓치지 않고 로마를 공격한 것이었다.

410년 알라리크군 10만 명이 또 다시 로마를 침략했다. 내통자가 있어 아무런 저항 없이 살라리아(Salaria) 문을 통해 로마 시를 점령하고 사흘 동안 약탈했다. 이때 호노리우스 황제의 여동생 갈라 플라치디아(Galla Placidia, 390~450)를 포함해 수많은 사람들이 포로로 끌려갔다.

455년 5월에 이르러서는 반달족(Vandals)의 왕 가이세리크(Gaiseric, 재위 428~477)가 로마 침공을 위해 함대를 파견한다. 발렌티니아누스 3세(Valentinianus III, 재위 425~455)를 암살하고 스스로 황제에 오른 페트로니우스 막시무스(Petronius Maximus, 재위 455)는 전쟁을 피해 도망치다가 성난 군중에 의해 살해된다. 반달족은 6월 로마에 도착해 봉쇄에 들어갔다. 당시 교황 레오 1세(Leo I, 재임 440~461)가 항복하는 조건으로 가이세리크 왕에게 로마에 대한 약탈과 살상을 하지 말라고 요구했다. 가이세리크가 이를 수락하자 로마는 성문을 열었다. 그러나 가이세리크는 입성 후 그 약속을 깨버렸다. 2주 동안의 약탈이 계속됐고, 수많은 로마 시민들을 노예로 삼았다. 이 사건 이후 파괴적이고 야만적 행위를 의미하는 '반달리즘(Vandalism)'이라는 용어가 생겼다.

로마에는 튼튼한 성벽이 있었지만 장기 농성전을 벌인 경험은 없었다. 침략을 당하면 바로 점령돼 약탈을 당했다. 로마의 성벽이 나폴레옹의 표현처럼 '훈련되지 않은 이민족'에게 무너진 것이냐 하면 실상은 그렇지 않다. 봉쇄에 겁먹은 시민들이 지레 항전을 포기하거나 내통자가 성문을 연 것이었다. 결사 항전은 없었다. 튼튼한 성벽은 제 기능을 뽐내지 못했

아우렐리아누스 성벽 전경

다. 수십만의 시민들, 더욱이 향락에 익숙한 로마 시민들이 적의 공세를
견디지 못하고 스스로 성문을 열었던 것이다.

성벽으로 둘러싸인 대도시를 공격하는 일에는 많은 인원이 필요하지
만, 수비 측의 입장에서는 인원이 많을수록 농성에 대한 의지를 모으기
어렵고 내통자가 생겨나기도 쉬운 법이다. 더욱이 293년 디오클레티아
누스 황제의 4분할 통치 이후 로마 시는 주요 방위 거점이 아니었고, 원
로원이 있었지만 방비에 대한 의식은 약했다.

이번에는 폼페이 시벽(市壁)을 살펴보자. 폼페이는 기원전 89년 로마의
집정관(consul) 루키우스 코넬리우스 술라(Lucius Cornelius Sulla, 기원전
138~78)에 의해 로마의 식민 도시가 된다. 폼페이의 정식 명칭은 '폼페이

인들에 의해 웨누스(Venus, 베누스, 그리스 신화의 아프로디테) 여신에게 헌정된 '코르넬리우스의 식민 시(Colonia Cornelia Veneria Pompeianorum)' 다. 서기 79년 웨수위우스(Vesuvius, 베수비오스) 화산 분출로 매몰돼 멸망한 당시 인구 약 2만 명이 번성했던 성곽 도시다. 높이 4~5미터에 길이 약 3킬로미터의 성벽으로 둘러싸여 있었다.

오늘날 프랑스 프로방스(Provence) 지역에 있던 성곽 도시 아를도 로마의 유산이다. 마찬가지로 시벽으로 둘러싸여 있었는데 성벽 높이는 4~5미터이며 잔존하는 성벽의 범위가 작아서 정확한 길이는 알 수 없다.

현재 에스파냐 북서부에 위치한 자치주 갈리시아(Galicia) 지역에 있던 루고(Lugo)의 성벽도 있다. 루고는 기원전 26년~12년에 건설된 식민 도시였다. 서기 3세기 말~4세기 초에 성벽을 건설했다. 높이 10~15미터에 길이 2.5킬로미터, 71개의 감시탑이 볼 만하다.

독일 서부에 있는 트리어(Trier)는 기원전 16년 트레베리족(Treveri)의 영토에 세운 아우구스투스의 도시라는 뜻의 '아우구스타 트레베로룸(Augusta Treverorum)'으로 건설됐다. 독일 지역 최대 규모의 로마 식민 도시로 전성기 때 인구가 약 10만 명에 육박하는 로마제국 주요 도시 중 하나였다. 기독교를 공인한 콘스탄티누스 1세(Constantinus I, 재위 306~337)가 서방 '부제(副帝, Caesar)'였던 시절, 주로 트리어를 본거지로 했기 때문에 당시 건설된 욕장 등이 남아 있다. 트리어 시벽의 관문인 포르타 니그라(Porta Nigra)는 높이 약 30미터, 폭 36미터, 길이 22미터의 거대한 문이다.

루마니아 북서부 트란실바니아(Transylvania) 지역 오러슈티에(Orastie) 산맥의 다키아인 요새군(Dacian Fortresses)도 있다. 기원전 1세기~기원후 1세기 로마제국의 침공에 대항하기 위해 무루스 다키쿠스(murus dacicus) 양식으로 건설된 6개의 요새다. 무루스 다키쿠스 양식은 돌을

포르타 니그라

직사각형 모양으로 크게 잘라 이중으로 된 외벽을 쌓을 때 모르타르 등을 사용하지 않고 2개의 외벽 사이를 점토에 모래와 돌을 섞어 메우는 방식이다. 공성전이 벌어져 농성할 때 외부의 충격을 잘 흡수할 수 있다. 다키아인들의 전통적인 건축 양식에다 로마의 건축 및 석공 기술을 더해 발전시킨 기법이다. 요새의 벽은 두께 3~4미터, 높이 10미터로 세워졌는데 현재는 일부만 남아 있다.

오늘날 세르비아 동부 감지그라드(Gamzigrad) 마을 인근의 로물리아나(Romuliana) 성채도 로마제국의 주요 유산이다. 로물리아나는 디오클레티아누스의 사두정치 체제 수립 때 임명된 황제 갈레리우스(Galerius, 재위 305~311)가 은퇴 후 거처하던 궁궐로 그의 어머니 로물라를 위해 건설됐다. 서문과 궁전의 성벽이 남아 있다.

현재 터키 이스탄불 역사 지구에 위치한 테오도시우스 성벽은 매우 흥미로운 곳이다. 유럽과 아시아에 걸쳐 있는 이곳은 예로부터 교통의 요충지로 번성했다. 처음 도시가 형성된 기원전 660년 그리스 시대 때는 '비잔티온(Byzantion)', 로마 시대에는 '비잔티움(Byzantium)'이라고 불렸고, 게르만 민족의 이동으로 로마가 위협받자 콘스탄티누스 1세가 330년 비잔티움을 로마제국 제2의 수도로 삼아 천도하면서 '콘스탄티노플(Constantinople)'이라고 명명했다. 395년 동서 분열 이후에는 동로마제국의 수도였다. 이후 약 1,000년 동안 수도로서 번영을 이뤘고 성벽도 보강했지만 1453년 오스만 튀르크의 술탄 메메드 2세(Mehmed II, 재위 1444~1446, 1451~1481)의 포위 공격으로 점령돼 '이스탄불'이 됐다.

성벽은 테오도시우스 2세(Theodosius II, 재위 408~450) 때 세 겹으로 건설됐다. 가장 앞 쪽에 폭 20미터의 해자가 있고 다음에 흉벽이 있다. 이 흉벽 뒤로는 폭 10미터의 통로가 이어지게 하고 두 번째 외성벽을 쌓았는데 높이는 약 10미터다. 그 뒤에 다시 폭 5미터의 통로가 있고 세 번째 내성벽이 17미터 높이로 구축돼 있다. 테오도시우스 성벽은 약 20킬로미터 둘레의 콘스탄티노플 전체를 감싸고 있었는데, 이 삼중 구조의 성벽은 육로에 면한 6킬로미터에 걸쳐 세워졌고 골든혼(Golden Horn, 금각)만에서 마르마라(Marmara) 해까지의 구간은 보통 단일 구조였다. 어쨌든 이 성벽 덕분에 콘스탄티노플은 오스만 튀르크의 공격이 있기 전까지 단 한 번도 공략되지 않았다.

당시 콘스탄티노플의 동로마군은 7,000명에 불과한 데 반해 튀르크군은 12만 명이었다. 게다가 많은 선박을 동원한 상태였다. 그러나 동로마군은 열세에도 불구하고 사기가 높았다. 메메드 2세는 1452년 4월부터 공격용 전선 기지로 루멜리 히사르(Rumeli Hisarı) 성채를 만들고 골든혼만 봉쇄를 위해 기름칠한 통나무를 깔아 70여 척의 군선을 굴려서 언덕

테오도시우스 성벽(부분)

을 넘어가는 기상천외한 방법까지 동원했다. 결국 길이 9미터에 무게만 19톤에 달하는 초대형 청동 대포 '우르반 대포(Urban's Bombard)'를 사용해 공략 13개월 만인 1453년 5월 콘스탄티노플을 점령함으로써 동로마 제국을 무너뜨렸다. 그렇다고는 해도 콘스탄티노플 농성전은 20분의 1의 적은 병력일지라도 막강한 성벽과 농성군의 드높은 사기만 있다면 1년 이상 버틸 수 있다는 사실을 증명했다. 수도 로마의 주민들이 걸핏하면 성문을 열었던 것과는 대조적이었다.

이번에는 고대 도시 보스라(Bozrah)와 팔미라의 시벽을 살펴보자. 오늘날 시리아에 속한 이 두 곳은 2011년 3월부터 최근까지 이어져온 시리아 내전 때문에 큰 피해를 입었다. 당시 보스라는 로마제국 제3군단 키레나이카(Cyrenaica)가 주둔했던 아라비아 속주의 주도였다. 여러 개의 로마 가도가 만나는 대도시로서 번영한 성곽 도시다. 기원전 2세기부터 서기 12세기경까지 번성했던 교역 도시이기도 하다. 극장을 둘러싼 견고

한 성채는 12세기경의 십자군 공격에 대비한 방벽이었다.

팔미라는 기원전 1세기부터 기원후 3세기까지 실크로드의 중계지로 발전한 도시였다. 당연하게도 수많은 유적이 있어 고고학적 가치가 상당히 높은 지역이다. 팔미라도 마찬가지로 면적 10제곱킬로미터의 범위를 성벽이 둘러싼 성곽 도시였다. 2015년 IS(Islamic State)가 점령하면서 유적 곳곳이 파괴됐다. 참으로 안타까운 일이다.

방벽, 로마제국의 국경선

로마제국의 국경은 바다와 강을 기본으로 하고 있었다. 따라서 내륙에 장성을 만들 필요성은 비교적 적었다. 로마의 영토는 트라야누스 황제 때 최대였다가 다음 황제 하드리아누스가 121년~125년과 128년~132년 등 8년에 걸쳐 제국을 순시하고 난 뒤 기존 영토 확장 정책을 중지했다. 구체적으로는 속주 메소포타미아와 아르메니아(Armenia)를 포기함으로써 동부 국경을 안정화하고 방벽을 쌓았다. 켈트족(Celts)과 게르만족의 침입에 대비해 장성을 건설한 것이다. 규모 면에서는 앞서 소개한 만리장성과는 상대가 되지 않는다. 하지만 단순히 방어를 위한 장벽이 아니라 국경의 위치와 범위를 보여주는 것으로써 교역 상인은 자유롭게 출입할 수 있었다.

우선 하드리아누스 방벽부터 살펴보자. 로마는 오늘날 영국 브리튼 섬인 브리탄니아(Britannia, 브리타니아)를 점령한 뒤 켈트족의 침입을 막기 위해 122년~132년에 하드리아누스 황제 때 현재 스코틀랜드의 뉴캐슬어폰타인(Newcastle upon Tyne)에서 칼라일(Carlyle)까지 방벽을 건설했다. 길이 118킬로미터에 높이 4~5미터, 약 1.5킬로미터 간격으로 초소를 설치하고 6킬로미터 간격으로 위병 약 1,000명까지 수용할 수 있는 성채를 세웠다.

하드리아누스 방벽(부분)과 위치

리메스 게르마니쿠스(Limes Germanicus) 방벽도 있다. 라틴어로 '리메스'라는 단어가 경계라는 뜻이다. 즉, '게르만 경계'라는 의미로 게르만족의 침입을 방비하기 위해 건설된 방벽이다. 로마는 라인(Rhein) 강과 마인(Main) 강 유역의 비옥한 토지와 교역로를 지키기 위해 1세기 말부터 이 방벽을 만들었다. 서기 83년 도미티아누스 황제가 라인 강 동쪽 슈바르츠발트(Schwarzwald)를 로마제국의 영토로 편입시키고 이 지역의 안전을 보장하기 위한 군사 경계선으로 리메스 게르마니쿠스를 쌓았다. 라인 강과 마인 강 그리고 도나우(Donau) 강을 잇는 방벽으로 길이만 580킬로미터에 달한다. 벽돌, 목책, 해자 등으로 구성돼 있다. 리메스 게르마니쿠스는 하드리아누스 황제의 다음 황제인 안토니누스 피우스(Antoninus Pius, 재위 138~161) 때 완성됐다. 이후 갈리에누스 황제(Gallienus, 재위 253~268) 때 경내에 이민족의 거주를 허용하면서 이 방벽을 포기했다.

리메스 게르마니쿠스(부분)와 위치

성벽의 평가

　페니키아의 항구 도시 티루스, 이스라엘의 마사다, 동로마제국의 콘스탄티노플과 같이 난공불락이라 불리던 성채들도 결국 대군의 공세를 버티지 못하고 무너졌다. 그렇지만 한편으로는 수비병의 사기가 높으면 수개월 혹은 몇 년을 버틸 수도 있었다. 그러나 408년, 410년, 455년의 로마 시 농성전처럼 충직한 군사령관을 사형시키거나, 황제가 위기에 처한 로마를 수수방관하거나, 심지어 황제가 가장 먼저 탈출하는 지경에 이르면, 수비 측 사기가 땅에 떨어져 쉽게 항복하고 적과 내통하게 되는 것이다. 사실 로마 시처럼 향락에 빠져 있는 수십만 시민이 살고 있던 대도시에서는 일치단결해 성을 지키는 것이 쉬운 일은 아니었다. 배신자나 앞잡이가 생겨나는 경우를 염두에 둬야 했다.

일반적으로 굳건한 성채를 공략하려면 인해전술만으로는 어렵고 공성탑이나 투석기, 대형 노궁 등과 같은 공성 무기가 반드시 있어야 한다. 또한 이것들을 운반할 수 있는 탄탄한 길도 필요하다. 뒤에서 자세히 살피겠지만 로마의 가도가 견고하게 포장된 도로의 모습을 띠게 된 이유이기도 하다.

일본 전국 시대 때 모두가 두려워했던 명장 다케다 신겐(武田信玄)은 "사람이 벽이고, 사람이 성"이라면서, 방벽을 쌓지 않고 평지의 집무관에서 생활했다. 싸움의 귀추에서 성이나 무기도 중요하지만 결국 사람의 문제라는 것이었다. 아무리 막강한 성벽을 세웠더라도 나약하고 무능한 황제와 시민이라면 아무짝에도 쓸모가 없는 것이다.

: 로마의 상수도 :

고대 문명은 큰 강 유역에서 탄생했다. 나일 강의 이집트 문명과 티그리스·유프라테스 강의 메소포타미아 문명, 황허(黃河) 강의 황허 문명, 인더스(Indus) 강의 인더스 문명이 모두 그렇다. 인더스 강과 가까운 모헨조다로(Mohenjo Daro)는 기원전 2500년부터 1800년까지 번영했고 최대 4만 명이 거주했다. 수도, 오수 배수 시설, 개인 욕실, 공공 욕장 등이 존재했으며, 강수량의 계절적 변동을 고려해 저수지를 정비하는 등 수리공학이 발달해 있었다.

또한 로마 지하 수도의 원형이라고도 불리는 '카나트(qanat)'는 오늘날 이란의 건조 지대에 건설됐는데, 수직으로 파내려 간 갱도는 30~50미터 간격이었고 가장 깊은 곳은 약 300미터에 달했다. 길이는 산간 지역에서는 50~500미터였지만 긴 곳은 무려 70킬로미터에 달했다. 카나트의 기원 시기는 분명치는 않지만 기원전 8세기에 이미 카나트에 의한 관개(灌漑)가 이뤄졌다. 고대 페르시아 제국 아케메니드(Achaemenid, 기원전 550~기원후 330)는 카나트가 없었다면 존재할 수 없었다. 이렇듯 기원전 753년 고대 로마 건국(기원전 753년) 이전에 상·하수도 시스템의 원형은 이미 있었다. 당시 로마인들이 생각했던 상·하수도의 개념에 대해 알아보자.

샘 신앙

로마제국에는 인구 100만의 수도 로마뿐 아니라 수십만 명이 생활했던 카르타고, 알렉산드리아(Alexandria), 안티오키아(Antiochia) 등의 속주와 인구 수 만 명의 주변 도시들이 있었다. 풍부한 물이 없으면 도시가 성립될 수 없다. 로마 시의 연간 강수량은 730밀리미터로, 비교하자면 서울의 1,450밀리미터 절반 수준이다. 카르타고는 300~350밀리미터 정도였다. 광대한 영토를 효율적으로 다스리기 위해서는 이렇게 강수량이 적은 지역에도 도시를 만들지 않으면 안 됐다.

수도가 필수적으로 요구됐다. 그런데 일을 더욱 복잡하게 만든 것이 있으니 로마인들에게는 상수원에 대한 일종의 '샘 신앙'이 있었다. 상수원은 아무리 멀더라도 반드시 샘이어야 한다는 얘기다. 물을 햇볕과 비에 노출되지 않고 이물질이 들어가지 못하도록 터널과 다리로 도시 성벽까지 끌어온 뒤 도시 안에서는 연관 등을 이용해 지하로 물을 흘려보내 최종적으로 저수조나 음수대까지 공급했다. 수도 로마의 11개 간선 수도 중 아니오 베투스(Anio Vetus, 구 아니오) 수도, 알시에티나(Alsietina) 수도, 아니오 노부스(Anio Novus, 신 아니오) 수도의 3개 수도를 제외한 모든 수도는 용천수를 상수원으로 하고 있었다. 샘 신앙 때문이었다. 샘 신앙은 이후 근대 유럽 국가들에게도 계승됐다.

동아시아 세계와 비교해보면 한국의 경우 전통적으로 우물을 파서 물을 확보하고 사용했다. 일본에서는 1653년에 건설된 다마가와(玉泉) 상수의 경우 다마가와 지역의 물을 하무라(羽村)로 흐르게 하고 덮개가 없는 터널을 통해 요츠야 오키도(四谷大木戸)까지 43킬로미터를 끌고 와 그곳에서 목관이나 석관으로 에도(江戸, 도쿄) 시내 지하로 물을 흘려보내서 상수 우물에 공급했다. 안전과 위생의 관점에서 보면 상당한 차이가 있었다. 한편 유니세프(UNICEF)와 세계보건기구(WHO)가 발표한 〈2008년 음료수 및 위생 시설에 관한 보고서〉를 보면 전세계적으로 8명 중 1명, 즉 8억 8,000만 명이 안전한 물을 제공받지 못하고 있으며 현재까지도 크게 개선되지 않았다. 그렇다면 그 옛날 로마의 물은 안전했을까?

로마에는 기원전 312년 아피아(Appia) 수도를 비롯한 11개의 간선 수도가 226년까지 순차적으로 계속 만들어졌다. 합치면 길이만 504킬로미터였다. 기원전 140년 완공됐고 가장 길었던 마르키아(Marcia) 수도는 91킬로미터나 된다. 2,100년 전의 91킬로미터는 굉장히 먼 거리다. 그런데 그중에 터널이 80킬로미터였고 교량은 10킬로미터였다. 그 엄청난 난공사를 불과 5년 만에 해냈다. 시멘트 발명 덕분에 가능한 일이었다. 더 대단한 것은 카르타고의 수도인데, 사막의 오아시스에서 수도교 등으로 132킬로미터나 끌어왔다. 고도의 건설 기술이 없으면 실현시킬 수 없는 일이었다.

절대적 통일

고대 로마의 수도 시스템에 대해 어떻게 평가하고 있을까? 물의 중요성, 다시 말해 수도에 대한 인식의 차이가 그리스는 도시국가 이상으로 성장하지 못했고 로마는 제국으로 발전할 수 있었던 근본적인 이유라고 적시한 사람은 서양이 아니라 일본의 철학자 와츠지 테츠로(和辻哲郎,

1889~1960)였다. 로마 수도의 세계적 의의를 간파한 것이었다.

그는 《풍토: 인간학적 고찰(風土: 人間學的考察)》이라는 저서에서 이렇게 서술하고 있다.

"그리스의 아테네에서도 히메토스(Hymettus)와 펜테리콘(Pentelikon)의 물을 끌어와 사용했다. 그러나 그리스인들은 물 부족을 극복할 만큼 충분히 거대한 수도를 만들 줄 몰랐다. 오히려 폴리스(Polis)의 크기는 제한돼야 하고 시민들 서로의 얼굴과 성격을 알 수 있을 정도의 인구수가 좋다고 봤다. 따라서 폴리스는 본질적으로 큰 도시로 성장할 수 없었다. 그러므로 물 부족을 극복할 까닭도 없었다. 부족하지 않았기 때문이다. 반면 로마인들은 로마에 하나의 국가로서의 기틀을 마련하자마자 곧바로 물의 제약을 타파하기 시작했다. 이는 로마인들이 고유의 천재성을 발휘한 것으로 봐야 한다. 로마의 수도는 폴리스가 가진 제약의 부정, 폴리스들이 서로 병존하는 것에 대한 부정, 즉 절대적 통일에 대한 요구를 상징한다."

국가의 발전을 위해서는 인구 집적이 필수적이다. 그렇지만 급수의 한계 상황이 발생한다. 도시, 나아가 국가 발전을 위해 물 부족이라는 제약을 극복한 것이 로마 수도였다는 와츠지의 견해다. 참고로 페리클레스(Pericles, 495?~429)가 실권을 쥐고 있던 기원전 462년~429년 아테네의 전성기 때 인구는 20만 명 정도였다고 알려져 있다. 그런데 이 시대에는 시멘트가 발명되기 전이므로 로마와 같은 대규모 수도 시설의 건설은 어려웠을 것이라는 분석도 있다.

편리성과 위생

로마 시민의 물에 대한 요구는 단순히 안전과 위생만이 아니었다. 충분한 수량을 확실히 그리고 쉽게 확보하기를 원했다. 로마 시의 급수량은 하루 100만 세제곱미터, 즉 1인당 하루 1세제곱미터였다. 2012년 현재 서울의 1인당 급수량은 0.3세제곱미터다. 고대 로마에도 청동으로 만들어진 수도꼭지가 있었지만 가격이 매우 비싸서 실제로 사용된 수는 매우 적었다. 그래서 수돗물을 그대로 방류했다. 이 때문에 지금보다 3배나 많은 수량을 공급했던 것이다.

그러자니 또 수많은 수도 설비가 필요했다. 쉽게 사용할 수 있도록 한다는 취지에서 도로 곳곳에 저수조가 설치됐다. 폼페이 시가지에는 약 70미터 간격으로 설치됐다. 그런데 급수장은 지상에 있었다. 지하 급수관으로 납관을 사용했기 때문에 물에 큰 압력을 가해 지면보다 위로 공급이 가능했던 것이다. 그래서 시민들은 물통 등을 이용해 쉽게 물을 퍼 담을 수 있었다.

한국의 경우는 조선 후기까지 주로 목통을 이용했기 때문에 물에 큰 압력을 가할 수 없었고, 따라서 저수조는 지하로 연결된 우물의 형태가 됐다. 물을 긷기 위해서는 두레박을 사용했다. 물을 많이 사용하는 욕장의 경우 우물을 이용해 급수한다면 어떻게 될까? 가령 가로세로 5미터에 높이 0.8미터의 큰 욕탕을 채운다고 했을 때 20리터 두레박을 사용한다고 가정해도 천 번은 두레박질을 해야 한다. 엄청난 노력이 아닐 수 없다. 반면 로마의 경우에는 높은 곳에 설치된 저수조를 이용해 욕조에 쉽게 급수할 수 있었다. 그래서 로마에는 수많은 공공 욕장이 생겼다. 로마 외다른 나라를 살펴보면 공공 욕장은 물의 사용량이 적은 증기 욕장이거나 얕은 욕조가 될 수밖에 없었다.

서로마제국은 476년 멸망했다. 그 뒤 유럽의 수도 기술은 쇠퇴했고, 다시 로마의 기술 수준을 따라잡게 된 때는 1765년 제임스 와트(James Watt, 1736~1819)의 증기 기관의 개량을 비롯한 산업 혁명 이후의 일이었다. 고대 로마의 상수도 기술 수준이 얼마나 높았는지 실감할 수 있을 것이다.

　그렇다면 성곽 도시 로마의 하수도는 위생적인 관점에서 어땠을까? 고대 로마에서는 그보다 앞선 시기의 에게(Aege) 문명에서처럼 수세식 변기를 사용했다. 풍부한 상수도의 잉여수를 활용한 것이다. 그런데 만약 로마에서 수세식 변기나 하수도를 이용하지 않고 분뇨를 말 등에 실어 성벽 밖의 밭에 내다 버리는 방식이었다면 어떤 일이 벌어졌을까? 인간이 배출하는 하루 분뇨량은 1킬로그램 정도로 알려져 있다. 100만의 로마 시민들의 분뇨를 말 등에 실어 짐(100킬로그램으로 가정)으로 운반한다면 1일 1만 마리의 운반용 말이 필요하다. 로마의 아우렐리아누스 성벽에는 모두 18개의 성문이 있다. 예컨대 주간 10시간 동안 이 문을 통해서 성 밖으로 운반한다면 하나의 성문에 1시간당 56왕복, 약 1분에 1왕복이라는 패턴이 되므로 그야말로 하루 내내 '시골 냄새'가 진동했을 것이다. 결코 위생적이라고는 생각할 수 없는 광경이다.

　수세식 변기에서 지하의 암거(暗渠)를 통해 한 번에 티베리스 강으로 방출해버리면 위생적이기도 하고 혼잡한 로마 시내의 교통 완화에도 도움이 됐을 것이다. 다만 티베리스 강의 오염 수준은 상당했을 것이다. 그럼에도 불구하고 로마의 하수도 시스템은 중세 유럽에 비해 콜레라의 발생 빈도가 현저히 낮았던 이유이기도 하다. 로마 시의 대하수도 '클로아카 막시마(Cloaca Maxima)'는 기원전 5세기 조성돼 이미 기원전 2세기에 지하화돼 있었다.

　참고로 로마 시대에 분뇨의 이용이 일절 없었느냐 하면 그것은 아니었다. 소변(암모니아)을 회수해 양털 기름을 제거하는 데 이용했다. 그 소변에 세금을 부과해서 남성용 유료 화장실을 지칭하는 용어에 자신의 이름을 남긴 황제가 바로 콜로세움을 만든 웨스파시아누스(Vespasianus, 재위 69~79)다. 공공 화장실에 소변을 모으기 위해 항아리 암포라(amphora)

클라우디아 수도교

를 설치하고 세금을 받았다. 오늘날에도 프랑스에서는 (남성용) 공공 화장실을 '베스파시엔느(vespasiennes)'라고 부른다.

상수도 시스템

고대 로마의 상수도 시스템은 상수원인 샘이나 댐에서 취수한 깨끗한 물을 산에는 터널을 뚫고 얕은 계곡에는 수도교를 놓고 깊은 계곡에는 역(逆) 사이펀(siphon, 연통관)을 설치해 도시의 성벽까지 옮겼다. 인력으로 구동하는 양수 펌프가 있기는 했지만 대량의 물을 퍼 올릴 수는 없었다.

펌프를 사용할 수 없었으므로 수원지에서 도시의 간선 수도 말단까지는 내리막 기울기로 시공하지 않으면 안 됐다. 클라우디아(Claudia) 수도교처럼 길이가 14킬로미터나 되는 수도교가 건설된 것도 이 때문이다(클라우디아 수도교는 로마 역사 지구 밖에 위치해 있어서 세계 유산에 등재되지 못했다). 그런데 상수원이 샘이고 간선 수도가 터널과 덮개가 있는 수도교라고 해도 불순물이 섞여 들어갈 우려가 있었다. 그래서 성벽 밖에 침전조(沈澱槽)를 만들었고 도시 내 여러 곳에 급수하기 위해 분수조(배수지)를 설치했다.

로마 시의 간선 수도는 다음의 표와 같이 모두 11개가 있고 기원전 312년부터 226년 사이에 지어졌다. 11개의 수도 중 율리아(Julia) 수도는 아그리파(Agrippa) 욕장에, 알시에티나 수도는 아우구스투스 모의 해전장에, 트라야나(Traiana) 수도는 트라야누스 모의 해전장과 욕장에, 안토니니아나(Antoniniana) 수도는 카라칼라(Caracalla) 욕장에 물을 공급하는 것이 주된 목적이었다. 11개 중 4개의 수도가 오락과 휴식 시설에 사용됐으며, 이 목적을 위해 엄청난 노력을 했던 것이다. 또한 11개 수도 중 8개 수도의 상수원이 샘물이다. 11개의 간선 수도는 각각 특색이 있으니 살펴보고 넘어가자. 아니오 노부스까지의 정보는 프론티누스(Frontinus, 30?~104?)가 남긴《로마 수도론(Aqueducts of Rome)》에서 얻었다.

먼저 아피아 수도다. 로마 최초의 상수도인 아피아 수도는 같은 이름의 지상 도로 아피아 가도와 함께 기원전 312년에 완성됐다. 당시 도시 국가 로마는 길이 250킬로미터에 폭 20~50킬로미터 정도의 작은 나라에 불과했지만, 후세에 길이 남을 아피아 수도와 아피아 가도를 동시에 건설했다. 이후 약 800년 동안 계속된 로마 수도와 로마 가도 건설의 기준이 됐는데, 결과적으로 2,000년 앞을 내다본 셈이어서 당시 위정자나 기술자의 식견에 놀라움을 금할 수 없다.

아피아 수도는 상수원의 용천수를 직접 취수한 것이 아니라 다시 15미터나 지하로 파내려 갔으며 그 운송 루트는 대부분이 터널이었다. 티베리스 강 동쪽 성문 근처에서 저수조로 들어가 시내에 급수됐다. 약 40년 뒤 아니오 베투스 수도가 건설될 때까지 로마의 물 수요를 충당했다.

이 공사를 담당한 감찰관(censor)은 아피우스 클라우디우스 카이쿠스(Appius Claudius Caecus, 기원전 340~273)라는 인물이었는데, 감찰관은 호구 조사와 공공 청부 계약을 진행하는 권위 있는 직책으로 집정관 경험이 있는 사람 중에서 선임됐다. 아피아라는 수도 명칭도 그의 이름에서 딴 것이다. 아피우스는 5년 동안 자리를 지키며 공사를 완공했다. 당시 감찰관의 임기는 통상 1년 반이었다. 원로원은 그의 임기를 5년으로

아피아 수도교

연장시키고 아피우스에게 아피아 가도와 수도 모두를 건설하도록 했다. 그때 그의 나이가 28세였다. 아피우스 자신과 그를 임명한 고대 로마의 원로원의 담력을 느끼게 된다.

아니오 베투스, 즉 구(舊) 아니오 수도는 아피아 수도가 건설되고 43년 후에 완성됐다. 수도의 연장이나 공급량은 아피아 수도의 약 3배나 되지만 공사 기간은 불과 3년이었다. 아니오 베투스 수도는 원래 아니오 수도였는데 52년에 같은 수계를 상수원으로 하는 아니오 노부스 수도(신 아니오 수도)가 개통되자 이름에 '옛날'이라는 뜻의 베투스(Vetus)가 붙은 것이다. 수원은 티베리스 강으로 흘러드는 아니오 강(지금의 아니에네 강) 상류의 표층수이며 우천 시 더럽혀지는 경우가 있어서 수질은 그다지 좋지 않았다. 그런 이유로 약 400년 뒤 트라야누스 황제 시대 이후에는 주로 정원의 관수 등 허드렛물로 이용됐다.

로마 수도 중 가장 긴 마르키아(Marcia) 수도는 로마가 포에니 전쟁을 통해 카르타고를 궤멸시키고 지중해의 패자가 되자 수도 로마의 인구가 비약적으로 늘어나면서 그에 따른 물 수요가 폭증해 건설한 수도다. 이렇게 기원전 140년 세 번째 수도가 완공됐다. 마르키아 수도는 넓은 지역에 대한 급수가 목적이었으므로 성벽 도달지의 높이가 아니오 베투스 수도보다 11미터 높다. 로마제국 수도의 상징과도 같은 장대한 스케일의 수도교가 이때 처음으로 건설됐다. 수도의 길이는 로마 수도 중 가장 길며 수량도 가장 많다. 수원은 아니오 강 상류의 용천수로 석회암질 용수군의 지하에서 취수해 수질이 좋았다. 수질이 좋아서 1870년 교황 비오 9세(Pius IX, 재임 1846~1878)는 영국의 힘을 빌려 주철관을 사용해 이 수도를 보수했고 현재에도 로마 시내에 물을 공급하고 있다.

다음은 테풀라(Tepula) 수도다. 테풀라 수도는 마르키아 수도보다 14년 늦은 기원전 126년에 완공됐다. 성벽에 도달하는 높이는 마르키아 수도보다도 2미터 높아서 장대한 수도교를 갖고 있다. 다만 그 수량은 마르키아 수도의 10분의 1 정도다. 수원은 알바노 산 계곡의 온천수여서 물이 미지근했기 때문에 라틴어 '테피드(tepid, 미지근한)'를 따서 수도의 이름으로 삼았다.

내란의 시대(기원전 49~27)가 끝나고 정치가 안정되자 사람들이 다시 로마로 유입됐다. 이 때문에 초대 황제 아우구스투스는 율리아, 비르고(Virgo), 알시에티나 3개의 수도를 건설했다. 율리아 수도는 실질적인 초대 수도 장관이자 아우구스투스 황제의 맹우(盟友)인 마르쿠스 아그리파(Marcus Vipsanius Agrippa, 기원전 63~12)가 주도해 기원전 33년 테풀라 수도 이후 97년 만에 만들어진 수도다. 아그리파는 훗날 아우구스투스 황제가 되는 젊은 옥타비아누스(Octavianus)와 함께 율리우스 카이사르에게 발탁된 무장으로서 로마제국 창설의 최대 공로자였다. 아우구스투스가 자신의 후계자로 지명했을 정도의 인물이었다.

포르타 마조레

　율리아 수도의 명칭은 아우구스투스 가문의 이름인 율리우스에서 딴
것이다. 수도의 루트는 앞서 설명한 바와 같이 테풀라 수도와 비슷한 경
로였기 때문에 수도교는 테풀라 수도교 위에 건설됐다. 이 때문에 교량
길이도 매우 길다. 율리아 수도, 테풀라 수도, 마르키아 수도는 로마 남
동부에 위치한 로마 역사 지구 내에 있으며, 동쪽 성문인 포르타 마조레
(Porta Maggiore)에서 만나는 3층 구조로 돼 있었다. 이 3층 구조가 재미
있다. 구조물 유지관리의 관점에서는 3개 수도를 합류시켜 하나의 수도
교로 만드는 것이 훨씬 쉽다. 하지만 고대 로마인들은 3개의 수도교를 독
립적으로 건설했다. 당시로서는 수질관리와 재해 등을 고려했을 때 여러
갈래의 수로로 건설하는 것이 비상시에 대응하기가 좋다고 생각한 것이
다. 수도는 무엇 때문에 필요한가, 사람들이 먹는 물을 어떻게 관리해야
하는가를 고려한 훌륭한 판단이었다고 생각한다.
　율리아 수도의 종착점을 나타내는 모스트라(Mostra)가 비토리오 에마

트레비의 샘

누엘레 2세(Vittorio Emanuele II) 광장에 있는 마리우스(Marius) 승전 기념비다. 가이우스 마리우스(Gaius Marius, 기원전 157?~86)는 율리우스 카이사르의 숙부로, 집정관에 일곱 번이나 선출된 유능한 군인이자 정치가였다. 현존하는 기념비는 226년에 황제 세웨루스 알렉산데르(Alexander Severus, 재위 222~235)에 의해 세워졌다. 마리우스의 모스트라는 고대 그리스 신화의 해신 오케아노스(Okeanos)의 샘이라고 불린 것에서 알 수 있듯이 꼭대기에 오케아노스의 신상이 설치돼 있었다. 오늘날 포르타 마조레에서 성벽 안으로 흘러드는 율리아 수도의 수도교는 이미 사라지고 없다. 지금 봐서는 작은 언덕처럼 보이는 이 구조물에 샘(분수)이 있었다고는 도저히 상상이 안 된다. 참고로 이탈리아의 작곡가 오토리노 레스피기(Ottorino Respighi, 1879~1936)의 교향곡 〈로마의 분수(Fontane di Roma)〉 4부작 중 제1부 '새벽의 줄리아 계곡의 분수'에서 줄리아는 율리아 수도를 의미하고 마리우스 전승 기념비를 가리킨다.

비르고 수도는 고대 로마의 수도 중 알시에티나 수도에 이어 가장 해발이 낮은 지점으로 도달했다. 이 수도는 최초의 공공 욕장인 아그리파 욕장에 급수하기 위한 목적이었으므로 해발이 낮아도 좋았다. 수원지와 로마 도착지의 해발 차이는 불과 4미터밖에 되지 않아 1,000미터마다 19센티미터가 낮아지도록 설계했다. 고대 로마 측량 기술의 우수성을 보여준다.

현재 비르고 수도는 세계 유산인 로마 역사 지구의 트레비(Trevi) 분수에도 급수하고 있다. 트레비 분수는 모스트라의 하나로 특히 화려하게 장식됐다. 그 조각군 가운데 도면을 보며 공사를 지시하는 아그리파의 모습을 묘사한 '수도 건설을 시인하는 아그리파'가 있다. 비르고는 라틴어로 '처녀'라는 뜻이다. 부조에도 있듯이 수원을 찾고 있는데, 처녀가 샘의 위치를 가르쳐줬다는 전설에 의해 명명됐다. 지금의 샘이 만들어진 것은 로마 교황 클레멘테 12세(Clemente XII, 재임 1730~1740) 때의 일이었다. 수질이 매우 좋아서 786년 교황 아드리아노 1세(Adriano I, 재임 772~795)가 비르고 수도를 재건했고, 다시 1453년에 교황 니콜라오 5세(Nicolaus V, 재임 1447~1455)에 의해 재건됐으며 현재까지 트레비 분수에 물을 보내고 있다.

아우구스타(Augusta) 수도로도 불리는 알시에티나 수도는 모의 해전장 급수를 주목적으로 했다. 이 수도는 열 번째 수도인 트라야나 수도와 함께 티베리스 강 서안에 급수했는데, 로마 도착지의 해발은 로마의 수도 중 가장 낮으며 송수량도 가장 적다. 수원은 로마 북동부의 칼데라 호수인 알시에티나 호인데 오늘날 마르티냐노(Martignano) 호수를 일컬으며 수질은 그다지 좋지 않았다. 이 수도는 모의 해전장 외에 공장이 밀집한 오늘날의 트랜스테베레(Trenstevere) 지구에 급수해서 마시는 물이 아니라 수차용으로 사용됐다. 프론티누스는 《로마 수도론》에서 이렇게 혹평하고 있다.

"총명한 아우구스투스 황제가 알시에티나 수도를 만든 이유를 도저히 모르겠다. 알시에티나 수도에는 장점이 하나도 없다. 물은 위생적이라고 말할 수 없고 따라서 공공용으로는 전혀 제공되지 않았다."

집정관을 세 번이나 지낸 유능한 군인이자 정치가인 프론티누스가 수도 기술자로서 제국의 시조인 아우구스투스 황제를 공공연히 비판하는 것을 보면서 고대 로마의 개방성에 새삼 놀라게 된다.

클라우디아 수도는 제3대 황제 칼리굴라(Calligula, 재위 37~41)가 아니오 노부스 수도와 함께 38년에 건설을 시작해 제4대 황제 클라우디우스(Claudius, 재위 41~54)에 의해 52년 완성됐다. 아니오 노부스 수도에 이어 두 번째로 로마 도착지의 해발이 높아서 로마 수도 최장의 수도교를 갖고 있다. 이 수도교는 오늘날 나폴리(Napoli)로 가는 철도 선로변에 있어서 그 모습을 약 10분 정도 열차 차창을 통해 볼 수 있다. 누구라도 이 광경을 보면 고대 로마인들은 이렇게 긴 수도교를 잘도 만들었다며 감탄하게 된다.

아니오 노부스 수도는 클라우디아 수도와 같은 시기에 완성됐고 로마 수도 가운데 최대 수량을 자랑한다. 도착지 해발이 가장 높기 때문에 로마 수도 최대의 교량을 갖고 있으며, 교각의 높이가 33미터에 이르는 것도 있다. 수원은 아니오 강 상류의 표층수를 취수했기 때문에 수질이 그리 좋지 않았다. 최대 급수량과 최대 도달 고도인데도 수질이 나빠서 로마 시내의 급수에 좋지 않은 영향을 미쳤다. 이런 이유로 프론티누스는 수비아코(Subiaco) 상류 지역 네로 황제 별장 근방의 댐 호수로 수원을 변경했다. 댐 호수는 울창한 숲으로 둘러싸여 있고 수온이 낮은데다 수질은 마르키아 수도에 필적할 정도로 좋았다. 참고로 이 댐은 뱃놀이용으로 건설됐다고 하니 로마 황제의 사치가 어느 정도였는지 짐작할 수 있다. 그리고 아니오 노부스 수도는 캄파니아(Campania) 평원에 이르러서는 클라우디아 수도 위에 탑재됐다. 댐은 표면에 돌을 덮은 콘크리트로 만들어졌다. 높이 약 40미터에 길이 80미터로 알려져 있다. 안타깝게도 1305년 홍수로 파괴됐는데 그 잔해가 지금도 아니오 강 하류에 남아 있다. 또한 수비아코 댐을 넘는 높이의 댐이 지어진 것은 1594년의 일로, 에스파냐 남동쪽 티비 계곡에 세워진 높이 41미터의 알리칸테(Alicante) 댐이 그것이다. 이후 약 1,500여 년 동안 이 댐을 넘어설 수 없었다.

트라야나 수도는 로마제국의 전성기인 제13대 황제 트라야누스 때 건설됐으며 트라야누스의 모의 해전장과 욕장에 공급됐다. 프론티누스의 《로마 수도론》 출간 이후에 만들어졌기 때문에 자세한 정보는 알려져 있지 않다. 수원은 브라치아노(Bracciano) 호수 인근 화산 지대 샘이며 티베리스 강 서안에 급수했다. 수질은 좋았던 것 같다. 그래서 1612년 교황

바오로 5세(Paulus V, 재임 1605~1621)에 의해 재건됐고 파올라(Paola) 수도로 개명돼 현재까지 로마 시내에 급수하고 있다.

로마제국 때 건설된 마지막 수도인 안토니니아나 수도는 일명 알렉산드리나(Alexandrina) 수도인데, 226년 통칭 '카라칼라 황제'라고 불린 마르쿠스 아우렐리우스 세웨루스 안토니우스(Marcus Aurelius Severus Antoninus, 재위 211~217) 때 카라칼라 욕장에 물을 공급하기 위해 건설됐다. 그가 암살로 서거한 뒤 9년이 지나 세웨루스 알렉산데르 황제 때 완공됐다. 길이 22.4킬로미터이며 수량과 수질은 알 수 없다. 수원은 알렉산드리나 호수다. 수질이 좋았는지 1585년 교황 식스토 5세(Sixtus V, 재임 1585~1590)가 재건하고 그의 본명인 펠리체 페레티(Felice Peretti)를 따서 펠리체 수도라는 이름이 붙여졌다.

시내 급수 시스템

로마 수도는 샘, 호수, 댐 호수 등의 수원지에서 수도 간선을 지나 성 근방에 마련된 침전조(정수조)로 흘러들어 수중에 포함된 불순물을 제거했다. 정화된 물은 수도의 결함 점검과 수리 그리고 대량 저장을 위한 저수조로 들어가 공동 수조인 급수조를 경유해 단말기 급수관으로 보내졌다.

현대 정수장의 정수 및 송수 설비와 비교하면 침전조는 정수장의 침전지와 급속 여과지, 저수조와 급수조는 배수지에 해당한다. 오늘날에는 하천 취수가 많아 결코 위생적이지 않기 때문에 약품을 이용한 응집 침전이나 소독약을 다량 사용해 정수하고 있다. 고대 로마에서는 수원지에서 직접 취수하거나 차폐 수로를 통해 수송하는 것을 기본으로 했기 때문에 현재와 맞먹는 위생적인 식수를 얻을 수 있었다. 또한 지금은 각각의 정수장으로 펌프를 이용해 압송하지만 로마 시대에는 중력에 의한 자연유하(自然流下) 말고는 수단이 없었다. 이 때문에 각 설비의 높낮이가 매우 중요했다.

이제 '일곱 개 언덕의 도시'라고 불릴 정도로 높낮이 차이가 큰 로마 시내 각처로 끌어온 물을 어떻게 급수했는지, 시내 급수 시스템이나 물을 정화하기 위한 침전조, 분기 급수를 위한 분수 시설, 말단에서의 방류를 가능케 한 급수관에 대해 살펴보기로 하자.

로마의 시내 급수 방법은 오늘날의 방식과 마찬가지로 매우 조직적이었다. 그 기록이 위트루위우스(Vitruvius, 비트루비우스, 기원전 80?~?)가 남긴 10권의 건축서《건축십서(De Achitectura)》와 앞서 언급한 프론티누스의《로마 수도론》에 남아 있다. 위트루위우스는《건축십서》제8서에서 로마 시내의 급수 상황을 다음과 같이 기술하고 있다.

"성벽까지 왔을 때 저수탑(저수조)과 그 물을 받아들이기 위한 삼중의 급수조(공동 수조)가 만들어지고 저수탑에는 균등하게 배분된 세 개의 관을 통해 물이 양 옆 급수조에서 넘쳤을 때는 중앙의 급수조로 되돌아가게 연결된 수조들이 배치된다. 이렇게 중앙 급수조는 모든 저수지와 분수로, 다른 급수조는 공공 욕장으로, 또 다른 급수조는 공공 물 부족을 초래하지 않는 범위 내에서 개인 저택으로 각각 관이 부설된다. 개인 저택에서 물을 끌어다 쓰는 사람들은 세금을 낸다."

고대 로마에서 수도 사용료는 기본적으로 무료였다. 다만 개인 저택에 수도를 부설하면 유료였는데, 요금은 지금으로 치면 1세제곱미터당 한화 11원 정도로 매우 쌌다. 참고로 서울에서 월 30세제곱미터의 수도를 사용하면 약 2만 6,000원의 수도 요금을 내야 한다. 1세제곱미터당 855원이다.

로마제국의 급수 시스템은 매우 복잡했다. 관리하기 위해서 당연한 일이었겠지만, 프론티누스는 수도 시설의 수와 각 시설의 급수량을 조사해 기록으로 남겼다. 그 내용을 보면 황제용(황제가 건설한 투기장·극장·공공 욕장 등)에 24퍼센트, 개인용(개인 저택·개인들의 공동 업무용 등)에 44퍼센트, 공공용(병영, 공공 건축물, 장식 분수, 급수대 등)에 32퍼센트의 물이 공급됐음을 알 수 있다.

이렇게 정확한 계측이 가능했던 이유는 로마가 수도관이나 노즐을 규격화했기 때문이다. 로마는 시내를 14구역으로 나눠서 각 수도 간선을 통해 급수했다. 로마 시내는 앞에서 말한 바와 같이 기복이 많은 지형이다. 비르고 수도(공공 욕장)와 알시에티나 수도(모의 해전장)를 제외하고 아피아 수도에서 아니오 노부스 수도에 이르기까지 수도 건설이 거듭될수록 시내 도달 장소의 해발은 갈수록 높아졌으며 이를 통해 시내 전역에 급수했다. 시내 도달 장소의 해발이 높고 그 양이 많은 간선 수도(아니오 베투스·마르키아·클라우디아·아니오 노부스)는 당연히 급수 범위가 넓었다. 급수를 위한 저수조의 수도 많았다. 시내 각 구역에 3개~6개씩 저수조를 설치했으며 여기서 다시 간선 수도를 통해 공급했다. 어떤 수도가 보수 등으로 물 공급을 중단하더라도 그 급수 구역에 단수가 일어나지 않도록 고려한 것이다.

이 방식은 현재의 급수 시스템 못지않다. 다만 지금과 비교했을 때 시스템의 운영 및 유지관리가 어렵다. 왜냐하면 알시에티나와 아니오 노부스 수도를 제외한 7개의 수도만 하더라도 저수탑(저수조) 시설이 247군데나 있다. 이를 운영하고 유지관리하려면 시내 수도의 배수 상황 파악과 그에 따른 분수 및 급수대 운용 등 방대한 업무가 뒤따른다. 지금처럼 IT 시대도 아니었다. 무선 통신과 정보 기기도, 효율적으로 원격 조작이 가능한 급수 시설도 없던 그야말로 고대 로마 시절이었다. 하지만 그 모든 것을 인력으로 해냈다. 구체적으로 어떻게 실행했는지에 대한 기록이 남아 있지 않은 게 아쉬울 따름이다.

수도의 불순물 제거와 분기 급수

간선 수도를 따라 흘러온 물에는 비록 터널과 뚜껑으로 외부와의 접촉을 차단하더라도 수원이나 유로의 영향으로 토사 등의 불순물이 섞이기도 한다. 이 불순물을 로마 시내에 공급하기 전에 제거해야 했다. 그 해답은 침전조를 활용하는 것이었다. 나아가 시내 각처에 급수하기 위한 분기 급수 시설과 수리·보수 등 비상시를 대비한 저수 시설도 필요했다. 아피아와 비르고 수도는 수질이 매우 좋았고 알시에티나 수도는 모의 해전용이나 관개용수로 사용했으므로 침전조와 저수조가 필요 없었지만 다른 간선 수도에는 이것들이 설치됐다.

그렇다면 침전조에서 어떻게 흐르는 물의 불순물을 제거했을까? 불순물은 무게나 비중이 크다면 유속이 다소 빠르더라도 가라앉는다. 오늘날과 같이 정수장에서 약품을 이용해 불순물을 응집시켜 크기를 키움으로써 침전을 촉진하는 방식은 아직 개발되지 않았다. 따라서 흐르는 물을 체류시키거나 속도를 늦춰서 불순물의 침강을 유도하는 방식이 사용됐다. 그렇게 가라앉은 침전물을 제거했다.

침전조를 통해서 불순물을 제거한 물은 저장하거나 나눠 공급하기 위해 '분수(分水)'한다. 지금이야 밸브가 있지만 그때에는 어떻게 한 것일까? 이 시대에는 '카스텔룸(castellum)'이라는, 저수·분수 기능을 모두 갖추거나 각각 단독으로 수행하는 설비가 있었다. 위트루위우스는 《건축십서》 제8서에서 저수조의 의의에 대해 "약 7킬로미터마다 저수조를 설치하는 것은 무익하지 않은데, 어딘가에 결함이 생겼을 때 그 전체 설비에 영향을 주지 않고 쉽게 결함 있는 곳을 찾을 수 있기 때문"이라고 설명하고 있다. 저수조(물탱크)의 중요성, 연속 급수의 필요성과 그 방법을 이해하고 있었던 것이다. 그가 《건축십서》에서 묘사한 것처럼 3방향 분수가 가능한 시설을 폼페이 유적지 부근에서 확인할 수 있다. 개인용—황제

폼페이 유적지의 3방향 분수 시설

용—공공용의 순으로 취수 높이가 낮아진다. 공공용 물을 마지막까지 취수할 수 있었음을 알 수 있다. 프랑스 님(Nimes)에 남아 있는 저수 및 분수 시설은 무려 13방향으로 분수할 수 있다.

시내 급수관의 재료, 납관의 선택과 급수관 규격화와 벌칙

이번에는 급수관로의 소재로 납관을 선택한 배경에 관해 알아보자. 수로 터널과 수도교 등의 폐쇄 수로로 로마 시내에 들어간 수도는 저수조에서 관로를 통해 시내 각처에 나눠서 급수됐다. 급수관로는 기원전 1세기경 위트루위우스의 《건축십서》가 나올 때까지만 해도 납관은 납중독 우려가 있다는 이유로 위험시됐으나, 기원후 1세기 말 프론티누스의 《로마 수도론》이 출간된 시기에는 납관이 많이 사용됐다. 납중독 문제를 방출구를 통해 물을 흘려보내는 유수방식으로 해결한 것이었다. 납관은 납을 녹여 납작하게 한 뒤 둥그렇게 구부린 납판자를 접합해 사용했다.

당연한 얘기지만 로마 시대 때 수도 공사는 모두 사람의 힘으로 진행했다. 무거운 납으로 만든 긴 관을 운반하고 설치하는 일은 쉽지 않았다. 그래서 대신 운반 편의를 위해 관 길이를 줄였는데, 설치할 때 접합해야 할 부분이 많아지면서 배관 작업에 큰 노력이 필요했다. 더욱이 납 광산은 로마 시 근방에는 없었다. 에스파냐, 갈리아(스위스·프랑스·벨기에 일대), 브리탄니아(잉글랜드 북부) 등의 광산에서 채굴·정련한 뒤 멀리 로마로 옮겼다. 수도관을 목재로 만들면 훨씬 편했겠지만 내구성 때문에 배제됐다. 물론 납이 나무에 비해 내구성이 좋다는 사실은 분명하다. 그런데 납관을 사용한 이유가 비단 내구성 때문만은 아니었다.

용접한 납관을 사용하면 내부 유수에 압력을 가해서 높은 곳에 급수할 수 있다는 것이 가장 큰 이유였다. 우물에 두레박으로 물을 긷는 것보다 훨씬 편하다. 그래서 고대 로마인들은 많은 어려움에도 불구하고 납관을

로마 시대 급수관로 납관. 바깥지름 145밀리미터(로마 국립 박물관 소장)

선택한 것이다. 대단한 판단력이다. 지속가능성이라는 관점에서 볼 때 이는 54년 로마 대화재 이후 네로 황제가 쉽게 지을 수 있는 목조 가옥을 금지하고 건설 작업에 시간이 오래 걸리는 석조 및 벽돌 가옥을 강제한 것과도 통한다.

납관보다 뛰어난 주철관이 출현한 때는 주철이 대포에 사용된 14세기 이후의 일이었다. 1754년 런던교 수도 회사의 통계자료를 보면 목관 50킬로미터, 납관 3.5킬로미터, 주철관 1.6킬로미터로, 주철관이 이제 막 사용되기 시작했다. 이 시대까지도 목관이 주류라는 것은 고대 로마에 비해 크게 뒤처져 있었다고밖에 말할 수 없다. 참고로 영국 산업 혁명의 기폭제가 된 제임스 와트 증기 기관의 개량은 1765년의 일이었다.

또한 로마에서는 수도를 집으로 끌어들일 수 없는 일반 시민들을 위해 도로변에 다수의 공동 수도를 마련했다. 폼페이에서는 공공 음수대가 약 70미터마다 배치됐고 말 등의 가축을 위한 음수장도 있었다.

저수조에 수도관을 설치하는 방식은 직접 수도관을 부착하는 것이 아니라 청동제 노즐을 사이에 두고 부착했다. 이 시대에 청동은 무척 비쌌지만 내구성을 필요로 하는 곳에 많이 사용됐다. 그리고 이 노즐에 구경을 나타내는 각인을 새겨 수도 요금 징수의 기준으로 삼았다. 구경이 넓으면 요금이 더 높았다.

로마 수도에는 수도꼭지와 분기관도 있었다. 놀랍게도 수도 본관에서 음수대에 이르는 도중에도 청동 분기관과 밸브가 사용됐다. 로마의 수도는 방출구에서 방류하는 것이 기본이었지만 밸브를 이용해 물 공급을 멈출 수도 있었다.

수도 사용량을 파악해 요금을 책정하려면 유량을 알아야 했다. 이때 수도관의 치수가 제각각이라면 측정하기가 어려웠을 것이다. 그래서 위트루위우스 시대 이전부터 수도관의 규격화가 이뤄졌다. 이후 프론티누스가 더욱 엄밀히 규격화했다. 수도관에는 모두 25개의 규격이 있었다. 안지름 배수를 기준으로 23~93밀리미터까지의 8개 규격(소구경용), 93~228밀리미터까지의 18개 규격(중·대구경용, 93밀리미터는 중복되므로 제외)이 그것이다. 하지만 이 중 실제로 사용한 것은 15개의 규격이었다. 어쨌든 이렇게 수도관을 규격화함으로써 유량 계측을 간편화했다.

수도 사용에 관한 법률도 있었다. 물을 훔치는 행위는 최고 청동화 10만 세스테르티우스(sestertius)의 벌금형에 처했다. 이 액수는 로마 군단병 84년 치 월급에 해당했다. 이 밖에 음수대나 분수대에 대한 고의적인 오염 행위는 벌금 1만 세스테르티우스였다. 수로 보수를 위해 빈 땅이 필요했는데, 이 제한 구역에 공작물(工作物) 등을 건조한 자에게는 벌금 1만 세스테르티우스가 부과됐다.

프론티누스와 로마 속주들의 수도

고대 로마제국은 중요 프로젝트, 즉 상수도와 같은 중요한 사업일수록 매니지먼트를 이해하고 실행할 수 있는 인물을 수장으로 삼았다. 초대 장관은 초대 황제 아우구스투스 황제의 맹우 마르쿠스 아그리파였다. 그는 율리아 수도와 비르고 수도를 건설하고 그 수도의 유지관리 조직을 만들었다.

프론티누스는 97년 네르와(Nerva, 재위 96~98) 황제에 의해 수도 장관에 임명됐다. 출생 배경 등은 명확하지 않으나 74년에 집정관으로 선출됐고 그 뒤 브리탄니아 속주 총독으로 공을 세웠다. 정치인이자 군인으로서뿐 아니라 《전술론(Stratagemata)》 등을 쓴 저술가이기도 했다. 98년 트라야누스 황제의 허락을 얻어 수도 장관을 마치고 두 번째로 집정관이 된다. 100년에는 세 번째로 집정관이 되어 트라야누스 황제의 다키아 원정에도 참여했다. 그는 문무, 기술, 정무에 밝은 전천후 인물이었다. 수도 장관에 임명됐을 때 그는 집무 매뉴얼로 《로마 수도론》을 냈다. 여기에는 수도 장관으로서의 마음가짐도 기록돼 있다.

"나는 본래 책임감이 강하고 충직한 성격으로 어떤 일을 맡게 되면 헌신적으로 임무를 수행했다. 수도에 관한 직무는 도시의 편익뿐 아니라 그 위생에서 안전까지를 관장하는 중책이다. 지금까지는 우리 제국의 가장 고위급 인물이 그 역할을 맡아온 만큼 나는 이 임무에 착수하기 전에 먼저 그 일에 정통하는 것이 처음 해야 할 중요한 과제로 보았다. 나는 어떤 일이든 이 방법보다 확실한 것은 없으며, 이런 과정 없이 무엇을 하고 무엇을 하지 말아야 할지를 결정할 수 없다고 생각한다. 더욱이 자신에게 주어진 임무를 기술 고문에게 배워서 수행하는 것만큼 욕된 일은 없다고 여긴다. 그러나 직면한 문제에 대한 경험이 없다면 실질적인 지식을 부하에게 의존하지 않을 수 없다. 이럴 때는 부하로 하여금 중요한 임무 수행을 돕도록 할 수 있다. 그것은 그들의 일이기도 하다. 나는 지금까지 직무를 수행할 때면 그 절차와 내용을 관찰하면서 산재하는 정보를 모아 정리함으로써 스스로 감독 지침을 삼기 위해 이 같은 책자를 만들어왔다."

수도 장관을 경험한 뒤 다시 세 번이나 집정관을 지낸 인물의 훌륭한 마음가짐이 엿보인다. 《로마 수도론》은 75개 항목으로 구성된 대작이다. 이를 불과 1년여의 재임 기간에 완성시킨 것도 놀라운 재능이다. 《로마 수도론》은 로마 시 수도관리를 망라한 서적이다. 로마제국 속주들의 상수도 또한 로마 시의 수도와 유사하다. 단순히 로마 시의 수도 관리에 도움이 됐을 뿐 아니라 제국의 광대한 영토에 유포돼 속주의 수도관리에도 이용된 것으로 보인다. 문명대국 로마를 만든 책이라고 해도 과언이 아니다.

고대 로마는 수많은 식민 도시를 건설했다. 그것들은 일종의 작은 로마 시로서 로마와 비슷한 수준의 인프라가 정비됐다. 엄청난 노력 끝에 로마에 뒤지지 않는 안전한 물을 공급한 것이다. 현재까지 남아 있는 식민 도시 프랑스의 님, 튀니지의 카르타고와 같은 속주들의 수도를 살펴보기로 하자.

우선 오늘날 프랑스 님의 퐁 뒤 가르(Pont du Gard) 수도교다. 세계 유산 퐁 뒤 가르는 가르동(Gardon) 강을 가로지르는 높이 약 50미터에 길이 약 500미터의 3층 석조 아치교다. 그 규모의 장대함 덕분에 당시에도 '악마가 만든 다리'라는 소문이 났다. 프랑스의 사상가로서 훗날 프랑스 혁명에 지대한 영향을 미친 장 자크 루소(Jean-Jacques Rousseau, 1712~1778)는 퐁 뒤 가르를 보고 이렇게 썼다.

"3층으로 만들어진 이 다리 위를 돌아다녔지만 경외감이 든 나머지 발로 밟기를 주저할 정도였다. '왜 나는 로마인으로 태어나지 않았는가' 하고 중얼거렸다."

이처럼 퐁 뒤 가르는 로마의 자랑이며 오늘날 프랑스의 자랑이기도 하다. 현재 퐁 뒤 가르 주변은 공원으로 조성돼 있다. 다리가 보이는 숲속에 오픈 테라스의 식당이 하나 있는데 싸고 맛있는 프로방스 음식을 먹을 수 있다. 5월에는 주변의 신록과 아스파라거스 요리가 일품이다. 산들바람 속에 녹색으로 빛나는 퐁 뒤 가르를 보면서 마시는 와인은 무척이나 남다르다.

프랑스 프로방스 지역에 위치한 님은 콜로니아 아우구스타 네마우수

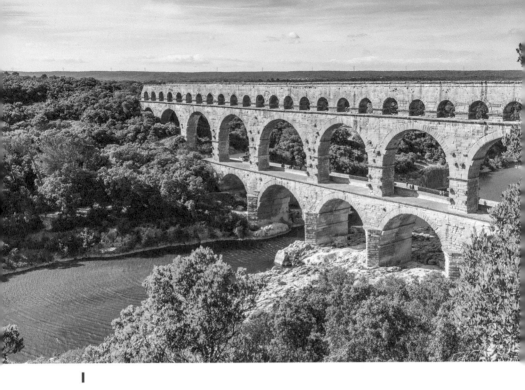

풍 뒤 가르 수도교

스(Colonia Augusta Nemausus)로 불렸고 기원전 49년에 군단 기지가 설치된 식민 도시였다. 아직 세계 유산에 등재되지는 않았지만 수용 인원 2만 3,000명의 원형 경기장이 남아 있다. 님의 수도는 길이 약 50킬로미터, 너비 1.2미터, 높이 1.8미터의 수로로 이뤄져 있고 수량은 하루 2~4만 세제곱미터로 추정된다. 또한 님의 입구에 만들어진 12방향 분수조(카스텔룸)는 보존 상태가 좋기로 유명하다. 이 밖에도 님은 중세 시대에 직물 산업이 번창했는데, 청바지에 사용되는 옷감 데님(denim)이 바로 님에서 나온 말이다.

　높이 약 50미터의 풍 뒤 가르는 로마제국의 수도교 가운데 가장 교각이 높다. 그보다 깊은 계곡이 있는 경우에는 역 사이펀 방식으로 납관을 계곡 사면에 설치했다. 위트루위우스는 《건축십서》 제8서에서 역 사이펀에 관해 이렇게 설명했다.

"골짜기가 계속 연속돼 있다면 경사면을 따라 건설한다. 골짜기 바닥까지 왔을 때 가급적 길게 수평이 유지될 수 있도록 그다지 높지 않은 지지물로 지지한다. 이어서 건너편 비탈에 도달했을 때 긴 구간의 배면으로 부드럽게 끌어올려서 언덕의 높은 곳에 압출된다."

프랑스 리옹(Lyon)의 지에(Gier) 수도교는 길이가 무려 86킬로미터나 됐고 4개의 역 사이펀이 있었는데 가장 깊은 것은 123미터에 달했다. 20여 곳의 크고 작은 마을을 지나갔으며 오늘날 터키 지역인 페르가뭄(Pergamum, 페르가몬)을 지날 때는 깊이 172미터의 골짜기를 역 사이펀으로 통과했다. 지에 수도교에는 깊이 93미터의 골짜기를 길게 넘어가는 구간이 있었는데, 사이펀 관은 9개 병렬이었고 바깥지름 25센티미터에 두께 1.9센티미터로 추정된다. 1미터당 납관의 무게는 159킬로그램이었다. 장정 두 사람이 겨우 들 수 있을 정도의 무게를 경사면에 고정시켜 용접한 것이다. 계곡의 폭은 1.2킬로미터였고 역 사이펀 하나 당 무게가 191톤이었다. 9개의 역 사이펀이 설치됐으므로 그 무게만 1,717톤이었다. 어마어마한 난공사였을 것이다. 계곡 상부에서는 관의 두께를 얇게 할 수도 있었을 텐데 그런 요령도 피우지 않았다. 로마의 수도에 대한 집념이라고밖에 표현할 길이 없다.

이번에는 세고위아(Segovia, 세고비아) 수도교다. 세고위아는 오늘날 에스파냐의 수도 마드리드에서 북쪽으로 약 90킬로미터 떨어진 곳에 있던 마을이다. 1세기경 만들어진 길이 728미터에 높이 30미터의 2층 석조 수도교가 남아 있다. 수도교 상류 쪽으로 침전조가 있다. 퐁 뒤 가르는 골짜기를 가로지르는 다리지만 세고위아의 수도교는 중세 마을을 가로지르는 다리다. 그 모습이 장관이다. 그리고 근처에 그림(Grimm) 형제의 동화《백설 공주(Snow White)》의 배경이 된 성이 있다.

73

세고위아 수도교와 세고위아 성

마찬가지로 에스파냐 지역에는 메리다(Merida) 수도도 있다. 에스파냐 서남부에 있는 메리다는 식민 도시로 기원전 25년에 아우구스투스 황제의 명령으로 제5알라우다에 군단과 제13게미나 군단의 퇴역병을 이주시키고 '에메리타 아우구스타(Emerita Augusta)'라는 이름으로 건설됐다. 당시 에스파냐 북부 칸타브리아(Cantabria) 지방에서 금이나 은 등의 광물 채굴이 한창이었고, 이들 광물을 정련한 후 수송하기 위해 길이 850킬로미터의 에스파냐를 남북으로 종단하는 도로를 건설했다. 비스케 만에 접한 히혼(Gijon)에서 시작되는 이 도로는 레온(Leon), 살라망카(Salamanca), 메리다 그리고 오늘날의 세비야(Sevilla)인 히스팔리스(Hispalis)에 이르렀다. 여기에서 배에 실어 바닷길로 로마까지 옮겼다.

메리다 수도는 그런 교통의 요충지에 만들어졌다. 메리다는 앞서 언급했듯이 '에메리타 아우구스타'라는 이름으로 세워진 속주 루시타니아(Lusitania)의 주도로서 로마제국에서도 중요한 도시 중 하나였다. 그래서 많은 시설이 건설됐다.

또한 메리다는 연간 강수량 450~500밀리미터의 건조 지대다. 메리다에는 길이 약 800미터의 다리가 놓일 정도로 큰 강인 과디아나(Guadiana) 강이 흐르고 있지만 이를 수원으로 하지 않고 2개의 저수 댐인 코르나보(Cornalvo)와 프로세르피나(Proserpina)를 건설했다. 고대 로마인의 샘 신앙 때문이었다. 이들 댐은 1~2세기에 건설됐고 수도로 연결됐다. 처음에 만들어진 길이 17킬로미터의 코르나보 수도는 코르나보 댐 호수에서 취수했다. 이 댐은 길이 194미터, 높이 20미터, 제방 정상부 폭 8미터다. 로마 시대 초기와 후대의 추가 범위는 알 수 없다. 댐 호수 안에 제방 본체와 10미터 떨어진 곳에 취수탑이 있다. 수도의 대부분은 터널이다.

길이 12킬로미터의 프로세르피나 수도는 댐 호수에 있는 2개의 취수

로스 밀라그로스 수도교

탑에서 취수한다. 취수한 물은 길이 427미터에 높이 30미터의 로스 밀라
그로스(Los Milagros) 수도교를 통해 메리다에 공급됐다. 프로세르피나 댐
은 길이 427미터, 높이 12미터, 제방 정상부 폭 2~3미터다. 댐 수위의 변
동에 대해서 버틸 수 있도록 댐의 양쪽에 콘크리트제 부벽이 있다. 어떻게
든 건조 지대에 댐을 만들어 식수를 공급하려고 한 것이다. 앞에서 서술한
바와 같이 역 사이펀을 이용해 깊은 계곡을 넘어가는 수도 시설과 마찬가
지로, 여기에서도 고대 로마인들의 수도에 대한 집념을 엿볼 수 있다.

　지역을 지금의 터키로 옮겨보자. 동로마제국의 수도 콘스탄티노플(이
스탄불)에는 수많은 세계 유산이 있다. 왈렌스(Valens, 재위 364~378) 황제
가 378년에 건설한 왈렌스 수도교는 길이 800미터의 2층 석조교로 훗날
지하 저수조 바실리카 시스테른(Basilica Cistern)에 물을 공급했다. 이 지
하 저수조는 이스탄불이 비잔티움제국의 수도 콘스탄티노플일 때 유스
티니아누스 1세(Justinianus I, 재위 527~565)가 건설했다. 오스만 튀르크
점령 후에는 '지하 궁전'이라는 뜻의 예레바탄 사라이(Yerebatan Sarayi)로

발렌스 수도교와 바실리카 시스테른

불렸다. 길이 138미터, 폭 65미터, 높이 9미터이며 1열에 12개씩 28열, 합계 336개의 대리석 원기둥으로 구성된 7만 8,000제곱미터의 거대한 저수조로 콘스탄티노플의 물 수요를 충당했다. 이와 비슷한 지하 저수조는 네아폴리스(Neapolis, 지금의 나폴리) 근교 로마 해군 기지가 있던 미세눔(Misenum, 현재의 미세노)에 건설된 '기적의 저수지'라는 뜻의 피스키나 미라빌리스(Piscina Mirabilis)가 있다. 길이 70미터, 너비 25.5미터, 높이 15미터 규모로 1만 2,600세제곱미터의 물을 저장할 수 있었다.

오늘날 튀니지 지역에는 카르타고 수도가 있었다. 세 차례에 걸친 포

카르타고 수도교

에니 전쟁으로 카르타고는 괴멸했고 율리우스 카이사르와 아우구스투스 황제에 의해 재건됐다. 2세기경에는 인구 30만 명 정도의 대도시로 발전했고 로마 시와 아이깁투스(Aegyptus, 이집트)의 알렉산드리아에 이어 세 번째 도시로서 아프리카의 상업·군사 중심지로 성장했다. 인구 증가에 대처하기 위해 하드리아누스 황제는 123년 내륙의 수원지 자구안(Zaghouan)에서 카르타고까지 수도를 건설했다. 카르타고 수도는 길이 132킬로미터에 교량 부분만 17킬로미터로 그 배출량이 하루에 약 2.3만 세제곱미터였다. 메리다 수도와 마찬가지로 상수 공급을 위해 막대한 노력을 치른 것이다.

마지막으로 지금의 알제리 북동부 팀가드 지역에 위치한 타무가디스(Thamugadis)는 100년경 트라야누스황제에 의해 건설된 식민 도시다. 군사 기지가 있었고 바둑판 모양의 구획으로 도시가 건설됐다. 7세기 때 파괴됐는데 오랫동안 모래에 파묻혀 있었기 때문에 보존 상태가 좋다.

타무가디스 유적지 전경

1880년 이후 트라야누스 개선문, 신전, 4,000명 수용 규모의 원형 극장
과 상·하수도 시설로 공공 음수장과 공공 욕장, 수세식 화장실 등이 발굴
됐다. '북아프리카의 폼페이'로 불렸다.

: 로마의 하수도 :

고대 로마 왕정 시대 제5대 왕 타르퀴니우스 프리스쿠스(Tarquinius
Priscus, 재위 기원전 616~579)는 현재 이탈리아 토스카나(Toscana) 지역인
에트루리아(Etruria) 출신이다. 그는 7개의 언덕에 모여 사는 불편과 인구
증가 등의 이유로 팔라티노(Palatino) 언덕 북쪽 미개발 저습지의 활용을

생각했다. '클로아카 막시마(Cloaca Maxima, 대하수도)'를 만들고 사람들이 모여 살 수 있도록 건축물을 짓게 했다. 이곳이 고대 로마의 중심지로서 오늘날에도 수많은 관광객이 찾는 포룸 로마눔이 된다.

나아가 7개 언덕 중 팔라티노와 아벤티노(Aventino) 언덕 사이의 저습지에도 클로아카 막시마를 만들어 훗날 전차 경주로 유명한 '키르쿠스 막시무스(Circus Maximus, 대경주장)'를 건설했다(키르쿠스가 바로 서커스인데 이와 관련해서는 뒤에서 다루도록 하겠다). 에트루리아인들이 로마인들에게 기술을 전수했다고 전해진다. 에트루리아인은 현대 이탈리아의 토스카나, 움브리아(Umbria), 라치오(Lazio) 북부 지방에 살던 사람들로, 이지방은 광업 원료가 풍부한 덕분에 금속 산업이 번창해 높은 공업 및 건설 기술을 갖고 있었다. 또한 에트루리아인은 피렌체(Firenze), 시에나(Siena), 페루자(Perugia) 등의 구릉지에 도시를 만들었다. 한편 이 시대에 그리스인들은 해양 민족으로서 네아폴리스, 시라쿠사(Siracusa), 메시나(Messina), 타란토(Taranto) 등의 항구 도시를 건설했다.

클로아카 막시마

클로아카는 돌과 벽돌을 아치 형태로 쌓은 하수용 암거를 말한다. 정화의 여신 클로아카가 관장하는 것으로 여겨졌다. 클로아카 막시마는 대하수도, 거대한 하수도라는 뜻이다. 당초에는 고대 로마의 중심지 포룸 로마눔의 거대 회당인 바실리카 에밀리아(Basilica Aemilia)와 바실리카 율리아(Basilica Julia) 사이 100미터 남짓의 바위와 벽돌을 이용한 큰 절개 수로였다. 습지에 수로를 만들어 배수함으로써 지하수 수위를 낮추고 토지를 건조하게 만들려는 의도였다. 이 지역 저지대의 높이는 티베리스 강 수면보다 평균 6미터밖에 높지 않았다. 티베리스 강의 범람 높이가 평균 9미터였으므로 매년 침수가 반복됐다.

클로아카 막시마 방류구

타르퀴니우스 프리스쿠스 왕은 포룸 로마눔의 범람 대책으로 대량의 토사를 이용해 표고가 9미터 이상이 되도록 성토 공사를 벌였다. 배수구 건설과 성토 공사를 동시에 진행한 것이다. 클로아카 막시마를 돌과 벽돌을 이용해 아치 형태로 덮어 지하화하는 작업은 기원전 2세기경에 이뤄졌다. 그 크기는 안지름 3.2미터에 높이 4.2미터다.

로마의 클로아카, 즉 하수도는 수많은 지선을 갖고 있으며 공공 욕장, 공공 화장실, 기타 공용 시설, 개인 주택 등의 폐수와 빗물을 티베리스 강으로 방류했다. 그 방류구는 현재에도 팔라티노 다리 동쪽 밑에서 볼 수 있다. 이 부근에는 티베리스 강가에 도로가 만들어지고 많은 옹벽이 설치돼 있다. 하지만 그 방류구는 아치 형태로 보호돼 지금도 현역으로 기능을 수행하고 있다. 클로아카는 작은 배수로의 경우 토관과 목관도 사용했다. 클로아카는 원래 간척 사업을 위한 배수로였으나 그것이 언제부터 공공, 개인용 하수의 배수에도 이용됐는지는 명확하지 않다. 물의 사용량, 즉 하수량이 많아진 것은 아피아 수도 부설 이후의 일이다. 만약 클로아카가 존재하지 않았다면 고대 로마의 하수도 시스템이 어떻게 됐을지 모른다.

개인 주택의 폐수는 도로를 따라 건설된 지하 배수로에 투입돼 클로아카로 흘러들었다. 이 시대에는 상·하수도 모두 자연 유하 방식이었으므로 2층 이상에는 수도가 연결되지 않았고, 식수 등은 단지 등의 용기를 이용해 담아 옮겼다. 위층에서 사용한 폐수와 분뇨는 항아리 등을 이용해 지하 배수로에 투입했다. 따라서 고층 집합 주택 인술라(insula)는 1층이 조건이 좋아 임대료가 높았다. 반대로 고층으로 올라가면 상·하수도도 없고 방화도 여의치 않아 임대료가 저렴했다. 이 때문에 가난한 사람들은 오늘날과는 달리 고층에 살고 있었다.

하지만 법으로 금지했는데도 불구하고 고층 주택에서는 사용한 폐수와 분뇨 등을 창밖으로 투기하는 일이 끊이지 않았다. 마치 나폴레옹 3세(Napoleon III, 재위 1852~187)가 대개조 개혁을 하기 전 프랑스 파리의 상황과 같았다. 그는 로마를 동경해 1843년 갇혀 있던 감옥에서 이런 내용의 편지를 보냈다.

"나는 아우구스투스가 되고 싶다. 왜냐하면 아우구스투스는 로마를 대리석의 도시로 만들었기 때문이다."

그런데 나폴레옹 3세는 당시 로마의 폐기물 처리 상황까지는 이해하지 못한 듯하다. 참고로 나폴레옹 3세와 동시대의 정치인이자 작가인 빅토르 위고(Victor Hugo, 1802~1885)의 위대한 작품 《레 미제라블(Les Miserables)》을 보면 주인공 장 발장(Jean Valjean)이 정부군의 추격에서 벗어나기 위해 빈사 상태의 마리우스를 안고 파리의 하수도로 들어가 5킬로미터를 도주하는 장면이 나온다. 읽다 보면 숨이 막힐 듯한 긴박

감으로 무의식중에 손에 땀이 맺히는 장면이다. 파리에 하수도가 처음 만들어진 때는 1374년이고, 장발장이 도주한 대하수도가 완성된 것은 1740년경의 일이다. 파리의 하수도가 건설되기 약 2,000년 전에 클로아카 막시마가 만들어졌다.

앞서 언급했듯이 고대 로마 시대의 시인 유웨날리스는 "건강한 정신은 건강한 신체에 깃든다"면서 오락을 일삼던 대중을 풍자해 '빵과 서커스'라는 표현을 썼다. 그는 수도 로마의 상태를 16편으로 구성된 풍자 시집에서 통렬하지만 현실을 약간 과장해 다음과 같이 표현했다.

"로마에서는 매우 많은 병자들이 불면증 때문에 죽어간다. 도대체 어느 집인들 잠들 수 있겠는가? 로마에서는 큰 재력이 있어야 비로소 잠을 잘 수 있다. 불면증 때문에 없던 병도 생길 지경이다. 거리 길모퉁이에서 수레가 엉키고, 오지도 가지도 못하게 된 마소를 때리는 소리와 고함치는 소리 때문에 제아무리 드루수스라도 잠을 잘 수 없을 것이다. 아무리 급한 일이 있어도 앞에 있는 인파에 막히고 뒤에 오는 군중에 밀려 허리를 짓눌리게 되는 것이다."

드루수스는 제4대 황제 클라우디우스의 아버지인 네로 클라우디우스 드루수스 게르마니쿠스(Nero Claudius Drusus Germanicus, 기원전 38~9)를 말한다. 게르만족과의 전쟁에서 세운 공으로 원로원으로부터 '게르마니쿠스'라는 칭호까지 받은 천하의 드루수스도 로마에서는 소음 때문에 잠을 잘 수가 없었다는 얘기다.

율리우스 카이사르가 제정한 법에 따르면 일출 후부터 오후 4시경까지는 로마 시내에 마차나 수레의 출입이 금지됐다. 하지만 낮에는 인파가 많아 시끄럽고 밤에는 이동이 허가된 마차와 수레들이 돌로 만든 길 위를 달리는 소음으로 잠을 잘 수 없는 로마의 현실을 유웨날리스는 야유하고 있는 것이다. 그의 풍자 시집에는 이런 내용도 나온다.

"밤의 위험을 생각해보라. 금이 갔거나 깨진 항아리들이 창문에서 떨어질 때마다 그것에 맞아 두개골을 다치기에 충분한 높이일지를. 커다란 충격으로 도로의 돌에 상처를 남길지를. 유언장을 써두지 않고 밤에 돌아다닌다면 돌발적인 재앙에 대비하지 않는 한심한 사람이라고 해도 어쩔 수 없을 것이다. 그 밤 당신에게는 열려 있는 창문들의 수만큼 죽음의 가능성이 있는 것이다. 그저 항아리 째가 아니라 내용물만 버려주기를 바랄밖에."

고층 주택에 쓰레기 투기를 금지했으나 지켜지지 않는 현실을 야유하고 있다. 로마 시의 하수도는 기원전 7세기부터 도시의 발전과 함께 확장됐다. 기원전 33년 마르쿠스 아그리파가 수도와 더불어 클로아카 전구간을 점검하고 보수했다. 이후에도 몇 차례 복구가 더 이뤄졌다는 사실을 클로아카의 구조와 재료 변화로 알 수 있다. 하지만 상세한 내용은 명확하지 않다. 로마인의 위생 관념과 청결을 좋아하는 습성을 고려할 때 그런대로 양호한 관리가 이뤄진 것으로 보인다. 그 증거로 클로아카 막시마는 지금도 약 700미터 정도가 빗물 하수구로 이용되고 있다. 하수도의 유지 관리는 행정이 하고 청소 작업은 죄인이 담당했으며 그 비용은 국가의 재산과 주민의 분담금으로 충당했다. 현재의 하수도와의 차이는 고대 로마에서는 아무런 처리 없이 티베리스 강에 방류했으나 지금은 하수 종말 처리장에서 처리해 방류하고 있다는 점이다.

로마 속주의 하수도 시설

고대 로마는 수많은 식민 도시를 영토 내에 건설했다. 식민 도시에서는 수도 로마와 같은 수준의 생활을 할 수 있도록 상·하수도 시설뿐 아니라 오락과 휴식 시설이 완비돼 있었다. 하수도 시설 등은 세계 유산은 아니지만 독일의 쾰른이나 크산텐 등에 남아 있다.

로마제국 시대 화장실(에페수스 유적지/터키)

　로마에는 앞에서 살펴본 바와 같이 대규모 하수도가 있었다. 하수도가 있었으니 화장실도 있었을 것이다. 로마 시에는 시내에 공공 화장실이 설치됐고 그 수는 기원전 315년 시점에 144곳, 기원전 33년에는 1,000곳 이상에 달했다는 기록이 있다. 화장실은 수세식이었으며 대리석 석판에 구멍이 있고 그 아래로 물이 흘렀다. 그야말로 수세식이다. 레버를 이용해 물을 흘려보내는 현대의 방식과 달리 상시 유하식이라는 차이가 있었다. 분뇨는 하수도 물에 섞여 티베리스 강으로 배출됐다.

　엉덩이로 깔고 앉는 곳이 대리석이라 겨울에는 몹시 차가웠을 거라는 쓸데없는 걱정이 들기도 한다. 사진에서 보는 바와 같이 칸막이도 없고 남녀 구분도 없다. 옆 사람과 담소하면서 화장실을 이용했던 것이다. 공공 욕장도 남녀 혼욕이 주류였다. 수치심에 대한 생각이 오늘날과는 달랐던 것 같다. 엉덩이를 닦는 데는 해면과 주걱을 썼다. 참고로 기원전 5,000년경 메소포타미아 문명의 도시 바빌론(Babylon) 등에 세계 최초의 하수도가 정비됐고 일부 수세식 화장실도 존재했다는 기록이 있다.

고대 로마에는 세탁소도 있었고 앞서 언급했듯이 세제로 소변을 사용했다. 조금 구체적으로 말하면 소변을 발효해서 만든 암모니아를 모직물 세탁에 이용했다. 양털이나 비단 등 동물성 섬유에 희석한 암모니아수를 사용했는데, 로마인들은 동물성 섬유가 알칼리에 약하다는 사실을 알고 있었던 것이다. 또한 암모니아수는 가죽의 무두질에도 사용됐다.

비누의 역사를 간단히 살펴보자. 기원전 30세기경 메소포타미아 사포(Sapo) 언덕의 신전에서 희생양을 불에 구울 때 고기에서 녹은 지방이 재와 섞여 강에 흘러들어갔는데, 이곳에서 빨래를 하던 여성들이 이 물에서 빨래가 더 잘된다는 사실을 알게 됐다. 잿물이 기름과 섞인 천연 비누의 발견이었다. 이후 사포가 비누를 뜻하는 단어 '소프(soap)'가 됐다.

소변에 세금을 부과한 사람이 바로 앞에서 살펴본 제9대 황제 웨스파시아누스였다. 당시 세탁업자 등이 공공 화장실에 소변용 암포라를 놓아두고 소변을 수거하고 있었다. 그것을 본 황제 웨스파시아누스가 이 항아리에 과세를 한 것이다. 그런데 소변세를 처음 고안한 사람은 폭군으로 알려진 제5대 황제 네로였다. 악평 때문에 중도에 포기했다. 그러던 것을 웨스파시아누스가 재정 재건 명목으로 부활시킨 것이다. 이때에도 원성이 자자했다. 소변세 때문에 웨스파시아누스는 후세에 자신의 이름이 화장실로 불리는 치욕을 당했다.

소변세를 중단하자고 요구한 사람 중에는 다음 황제가 될 아들 티투스(Titus Flavius Vespasianus, 재위 79~81)도 있었다. 아들이 "어찌 그런 지저분한 걸로 돈을 챙기려 하십니까?" 하고 묻자 웨스파시아누스는 그렇게 거둔 동전 한 닢을 집어 아들의 코 밑에 가져다 대더니 "이 동전에서 지린내가 나느냐?"고 되물었다. 이 일화에서 "이익은 어디에서 생기든지 냄새가 좋다(Lucri bonus est odor ex re qualibet)"라는 라틴어 격언이 나왔다.

출처는 중요하지 않다는 것이다.

웨스파시아누스는 서기 69년 7월에 즉위했다. 네로 황제가 자살한 68년 6월부터 불과 1년 사이에 4명의 황제가 즉위한 내란의 시대이기도 했다. 그는 네로의 낭비와 내란으로 피폐해진 국가 재정을 되살리기 위해 여러 새로운 세금을 부과했다. 소변세도 그중 하나였다. 당대 정치인이자 역사가였던 타키투스(Tacitus, 55?~120?)는 자신의 저서《연대기(Annals)》에서 웨스파시아누스에 대해 높게 평가했다.

"그때까지의 다른 황제들과 달리 그가 황위에 오른 뒤 예전보다 살기 좋아졌다."

웨스파시아누스는 공정성과 아량으로 로마를 통치했고 10년간의 치세 동안 불온한 일은 거의 일어나지 않았다. 콜로세움을 건설하고 로마에 '빵과 서커스'로 상징되는 안정적인 시대를 만든 인물이었다. 그렇지만 소변세라는 정책 때문에 자신의 이름이 화장실로 불리게 됐다. 무릇 위정자들은 조심하고 또 조심할 일이다.

: 물 에너지의 이용과 사라진 수도 기술 :

로마 시대의 수도는 식수, 욕장, 분수 말고도 물 에너지를 이용해 물레 방아를 돌려서 제분을 하거나 광산의 암석 파쇄에 이용하기도 했다. 세계 유산에 등재되지는 않았지만 로마제국 때 제분용으로 이용되던 대규모 수차(水車)가 아직 남아 있다. 프랑스 아를 지역과 가까운 바르브갈(Barbegal)에도 수도와 제분소가 있었다. 16대의 수차를 조합하고 하나의 바퀴에 2개의 맷돌을 연동시켜서 32개의 맷돌을 움직였다. 시간당 한 쌍의 바퀴(맷돌)에서 150~200킬로그램의 제분이 가능했다. 이는 시간당

제분소 유적(바르브갈)과 이를 구현한 모형

2.4~3.2톤의 밀을 갈 수 있다는 뜻이고, 하루 10시간 동안 가동한다고 치면 하루에 30톤의 밀가루를 생산할 수 있었다는 얘기다. 한 끼 분량을 100그램으로 잡으면 하루 30만 명이 먹을 물량을 제분했다는 계산이 나온다. 로마 시 알시에티나 수도에도 많은 물레방아가 있었다.

물 에너지를 이용해 채광도 했다. 오늘날 에스파냐 북서쪽에 위치한 라스 메둘라스(Las Medulas) 산은 기원전 25년 로마의 지배 아래 금광으로 대규모 채굴이 있었던 곳이다. 화약이 없던 시대였기 때문에 물의 압력을 이용해 암석을 부쉈다. 갱도를 뚫은 뒤 수도를 통해 어마어마한 물을 들이 부어 그 압력으로 바위를 깎아내렸다. 현대의 벤치 공법이라고 할 수 있는데, 이렇게 수압을 이용해 순차적으로 경사면을 쪼개서 금이 드러나도록 한 것이다. 4세기에는 금이 고갈돼 폐광이 된다.

고대 로마의 간선 수도는 11개 중 8개는 거리가 멀다 해도 샘을 수원으로 하고 있었다. 로마 시내를 흐르는 티베리스 강을 수원으로 이용하지 않았다. 지금도 이런 샘 신앙은 면면히 이어지고 있다. 같은 방식으로 로마의 식민 도시였던 오스트리아의 빈(Wien), 독일의 뮌헨, 프랑스의 파리 등은 현재에도 용천수가 수원이다. 당시 로마 시는 현재의 1인당 수량보다 3배나 풍부한 물을 공급했다. 그 결과 시민들의 휴식처가 되는 공공욕장과 분수를 운용할 수 있었다.

시내 급수관도 기본적으로 지하에 있어서 수원에서 수도꼭지에 도달할 때까지 햇볕에 노출되지 않았다. 마찬가지로 하수도도 방류처인 강에 도달할 때까지 햇볕에 노출되지 않는다. 그 덕분에 인구 밀도가 높은 성곽 도시였는데도 불구하고 전염병에 강한 위생적인 도시를 만들 수 있었다. 간선 수도 외 시내의 상·하수도는 지하에 매설돼 도시 내 교통 방해도 적었다.

도시의 급수관은 납관을 기본으로 수압을 높일 수 있었으므로 지상의 음수장에서 바로 물을 길을 수 있었다. 이 때문에 우물에서 두레박으로 물을 긷는 것보다 인력을 대폭 경감할 수 있었다. 상·하수도 시설의 건설 및 유지 관리에 고도의 기술과 많은 노력이 필요했지만 쾌적하고 위생적인 환경을 더 우선에 뒀던 것이다. 이를 위해 길이 130킬로미터에 이르는 카르타고 수도를 건설했고, 메리다 수도에는 저수 댐을 2개나 만들었으며, 50미터에 달하는 계곡에 퐁 뒤 가르와 같은 장대 교량을 세우거나, 터키의 페르가뭄에서는 깊이 172미터의 역 사이펀을 설치했다. 로마인들의 물에 대한 집념을 느낄 수 있다.

서로마제국이 멸망한 뒤 로마 수도의 재건이 이뤄진 것은 한참 뒤인 르네상스 시대의 일이다. 왜 이렇게 오랫동안 기술의 퇴보가 일어난 것일까? 수도 건설에 필수적인 재료는 콘크리트와 납이었다. 또한 건설 기술이 중요했다. 화산재를 사용한 콘크리트가 사라진 후 다시 콘크리트가 세상에 등장한 때는 1824년 조지프 애스프딘(Joseph Aspdin, 1815~1864)이 포틀랜드 시멘트를 발명하고서다. 그래서 중세의 대형 구조물, 예컨대 1436년에 헌당식이 열린 피렌체의 산타 마리아 델 피오레(Santa Maria

라스 메둘라스 광산터

del Fiore) 대성당이나 1626년에 완성된 로마의 산 피에트로 대성당은 모두 콘크리트가 아닌 대리석과 벽돌로 만들어졌다.

사실 로마 근방에는 납 광산이 없었다. 에스파냐, 갈리아, 브리탄니아 등의 광산에서 채굴하고 정련해 멀리 로마로 옮겼다. 로마제국 멸망 후 로마 영토가 여러 나라로 분할되면서 납의 채굴, 정련, 납관 제조에 이르는 일련의 공급망이 소멸됨으로써 납관을 사용할 수 없게 된 것이다. 하세가와 타케오(長谷川岳男)는 자신의 책 《고대로마사전(古代ローマを知る事典)》에서 "기원전 962년부터 1523년까지 그린란드의 얼음을 분석한 결과 납 함유 비율은 기원전 1세기가 최대였고, 그후 모든 기간 동안 이 시기를 넘어서지 않았다"고 기술하고 있다. 또한 뒤에서 자세히 살펴보겠지만 이교 배격을 위한 도서 및 도서관의 파괴로 인해 기술의 전승이 끊겼다. 이런 이유로 로마의 수도 기술은 사라졌고 중세는 말 그대로 암흑기로 접어들게 된다.

제3장

모든 길을 통하게 만든 로마 가도

프랑스의 작가 라 퐁텐(La Fontaine, 1621~1695)은 "모든 길은 로마로 통한다"라는 유명한 말을 남겼다. 로마제국 전역, 즉 북으로는 영국의 요크와 런던에서부터 도버(Dover) 해협을 거치고, 남으로는 이집트의 알렉산드리아와 아스완, 다시 동으로는 티그리스 강변의 크테시폰에서부터 서로는 포르투갈 리스본까지 15만 킬로미터에 이르는 로마 가도가 건설됐다.

그중 8만 킬로미터는 간선 포장도로다. 그 길들이 수도 로마 시로 통해서 로마제국의 번영에 지대한 역할을 했다는 뜻이다. 제국에는 광대한 영토 여기저기에 군단 기지나 식민 도시가 산재해 있었다. 국토 방위와 제국의 번영을 위해서는 이들 도시가 수도 로마와 유기적으로 연결돼야 했다. 요컨대 "모든 길은 로마로 통해야" 했다.

고대 그리스는 문명적·문화적으로는 고대 로마보다 뛰어났다고 평가된다. 하지만 앞 장에서 살펴본 것처럼 그리스의 도시국가들은 대도시

아피아 가도(부분)

의 필수 요건 중 하나인 수도 시스템을 구축할 수 없었다. 게다가 해양 민족 그리스인들이 만든 식민 도시는 바다를 끼고 연안부에만 건설됐지 내륙에는 건설되지 못했다. 도로 시스템이 없었던 것이다. 대규모 수도망과 도로망을 구축하기 위해서는 수많은 구조물이 필요했고 콘크리트 사용이 중요했다. 콘크리트의 발견과 발명은 그리스가 아니라 로마 시대의 일이었다. 그리스가 제국으로 성장하지 못한 요인이 여기에 있다.

영토 획득과 유지를 위한 군대의 신속한 이동과 정보 전달, 통상 원활에는 가도가 필수적이다. 아피아 가도는 삼니움(Samnium) 전쟁의 병참을 목적으로 건설됐다. 광대한 영토를 유지하기 위해 강에는 다리를 놓고 산에는 터널을 파서 대량 물자와 인력의 확실한 이동을 가능케 만들었다. 도로망이 효과적으로 기능하려면 역참, 표지판, 지도, 나아가 가도의 치안이 필요하다. 도로망의 하드웨어와 소프트웨어가 정비되면 관광 여행도 활발하게 이뤄진다. 예를 들면 세계 7대 불가사의 유람이 그렇다. 이 장에서는 아피아 가도, 로마 다리 등의 세계 유산을 통해서 초강대국 건설에 이바지한 로마 가도의 의미를 짚어보려고 한다.

: 로마 이전의 도로 시스템 :

그러면 엄밀히 말하면 도로 시스템이 고대 로마인들의 발명품은 아니다. 페르시아의 다리우스 1세(Darius I, 재위 기원전 522~486)와 중국의 진시황(始皇帝), 즉 진나라 시황제(秦始皇, 재위 기원전 246~210)는 이미 훌륭한 도로 시스템을 구축한 바 있고, 또한 고대 이집트와 크레타 문명에서도 포장도로가 건설됐다.

기원전 550년~330년 페르시아 아케메네스(Achaemenes) 제국 최전성기의 왕 다리우스 1세는 수도 수사(Susa)에서 에게 해와 가까운 사르디스(Sardis)를 연결하는 총길이 2,500킬로미터에 폭 약 6미터의 이른바 '왕의 길'을 만들었다. 고대 그리스의 역사가 헤로도토스(Herodotos, 기원전 484?~425?)는 《역사(Historiai)》에서 이렇게 기록하고 있다.

"가도 곳곳에 왕실 공인의 여인숙과 매우 훌륭한 숙소가 있으며 역참의 수는 모두 111개, 즉 1만 3,500스타디온(stadion, 약 2,500킬로미터)이 된다. 매일 150스타디온씩 이동한다면 90일이 걸린다."

그의 기록을 더 들여다보면 6개의 강에 바지선이 있었고 안전 확보를 위한 수비대가 배치돼 있었다. 이처럼 왕의 길은 군사용이 주된 목적이었지만 민간인도 이용할 수 있었다. 헤로도토스는 또한 이렇게 서술하면서 이 같은 시스템을 극찬했다.

"이 세상에 삶을 얻은 존재들 가운데 페르시아의 파발보다 빨리 목적지에 이르는 것은 없다. 이는 페르시아인들의 독자적인 고안에 따른 것

로마제국 최전성기의 가도망(간선 총길이 약 8만 킬로미터/지선 총길이 약 7만 킬로미터)

이다. 필요한 날짜와 같은 수의 말과 인원이 각 역참에 배치됐는데, 하루에 말 한 필과 인원 한 명이 배정됐다. 눈이 오든 비가 오든, 춥든 덥든, 낮이든 밤이든 간에 이 파발들이 전속력으로 각자 분담한 구간을 달리는 것을 무엇도 방해할 수 없었다. 첫 주자가 달리기를 마치고 제2주자에게 넘겨주면 제2주자는 제3주자에게 식으로 봉화를 켜듯 차례로 중계돼 마침내 목적지에 도달하는 것이다."

참고로 이 왕의 길이 페르시아의 그리스 침공, 즉 기원전 490년 마라톤 전투와 기원전 480년 살라미스 해전을 가능케 했다.

모든 길을 통하게 만드는 로마 가도

95

이와 비슷하게 진시황도 도로 시스템을 만든 바 있다. 진·한 시대의 황제 전용 도로 치도(馳道) 정비와 수레 및 마차 바퀴 폭을 통일한 동궤(同軌)가 그것이다. 진시황이 정비한 도로망은 총길이 1만 2,000킬로미터에 이른다. 그중 약 7,500킬로미터가 폭 67미터의 대도였고 이를 치도라고 불렀다.

치도에서 분기해 주요 도시로 이어지는 간선 도로 약 4,900킬로미터도 동시에 건설해 전국적인 도로망을 정비했다. 포장은 되지 않았지만 장성과 같이 판축 구조로 흙을 다져서 만들었다. 그리고 그동안 달랐던 바퀴의 폭을 135센티미터로 통일했다. 도로에 파인 바퀴 홈의 폭이 135센티미터여서 외부의 침입이 있을 때 바퀴가 맞지 않으므로 군사적인 방어 효과도 있었다.

치도의 주된 목적은 통일 과정에서 멸망시킨 여섯 나라 귀족층의 반란을 미연에 방지하는 것이었다. 즉, 기마와 전차를 주축으로 한 군대를 신속히 파병할 수 있도록 하는 것이었다. 그 밖의 목적은 통신과 운송 수단 확보였다. 다리우스 1세의 왕의 길과 기본적으로는 같은 목적이다. 광대한 영토의 경영 방법은 본질적으로 같은가 보다.

도로 포장의 역사는 이렇다. 기원전 2680년~2180년경 이집트 고왕국 시대 피라미드와 스핑크스 등의 거석 구조물이 세워졌다. 이들 거석 운반에 썰매 등이 쓰였고, 이를 위해 운반로를 벽돌로 포장했다. 이런 식의 포장도로는 기원전 2000년~1400년경 크레타 문명의 석판에 모래와 점토와 볏짚을 섞은 모르타르를 이용한 것과 신(新)바빌로니아 왕국의 네부카드네자르 2세(Nebuchadnezzar II, 재위 기원전 604?~562?) 때 석판에 아스팔트 모르타르를 이용한 것이 있었다.

: 세계 유산 속 로마 도로 :

로마 가도의 의의에 대해서는 뒤에서 설명할 것이고 우선 로마 도로와 관련한 세계 유산에 대해 살펴보자. 도로의 구축물로는 도로 본체, 교량, 터널 그리고 황제 등에게 헌정한 개선문이 있다. 현재 등재된 10여 곳의 세계 유산 가운데 도로교 5곳, 교량 5곳, 개선문 8곳이 있다. 개선문 수가 가장 많은 것을 보면, 당시 황제들의 자기현시욕구가 강했음을 알 수 있다. 그중에서도 로마제국이 최대 판도를 가졌을 때의 황제인 트라야누스의 개선문이 4곳으로 가장 많다.

로마 도로의 흔적들

먼저 이탈리아 폼페이 유적지에는 로마 때 정비된 포장 도로망이 지금까지 남아 있다. 인도와 차도가 분리돼 있고 횡단보도도 있는데, 차량 주행을 방해하지 않도록 바퀴의 통행 부분이 확보돼 있다. 고대의 이상적인 도로 설계를 엿볼 수 있다.

다음은 이탈리아 아퀼레이아(Aquileia)다. 아퀼레이아는 베네치아(Venezia)에서 동쪽으로 약 80킬로미터 떨어진 아드리아(Adria) 해에 면한 도시다. 기원전 181년 로마의 식민지가 됐으며 북이탈리아를 횡단하는 포스투미아(Postumia) 가도 그리고 아드리아 해안에 리미니(Rimini)와 아르티눔을 연결하는 포필리아(Popilia) 가도가 지나는 중요한 군사·교역 거점이 된다. 1세기에는 인구 10만 명을 넘어 제2의 로마라고 불릴 만큼 번성했다.

시리아의 팔미라 유적지에도 로마 도로가 남아 있다. 팔미라는 중국과 유럽을 연결하는 실크로드의 교역 도시로 번영을 누렸다. 교역 도시이므로 당연히 도로가 잘 발달돼 있었다. 106년 페트라가 로마에 흡수되면서 교역 도시의 기능을 상실하자 팔미라가 중동 지역 유일의 교역 거점이 되어 더욱 번성했다. 현재 시리아의 수도 다마스쿠스(Damascus)에서 북동쪽으로 약 230킬로미터 떨어진 곳에 있다. 여전히 발굴이 진행되고 있는 곳으로서 전모가 드러나려면 시간이 좀 더 걸릴 것 같다.

리비아의 사브라타(Sabratha) 유적지도 로마 도로가 남아 있는 세계 유산인데, 리비아 수도 트리폴리(Tripoli)에서 서쪽 65킬로미터 떨어진 항구 도시였다. 사브라타 항구는 기원전 500년경 페니키아인들의 교역 거점으로서 건설돼 아프리카 배후지의 생산품을 취급하면서 번창했다. 현재 극장, 신전, 가도가 보존돼 있다.

남아 있는 로마 도로교

이번에는 로마 시대 도로의 목적으로 세워진 교량인 도로교를 찾아보자. 우선 이탈리아 로마 시 티베리스 강 교량이다. 수도 로마를 관통하는 티베리스 강에는 수많은 다리가 부설돼 있다. 교황은 로마 시대 최고제사장을 의미하는 '폰티펙스 막시무스(Pontifex Maximus)'에서 나온 명칭이다. '다리'라는 뜻의 접두사 폰티(ponti)와 '만든다'는 의미의 접미사 펙스(fex)에 '최고'를 뜻하는 막시무스(maximus)가 합쳐진 이름이다. '신과 인간을 잇는 다리를 놓는 자'로도 해석할 수 있고, 실제로도 그 명칭처럼 고대 로마 시대에는 다리를 놓는 일은 성직자의 일이며 교황은 교량 기술자들의 수장이라고도 할 수 있는 존재였다.

윌리엄 셰익스피어(William Shakespeare, 1564~1616)의 유명한 희곡 《로미오와 줄리엣(Romeo and Juliet)》의 무대로 유명한 이탈리아의 웨로나(Verona, 베로나)는 아디제(Adige) 강의 도하지점이며, 로마와 북방·동방 속주로의 연결지점으로서 포스투미아 가도와 클라우디아 아우구스타 가도 등 로마 가도가 만나는 교통의 요충지였다. 종종 로마 패권을 다

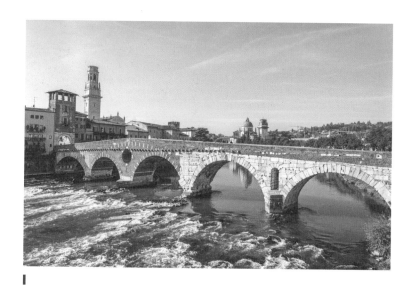

피에트라 다리

투는 싸움의 무대가 되기도 했다. 기원전 100년경 건설된 도로교 피에트라(Pietra) 다리는 길이 120미터에 5경간(徑間) 교량으로 지금도 현역이다(경간은 교각과 교각 사이의 거리를 말하는데, 여기서는 다리를 지지하는 교각이 5개라는 의미로 사용했다).

다음은 에스파냐의 코르도바(Cordoba)다. 트라야누스 황제 때 건설된이 도로교는 현재에도 보행자 및 자전거 전용으로 이용되고 있다. 길이는 247미터에 폭 9미터로 현재 16경간이 남아 있다.

로마 수도를 살필 때 언급한 에스파냐 메리다에는 기원전 1세기에 건설된, 과디아나 강을 가로지르는 로마 도로교가 있다. 길이 755미터, 폭 8미터, 62경간의 다리로 지금은 인도교로 사용되고 있다. 에스파냐 중앙부에 위치한 톨레도(Toledo)는 기독교의 영향이 강해 400년 제1차 톨레도 종교 회의가 개최된 곳이다. 서고트 왕국이 이베리아 반도를 지배한뒤 560년에 아타나길트(Athanagild, 재위 554~567) 왕에 의해 수도가 됐

알칸타라 다리

다. 로마제국 당시에는 타구스(Tagus) 강으로 불렸던 타호(Tajo) 강에는 트라야누스 황제 시대인 103년부터 106년에 걸쳐 건설된 길이 194미터에 높이 71미터의 알칸타라(Alcantara) 다리가 있다. 높이 14미터의 개선문을 포함한 교량의 높이가 71미터로 로마 도로교 중 가장 높다. 참고로 알칸타라는 '방수로'라는 의미다.

또한 오늘날 독일 트리어 지역 라인 강 지류인 모젤(Moselle) 강에 2세기 때 건설된 길이 198미터의 로마 도로교는 현재도 사용되고 있다.

아직 세계 유산에 등재되진 않았지만 독일에서 발원해 중유럽과 남동유럽을 흘러 흑해로 들어가는 도나우 강의 트라야누스 다리도 잠깐 살펴보자. 도나우 강은 로마제국 당시에는 다누비우스(Danubius) 강으로 불렸다. 트라야누스 다리는 이름 그대로 트라야누스 황제가 다키아(루마니아) 원정을 위해 다누비우스 강에 건설한 길이 1킬로미터에 폭 15미터의 장대한 목제 아치교다. 공사는 103년에서 105년 사이 1년 남짓한 기간

동안 이뤄졌다. 건설 당시의 모습이 포룸 로마눔에 있는 트라야누스의 원기둥에 새겨져 있다. 육상 교각의 일부만이 현재까지 남아 있다. 수심이 깊은 강바닥에 기초를 세웠다. 콘스탄티누스 1세가 이것과 같은 다리를 만들었다고 전해진다.

율리우스 카이사르가 단 10일 만에 만들게 했다는 길이 400미터의 라인 강 교량이 《갈리아 전기》에 기록돼 있다. 트라야누스 다리에 못지않은 거대한 교량으로 고대 로마의 높은 기술력을 보여준다.

트라야누스 황제는 로마 역사상 첫 번째 속주 출신 황제다. 다키아와 파르티아를 침공해 로마 영토 최대 판도를 실현했다. 오늘날 루마니아라는 이름은 '로마인의 나라'라는 뜻이다. 루마니아 국가 2절에는 이런 가사가 들어 있다.

"지금이야말로 세계에 보일 때가 온 것이다. 로마인의 피가 아직도 우리에게 흐르고 있음을. 우리의 가슴에 새겨진 자랑스러운 이름을. 전쟁에서 이긴 자의 이름은 트라야누스."

그리고 르네상스의 시인 단테 알리기에리(Dante Alighieri, 1265~1321)는 그 유명한 《신곡(神曲, La Divina Commedia)》에서 기독교 공인 이전의 황제로서는 "유일하게 천국의 자리를 얻은 황제 트라야누스"라고 칭송할 정도로 덕이 있는 황제이기도 했다. 수도 로마 시에는 트라야누스 원기둥, 트라야누스 시장, 트라야누스 욕장이 조성됐고 이를 과시하기 위해 메리다, 페트라, 팀가드의 트라야누스 개선문을 세웠다. 트라야누스는 강하고 온화하며 건설을 좋아한 황제였다고 평가받고 있다.

뒤에서 다룰 종교 시설 판테온에서 설명하게 될 하드리아누스 황제는 트라야누스 다음에 재위에 오른 황제다. 계속해서 멋진 황제가 배출됐으니 에드워드 기번의 "세계 역사상 인류가 가장 행복한 시대"라는 표현이 틀린 말은 아니다.

로마의 터널들

로마 시대 때 만들어진 터널 가운데 현재 세계 유산으로 등재된 것은 없다. 하지만 터널도 엄연히 도로이므로 잠깐 언급하고 넘어가보자. 네아폴리스(나폴리) 서쪽 근교, 오늘날 포추올리(Pozzuoli)라 부르는 푸테올리(Puteoli)에는 당시 건설된 멋진 터널이 3곳이나 남아 있다. 푸테올리는 오스티아(Ostia) 항구가 생길 때까지 로마제국 최대의 항구 도시였다. 근방에 온천과 황제들의 별장이 많이 있었다. 고대 그리스의 역사학자이자 지리학자 스트라본(Strabon)은 《지리서(Geographica)》에서 푸테올리의 번영에 관해 이렇게 적고 있다.

"네아폴리스에도 온천이 솟는 용출구나 욕장 시설이 몇 개 있어서 푸테올리에 뒤지지 않지만 인구 면에서는 훨씬 미치지 못한다. 푸테올리에는 황제들의 별장이 계속해서 집중적으로 건설됐기에 이른바 도시가 새로 건설된 셈이며 네아폴리스와 비교해 사람들이 더 많았다."

터널의 길이는 700미터~1,000미터로 장대했고 마차나 수레가 서로 비켜갈 수 있는 4미터~6미터의 폭도 확보돼 있었다. 스트라본은 이 터널에 대해서도 서술했다.

"푸테올리와 네아폴리스 두 도시 사이의 산 밑을 뚫어 개통한 이 길은 긴 거리에 걸쳐서 두 마리 마차가 지나갈 수 있는 폭이 있다. 또한 몇 개의 창문이 있어 햇살이 산 위에서 매우 깊게 터널 바닥 길까지 비췄다."

그리고 뒤에서 설명할 로마 시대의 도로 지도로 세계 기록 유산에 등재된 '포이팅거 지도(Tabula Peutingeriana)'에도 푸테올리 터널이 표시돼 있다. 앞서 살펴본 미세눔(미세노)의 지하 저수조 피스키나 미라빌리스는 해상 직선거리 6킬로미터로 가까이에 있다.

푸테올리 터널(포추올리)

개선문

고대 로마에서는 황제 등 위정자의 업적을 기리는 것을 좋아했다. 수도 로마에 있는 트라야누스와 아우렐리아누스 기념기둥과 제국 각지에 있는 도로를 올라타고 서 있는 개선문 등이 그것이다. 세계 유산으로 등재된 개선문은 8곳이 있다. 로마의 중심 포룸 로마눔에는 4곳이 있었는데 현재 남아 있는 것은 3곳이다.

포룸 로마눔의 개선문부터 살펴보자. 연대순으로 도미티아누스 황제가 82년에 세운 티투스 개선문, 203년 건설된 셉티미우스 세웨루스(Septimius Severus, 재위 193~211) 개선문, 315년에 완성된 콘스탄티누스 개선문이 현존하고 있지만 아우구스투스 개선문은 소실됐다. 그중 콘스탄티누스 1세 때 건설된 높이 21미터, 폭 25.7미터, 길이 약 7.4미터의 콘스탄티누스 개선문이 최대 규모다.

콘스탄티누스 개선문은 셉티미우스 세웨루스 황제의 개선문을 답습했을 뿐 아니라 제16대 황제 마르쿠스 아우렐리우스(Marcus Aurelius, 재위 161~180)의 개선문에서 벗겨낸 재료와 트라야누스 원기둥에서 가져온 자재를 활용했다. 남의 것을 가져와서라도 자신의 작품을 멋지게 만들겠다는 발상이었다.

수도 로마 시 밖의 개선문 가운데 대표적으로 지금의 프랑스 오랑주(Orange)에 세워진 개선문이 있다. 리옹과 아를을 연결하는 아그리파 가도에 기원전 20년경 건설됐다. 오랑주에는 개선문 말고도 훌륭한 원형 극장 등이 남아 있다.

앞에서 서술했듯이 에스파냐 메리다에는 훌륭한 유적이 많이 남아 있지만, 이에 반해 상대적으로 개선문은 소박하다. 트라야누스 황제가 세운 개선문은 높이 15미터에 폭 9미터로 규모가 작고 장식도 간소한 편이다.

콘스탄티누스 개선문(포룸 로마눔 유적지)

셉티미우스 세웨루스 개선문(리비아 렙티스 마그나 유적지)

요르단 페트라에도 로마제국의 개선문이 있다. 마찬가지로 트라야누스 개선문인데 나바테아(Nabatea)의 왕국 시절 아레타스 4세(Aretas IV, 재위 기원전 9~기원후 40) 개선문이라고 불리기도 한다. 페트라는 실크로드 교역 도시로 멋진 유적이 많이 남아 있는데 이 개선문이 누구를 위한 개선문인지는 아직 분명히 밝혀지진 않았다.

리비아의 수도 트리폴리에서 동쪽으로 130킬로미터 떨어진 해안에 북아프리카 최대의 로마 유적지 렙티스 마그나가 있다. 이곳에도 티베리우스, 트라야누스, 셉티미우스 세웨루스 황제의 업적을 기린 3곳의 개선문이 있다. 특히 셉티미우스 세웨루스 황제는 이곳 출신이며 도시 발전을 이끈 공으로 개선문이 가장 호화롭다.

알제리 동북쪽 해안에 가까운 해발 약 900미터의 산촌인 제밀라에는 카라칼라 황제의 개선문이 남아 있다. 제밀라는 아랍어로 '아름다운 것'이라는 뜻이다. 1세기에 건설된 로마제국의 식민 도시로 당초에는 로마 군단병 거주지였으나 나중에 상업 도시가 된다. 산의 지형에 맞춰 수많은 로마 건축물을 세웠는데 3곳의 공공 욕장이 발굴됐다. 세웨루스 황제가 태어난 렙티스 마그나에서 가깝고, 이 황제의 공헌이 컸으므로 그 아들인 카라칼라 황제도 기념하기 위해 건설됐다.

마찬가지로 로마제국 당시 타무가디스라 불린 알제리 팀가드 지역에도 또 트라야누스 황제의 개선문이 있는데, 앞서 설명했듯이 타무가디스는 100년경 트라야누스 황제에 의해 건설된 식민 도시다. 당연히 창설자 트라야누스 황제를 기념하기 위해 세워졌다. 타무가디스 유적은 바둑판 모양의 구획이 도입된 계획 도시의 면모가 잘 보존돼 있는 곳이다.

마지막으로 모로코 볼루빌리스 유적지에는 카라칼라 황제 개선문이 아직도 우뚝 솟아 있는데, 볼루빌리스는 로마제국의 주요 식민 도시 중 아프리카 서쪽 끝에 위치한 도시였다. 제국 내의 모든 자유민에게 로마

카라칼라 개선문(모로코 볼루빌리스 유적지)

시민권을 부여한 '안토니누스 칙령'을 발포한 카라칼라 황제에게 감사하는 마음을 담아 개선문을 세웠다.

: 가도의 자격 :

고대 로마의 도로 시스템은 기원전 312년에 건설된 아피아 가도에서 시작된다. 로마 제1호 수도인 아피아 수도가 만들어진 때와 같은 해에 아피아 가도도 완공됐다. 로마 시와 브린디시움(Brundisium, 브린디시)을 연결하는 도로였고 오늘날의 이탈리아 7번 국도다. 참고로 1번 국도는 로마 시와 제노바를 연결하는 아우렐리아(Aurelia) 가도가 근간이 됐다. 아

현대 이탈리아 국도의 토대가 된 로마 가도

피아 가도의 건설 목적은 군사 병참 보급로의 복선화였다.

공화정 로마는 기원전 343~341년 제1차 삼니움 전쟁의 승리를 통해 카푸아(Capua)를 중심으로 하는 캄파니아 지역을 차지한 뒤 그곳에 식민 도시를 세웠다. 사실 로마와 카푸아 사이에는 라티나(Latina) 가도라는 길이 아피아 가도 이전부터 존재했다. 로마의 식민지 건설에 반발한 삼니테스족(Samnites)과 제2차 삼니움 전쟁(기원전 327~304)이 벌어졌고 로마가 기원전 321년 네아폴리스(나폴리) 북동쪽 30킬로미터 부근 삼니테스족 거주 지역을 공격했다가 포위돼 대패를 당했다. 그 결과 기원전 316년까지 휴전이 성립되고 식민 도시 프레겔라이(Fregellae)는 삼니테스족의 손에 들어갔다가 기원전 313년 다시 싸워 로마군이 겨우 탈환했다. 라

국도명	가도명	건설 시기	구간
1번 국도	아우렐리아 가도	기원전 241년	로마—제노바까지
2번 국도	카시아 가도	기원전 154년	로마—피렌체
3번 국도	플라미니아 가도	기원전 220년	로마—리미니
4번 국도	살라리아 가도	기원전 361년	로마—아스콜리피체노
5번 국도	티부르티나 가도	아피아 가도 이전	로마—티볼리
6번 국도	라티나 가도	기원전 490년	로마—카푸아
7번 국도	아피아 가도	기원전 312년	로마—브린디시
8번 국도	오스티엔세 가도	아피아 가도 이전	로마—오스티아

티나 가도 주변 도시를 두고 뺏고 뺏기고를 거듭했던 것이다.

이런 상황에서 공화정 로마는 영토 방위를 위해 삼니테스족의 영향권 아래에 있던 라티나 가도와 별개로 캄파니아 지방에 대한 군사적 보급로를 긴급히 확보할 필요가 있었다. 그래서 해양쪽, 다시 말해 삼니테스족의 영향력이 미치지 않는 지역에 아피아 가도를 만들어 두 가도가 서로를 보완하는 도로망 시스템을 구축했다.

아피아 가도가 완공된 기원전 312년 이전에도 로마 가도는 있었다. 소금을 운반하기 위한 살라리아 가도 그리고 항구 도시 오스티아와 로마를 연결하는 오스티엔세(Ostiense) 가도가 그것이다. 이들 가도는 처음에 군사용 보급로로 시작돼 현대에 모두 자동차가 다니는 국도의 토대가 된다.

군사용으로 사용하기 위한 로마 가도는 다음과 같은 기준으로 건설됐다.

첫째, 비나 바람에 관계없이 이용할 수 있도록 석판으로 포장해야 한다.

둘째, 적의 방해가 발생하기 쉬운 구간은 우회해서 목적지에 도달할 수 있도록 복수로 건설한다.

셋째, 전차와 공성 무기, 병참 운반 수레, 우편 마차 등이 지나갈 수 있도록 폭이 넓고 경사가 완만해야 한다.

넷째, 장거리를 오가는 전령을 위해 역참과 이정표를 설치해야 한다.

견고한 로마 가도를 만들기 위한 설계 지침이 위트루위우스의 《건축십서》에 기록돼 있다. 표층을 석판 등으로 마무리한 5층의 적층 구조로 두께는 약 1.5미터였다. 이는 현대의 도로 국제 규격과 거의 다르지 않다. 더욱이 기원전 451년~450년에 제정된 '십이표법(lex duodecim tabularum)'에 따르면 도로 폭도 2.4미터(곡선 구간은 4.8미터)로 규정하고 있다. 또한 도로 양측의 토지 소유자가 해당 구간의 도로를 관리하라는 조항도 있었다. 이렇게 제국의 곳곳에 연결된 로마 가도는 통일되고 규격화돼 있었다. 일본의 경우 에도 시대의 동해도와 현재의 국도 1호선은 도쿄와 교토를 연결하고 있지만 노선의 위치는 서로 많이 다르다. 에도 시대의 가도는 에도 방위를 위해 오히려 행군이 어렵게, 즉 차량 주행이 곤란한 형태를 띠었다. 비선형성, 비평탄성, 비포장이 많았기 때문에 현재의 자동차 주행용 국도와는 크게 달랐다. 똑같이 100만의 인구를 가졌더라도 확장하려는 로마와 지키려는 에도는 도로에 대한 생각이 이처럼 달랐다.

: 로마인들의 여행 :

로마제국 내에 15만 킬로미터에 이르는 정비된 가도가 있고, 숙소가 안전했다면, 여유가 있는 로마인들이라면 자연스럽게 이 길을 통해 명승고적 답사를 비롯한 여행을 했을 것이다. 여행의 목적도 다양해서 의료·

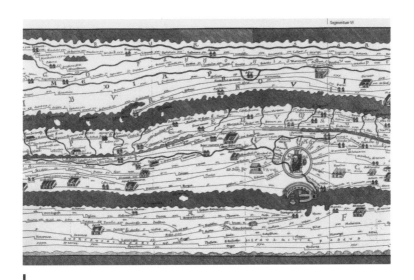

포이팅거 지도(부분)

건강 여행, 축제 참가 여행, 신탁 기도 여행, 관광 여행 등이 있었다. 그래서 앞서 언급한 여행자용 지도 포이팅거 지도가 베스트셀러가 됐고 토산품으로 비카렐로(Vicarello) 은잔이 팔리기도 했다.

포이팅거 지도는 상하 폭이 34센티미터인 반면 길이는 6.8미터나 되는 아주 긴 지도다. 도로망과 도시, 숙박 시설, 교역소, 온천, 순례지 등이 그림으로 표시됐다. 여행자들은 이 지도를 두루마리 형태로 둘둘 말아서 소지했을 것으로 추정된다. 4세기 로마 시대에 처음 만들어진 것으로 추정되나 원본은 남아 있지 않다. 1265년 프랑스 북동부 오랭주의 주도 콜마르(Colmar)의 한 수도사가 양피지 12장에 필사한 사본이 1494년 독일의 골동품 수집가 콘라트 포이팅거(Konrad Peutinger, 1465~1547)에 의해 세상에 알려져 포이팅거 지도라고 불리게 됐다. 이베리아 반도(에스파냐, 포르투갈, 영국 서부 지역) 부근이 소실돼 11장만 남아 있는 상태였다. 1887년 슈투트가르트 출신의 지도학자 콘라트 밀러(Konrad Miller,

1844~1933)가 소실된 열두 번째 조각을 여러 자료를 토대로 복원했다.

비카렐로 은잔은 로마 북방 30킬로미터 지점의 브라차노 호반의 광천 비카렐로 샘에서 4개가 발견된 1세기 말경 생산된 은제 컵이다. 모양은 로마 가도 이정표 표지석의 축소판이다. 로마 가도에는 1로마 마일(약 1.5킬로미터)마다 '밀리아리움(miliarium)'이라 부른 이정표 역할의 돌기둥이 세워져 있는데 그것을 축소한 모양으로 만들었다. 표면에는 로마 숫자로 역참 간의 거리를 표시했고 숙박 시설, 마차 수리 시설 등이 새겨져 있다.

나아가 여행 안내 책자도 출판됐다. 헤로도토스는 세계 최초의 여행 작가라고 할 수 있으며 《역사》를 출판한 여행 가이드북의 창시자다. 현대에 남아 있는 가이드북으로는 2세기 후반 그리스 출신의 지리학자이자 여행가 파우사니아스(Pausanias, ?~?)가 저술한 《그리스 안내기(Guide to Ancient Greece)》가 있다. 로마 가도를 이용한 여행의 면모를 간략히 살펴보자.

의료·건강 여행 범주로는 의술의 신 아이스쿨라피우스(Aesculapius) 신전을 방문하고 건강을 기원하는 여행으로 펠로폰네소스(Peloponnesos) 반도 동부에 위치하는 고대 그리스의 도시 에피다우로스(Epidauros), 남동부 에게 해 인근의 코스(Kos) 섬, 소아시아(현재의 터키 지역) 페르가뭄의 성지, 시칠리아 리파리(Lipari) 섬의 온천 여행 등을 들 수 있다.

각지의 축전에 참가하기 위한 여행도 있었다. 유피테르(Jupiter, 제우스) 신에게 바치는 올림피아(Olympia) 제전과 네메아(Nemea) 제전, 포에부스 (Phoebus, 아폴론) 신을 기리는 피티아(Pythia) 제전, 넵투누스(Neptunus, 포세이돈)를 기념하는 이스트미아(Isthmia) 제전, 바쿠스(Bacchus, 디오니소스)를 기리는 바카날리아(Bacchanalia) 등의 축제에 참여했다.

또한 많은 로마인들이 그리스의 델포이(Delphoi, 지금의 델피)나 에게 해서남부의 델로스(Delos) 섬 등의 신전을 방문해 신탁을 받거나 기도를 올렸다.

순수하게 관광을 위한 여행도 많았다. 지금으로 치면 명승지 탐방으로 볼 수 있는데, 기원전 2세기 비잔티움의 수학자 필론(Philon)이 썼다는 《세계 7대 경관(De Septem Orbis Spectaculis)》이 유명해지면서 이른바 '고대 7대 불가사의' 여행이 유행했다고 전해진다. 기자(Giza)의 '쿠푸(Khufu) 왕 피라미드', 바빌론의 '공중정원', 올림피아의 '제우스 상', 에페수스의 '아르테미세움(Artemiseum)', 할리카르나수스(Halikarnassus)의 '마우솔레움(Mausoleum)', 로두스(Rhodus) 섬의 '콜로수스(Colossus)', 알렉산드리아의 '파루스(Parus) 등대'가 그것이다. 이 가운데 현재까지 온전히 보존돼 있는 곳은 대(大)피라미드라 부르는 이집트 기자의 쿠푸 왕 피라미드뿐이다.

쿠푸 왕 피라미드

현재 이집트 전지역을 통틀어 70여 개의 피라미드가 남아 있는데, 이중 가장 높고 거대한 것이 쿠푸(Khufu, 재위 기원전 2589?~2566?) 왕의 피라미드다. 높이 약 146미터 밑변 길이는 약 230미터이며 무게 약 2.5톤의 거대 화강암 벽돌 230만 개가 소요된 것으로 추정된다. 최대 인원 약 10만 명이 동원됐고 완공하는 데 50년이 걸린 것으로 보고 있지만 학자들마다 의견이 분분하다.

공중정원

바빌론의 공중정원은 신바빌로니아 왕국의 네부카드네자르 2세가 왕비 아미티스(Amyitis)를 위해 만들었다고 전해진다. 공중정원으로 불린 것은 발코니 위에 심어놓은 식물들의 모습이 마치 공중에 매달려 있는

쿠푸 왕 피라미드(이집트 기자)

것처럼 보여서 그런 이름이 붙여진 듯하다. 계단식 테라스에 흙을 채우고 나무와 꽃을 잔뜩 심어 멀리서 보면 산림이 우거진 작은 동산 같았단다. 관건은 비가 거의 내리지 않는 이곳에 이 높이까지 물을 대는 것인데, 정원 맨 꼭대기에 저수조를 만들어 유프라테스 강물을 길어 저장한 뒤 각 층에 급수관을 통해 식물에 공급했을 것이다. 존재 여부가 오랫동안 전설로 내려오다가 19세기 말부터 지금의 이라크 바그다드(Baghdad) 남쪽 90킬로미터 떨어진 지역의 발굴조사가 이뤄짐으로써 실재했음이 드러났다.

제우스 상

제우스는 그리스 신화 최고신으로 로마에서는 유피테르라고 불렀다. 제우스 상은 기원전 457년경 그리스 남부 펠로폰네소스 반도 북쪽 올림피아 지역 제우스 신전에 있던 신상인데, 당대 최고의 조각가로서 파르테논(Parthenon) 신전의 아테나(로마 신화의 미네르바) 상을 제작한 바 있던 페이디아스(Pheidias, 기원전 490?~430?)가 8년여에 걸쳐 완성했다. 높이 1미터에 폭 6.6미터의 대리석 받침대 위에 제우스 신이 왕좌에 걸터앉아 있는 형태로 제작됐고 받침대 포함 높이가 약 12미터 정도로 신전 천장에 닿을 정도였다. 그 위엄이 마치 살아있는 것 같았다고 한다. 필론은 《세계 7대 경관》에서 이렇게 쓰고 있다.

"사람들은 다른 여섯 가지의 불가사의에는 단지 눈을 크게 뜰 뿐이지만, 제우스 상 앞에서는 두려워 떨면서 무릎을 꿇는다. 제우스 상은 너무나 성스러워서 도무지 인간의 손으로 만들었다고는 믿지 못하기 때문이다."

안타깝게도 현재 제우스 상은 그 흔적조차 남아 있지 않다. 기독교를 로마 국교로 삼은 테오도시우스 1세의 392년 이교(異敎) 신전 파괴령에 의해 헐린 이후 6세기 때 올림피아에 있었던 수차례의 지진과 홍수 때문에 완전히 소실된 것으로 보인다. 19세기에 발굴 작업이 이뤄져 일부 유적이 복원됐지만 제우스 상의 흔적은 어디에서도 찾아볼 수 없었다.

아르테미세움

아르테미스는 그리스 신화에서 사냥의 여신이며 로마 신화의 디아나(Diana)와 같은 신이다. 아르테미세움은 아르테미스 신을 모시는 신전으로 오늘날 터키 지역인 소아시아의 도시 에페수스에 세워졌다. 신약 성서 〈에페소인들에게 보낸 편지(에베소서)〉의 지역이다. 기원전 6세기 중엽 리디아(Lydia) 왕국의 마지막 왕 크로이수스(Croesus, 재위 560?~546?) 때 착공해 이후 120년에 걸쳐 완공됐다고 전해진다.

높이 20미터의 흰 대리석을 깎아 127개의 기둥을 이오니아 양식으로 세우고 지붕을 이었다. 전체 높이 약 30미터에 너비 57×112미터로 파

아르테미세움(에페수스 유적지)

르테논 신전의 2.5배였으며 현대의 축구장과 비슷한 규모였다. 건물 자체도 거대하고 높은 지대에 건설된 덕분에 에게 해 10킬로미터 밖에서도 보일 정도로 그 위엄이 대단했다. 헤로도토스는 《역사》에서 아르테미스 신전을 이집트의 피라미드와 비교해 전혀 손색이 없는 걸작이라고 평가했다.

기원후 401년에 최종적으로 파괴되기까지 세 번 재건됐다. 파괴된 뒤 오랫동안 잊혔다가 영국 박물관의 후원을 받은 탐사대가 6년의 탐색 끝에 1869년 재발견했다. 이때 대부분의 유물 조각들이 영국 박물관에 옮겨진다. 현재는 신전 터에는 기둥 하나만 덩그러니 남아 있다.

마우솔레움

고대 그리스 할리카르나소스의 통치자였던 마우솔루스(Mausolus)와 왕비 아르테미시아(Artemisia)가 안치돼 있던 장대한 규모의 영묘(靈廟)다. 영묘가 건설될 당시 지역명인 할리카르나소스를 따서 할리카르나소스 영묘라고도 불린다. 기원전 350년 후반에 완공된 것으로 보고 있다. 로마에서는 대규모 분묘 건축물의 대명사가 되어 이후 이런 영묘를 마우솔레움이라고 불렀다. 12세기~15세기에 있었던 여러 차례의 지진으로 구조물이 내려앉았고 15세기 초에는 알아볼 수 없을 정도로 파괴됐다. 오늘날 터키 남서부 지역 보드룸(Bodrum)에 유적이 남아 있으며 옆으로 박물관이 세워져 있다. 발굴 때 나온 부조물 조각 등을 영국 박물관이 소장하고 있다.

콜로수스

에게 해 남동부 소아시아 인근 로두스 섬에 세워진 태양신 헬리우스(Helius) 청동상이다. 기원전 304년~292년경 있었던 마케도니아와의 전쟁 승리를 기념하기 위해 세워졌다. 기원전 305년 공사를 시작해 완공까지 12년이나 걸렸다고 한다. 우선 로두스 항구의 입구 부근에 대리석을 쌓아 높이 15미터의 받침대를 설치한 뒤 그 위에 뼈대를 만들고 청동을 녹여 덮었다.

동상 자체의 높이는 약 35미터에 받침대를 포함하면 50미터에 달했다. 여러 상상화를 보면 로두스 항만 입구 두 받침대 위에 한쪽 다리씩 버티고 선 모습으로 나오지만, 현대의 기술자들과 과학자들은 실제로 그렇게 세우기란 불가능하다고 말한다.

기록에 따르면 기원전 225년경 지진 때문에 파괴됐지만 관광객들의 발길이 끊이지 않았으며, 이후 재건되지 못하고 계속 방치돼 있다가 654년경 훗날 우마야드(Umayyad) 왕조를 세우는 무아위야 1세(Muawiyah I, 재위 661~680)가 동로마제국 영토였던 로두스 섬을 빼앗고는 거상 잔해를 유대인 상인들에게 팔아버린 뒤 행방이 묘연해졌다. 후대에 세워진 전세계 여러 거상들에 영감을 줬다. 대표적으로 '자유의 여신상'이 있다.

파루스 등대

 기원전 250년 무렵 이집트의 프톨레마이오스 2세(Ptolemaeos II, 재위 기원전 285~246)가 알렉산드리아 항구 근처 파루스라는 작은 섬에 세운 등대다. '알렉산드리아 대등대'라고도 불린다. 이 등대가 건설될 당시 알렉산드리아는 지중해와 아라비아 그리고 인도를 연결하는 교통의 요충지로서 번영을 누렸다. 등대는 항구로 들어오는 무역선들에게 좋은 표식이 된 것으로 알려져 있다.

 높이는 무려 약 135미터이며 맨 꼭대기에는 램프 점화 장치가 있다. 램프 뒤쪽의 반사경으로 비치는 불빛이 43킬로미터 떨어진 바다에서도 보였으며, 맑은 날에는 콘스탄티노플까지도 비쳤고, 햇빛을 반사시키면 160킬로미터 멀리 있는 함선도 태울 수 있었다고 전해진다.

 등대는 프톨레마이오스 왕조의 멸망 후에도 로마제국과 이슬람 왕조를 거치는 동안 계속 제자리를 지키고 있었으나 796년 지진으로 일부 파손됐고, 850년경 "등대 밑에 보물이 숨겨져 있다"는 소문이 퍼지자 도굴꾼들에 의해 파괴돼 더 이상 등대 역할을 할 수 없게 됐다. 그러다가 1303년 알렉산드리아에 다시 지진이 발생해 치명적인 손상을 입고 말았다. 1326년 아랍의 여행가 이븐 바투타(Ibn Battuta, 1304~1368)가 이곳을 방문했을 때는 지면보다 약간 높은 정도였지만 건물 일부가 남아 있었다. 하지만 1349년 다시 찾았을 때는 완전히 폐허로 변해 있었다고 한다.

쿠푸 왕 피라미드

공중정원

아르테미세움

파루스 등대

제우스 상

마우솔레움

콜로수스

고대 7대 불가사의(일러스트 상상도)

: 영원한 길 :

15만 킬로미터에 달하는 로마 가도는 신속한 군사 행동과 정보 전달을 가능케 하고, 넓은 영토를 소수의 군단병으로 지켜내는 데 큰 도움이 됐다. 다시 말해 보다 적은 세금으로도 효율적인 영토 방위가 가능했다. 나아가 교역과 여행도 활발하게 만들었다. 이는 제국 내에 산재된 도시(군단기지 및 식민 도시)가 중앙의 뜻을 받들어 도로 시스템을 완비한 덕분이다.

그러나 제국 말기 중앙 권위가 속주에 미치지 못하게 되자 게르만족과 같은 이민족 침략과 이동이 빈번해졌다. 침략이든 이동이든 일거에 수많은 사람들이, 그것도 경무장이 아니라 중병기로 무장한 채 식솔들을 이끌고 가재도구까지 챙겨서 벌이는 이동이었다.

그러자면 짐마차 등을 사용하지 않을 수 없었다. 마차 등으로 이동할 때는 정비되지 않은 비포장도로에서는 고생이 막심하다. 그래서 잘 정비된 포장 도로망이 게르만족의 이동에 이용된 것이다. 이런 측면에서 보면 로마 가도는 로마제국의 번영을 가속화한 동시에 쇠망도 가속화시킨 양면성을 띠었다.

제국의 멸망 후 로마 가도는 어떻게 됐을까? 로마 가도는 여전히 견고하며 오늘날 이탈리아의 국도로 활용된 것들이 많다. 흔히 '알프스를 넘는 나폴레옹'이라는 작품명으로 알려진 프랑스의 화가 자크 루이 다비드(Jacques-Louis David, 1748~1825)의 걸작 〈성 베르나르 대협곡을 넘은 제1집정관 보나파르트(Le Premier Consul franchissant les Alpes au col du Grand Saint-Bernard)〉는 1800년 나폴레옹의 이탈리아 침공을 묘사한 그림이다. 알프스를 넘어가는 데 생 베르나르 대협곡의 로마 가도를 이용하고 있다.

그 흔적은 지금도 터널과 교량 그리고 산허리에 남아 있는 가도 유적으로 찾아볼 수 있다. 이렇게 보면 로마 가도는 영원하다고도 할 수 있다. 다만 자동차 교통량이 많아지면서 폭을 넓혀야 했기 때문에 약간 바뀐 곳도 있다.

제4장

빵과 서커스 ①: 식량과 바닷길

고대 로마는 기원전 123년부터 시민들에게 저가 또는 무상으로 식량(밀)과 오락거리를 제공했다. 이른바 '빵과 서커스'다. 일반적으로 식량난이나 폭정이 극에 달하면 내란이 일어난다. 배고픔이 해결되고 오락(공연·검투사 경기 등)과 휴식(공공 욕장 등)이 제공되면 불평불만을 품는 시민들은 거의 사라진다.

그런데 대량의 밀과 검투사 경기용 맹수는 로마나 네아폴리스 등의 도시 근교에서는 구할 수 없었다. 멀리서부터 가져와야 했다. 그리고 로마 시민을 뜻하는 '포풀루스(populus)'는 수도 로마에 사는 주민을 가리키는 말이 아니었다. 시민권을 가진 로마제국의 백성들 중에서 남성만이 그 대상이었고 외국인이나 노예는 포함되지 않았다. 다만 유능한 노예는 해방될 수 있었고 그 자손은 포풀루스가 될 수 있었다.

고대 로마는 영토와 인구를 효율적으로 관리하고자 생산지와 소비지를 분산했다. 주식인 밀 등은 아프리카와 시킬리아(Sicilia, 시칠리아) 섬 등지에서, 사치품인 비단과 향료는 인도 등지에서 조달했다. 거대 소비지인 로마 및 네아폴리스 등과 생산지 사이에 대량 수송을 위한 항로를 마련했으며, 대형 선박을 건조하고 항만 시설도 정비했다. 인도와의 교역은 17세기 초에 설립된 영국의 동인도 회사보다 무려 1,500년 더 빨랐다. 인도 항로의 가이드북이 생길 정도로 활발한 상거래가 이뤄졌다. 그리고 이들 해운은 모두 민간이 운영했다.

지중해를 중심으로 한 대량 생산, 대량 수송, 대량 소비 그리고 사치품 유통이 로마의 기나긴 번영으로 이어졌다. 그 공급망 유지를 목적에 둔 해적 퇴치를 위해 고위직들(황제와 집정관급)이 식량 공급에 대한 책임을 맡곤 했다. 이번 장에서는 카르타고 항구 등 세계 유산으로 등재된 해상로 시설을 살펴봄으로써 원격지와의 대량 수송이 도시의 한계를 어떻게 극복했는지 밝힐 것이다.

: 빵과 서커스의 시대 :

'빵과 서커스'라는 비유는 앞에서 언급했듯이 로마 시인 유웨날리스의 탄식에서 나왔다.

"시민들은 로마가 제정이 되면서 투표권이 사라지자 국정에 대한 관심을 잃었다. 과거에는 정치와 군사의 모든 영역에서 권위의 원천이었던 시민들이 이제는 오매불망 오직 두 가지만 기다린다. 빵과 서커스를."

빵과 서커스는 권력자로부터 무상으로 제공받는 식량(빵)과 오락 및 휴식거리(서커스)를 가리키는데, 이 때문에 로마 시민들이 정치에 무관심해지고 타락해버렸다는 얘기다. 따라서 막강한 로마제국은 쇠퇴해가리라고 시인은 내다본 것이다. 하지만 쇠퇴는커녕 그로부터 약 400년 동안이나 대제국은 더 유지됐다. 빵과 서커스에서 빵은 주식인 밀을 의미한다.

빵을 나눠준 까닭

시민들에게 밀을 지급한 것은 공화정 로마(기원전 509~27) 때인 기원전 2세기 후반 그라쿠스(Gracchus) 형제의 개혁에서 비롯됐다. 당초 목적은 로마 군단의 근간을 이루는 군단병(시민병·농민병)의 구제 및 생활 지원이었다. 구제가 필요할 만큼 시민병들의 가족은 빈궁했다.

형인 티베리우스 그라쿠스(Tiberius Sempronius Gracchus)는 자기 가문의 씨족명을 딴 명칭의 셈프로니우스(Sempronius) 농지법을 제출했다. 귀족의 기득권이었던 국유지 점유를 제한하고 시민들에게 토지를 재분배해서 자작농을 창출하겠다는 목적이었다. 동생인 가이우스 그라쿠스(Gaius Sempronius Gracchus)는 로마 시민들에게 곡물을 염가에 판매하는 곡물법으로 빈민 구제를 꾀했다. 그러나 반대 세력의 그라쿠스 형제 암살 등으로 이 개혁은 좌절됐다.

고대 로마는 패권 국가였으며 로마군은 매우 강했다. 당연한 말이지만 군단병이 건재하지 않으면 로마의 패권은 성립할 수 없었다. 로마는 카르타고와 세 차례에 걸친 포에니 전쟁에서 궁극적으로 승리함으로써 영토를 대폭 확대했고 지중해를 내해로 삼았다.

그런데 뜻밖에도 그 승리가 군단병의 생활에 큰 문제를 일으켰다. 로마군의 주력 전력은 소수의 대토지 소유자인 귀족이 아니라 절대 다수의 자작농이었다. 포에니 전쟁은 결과적으로 자작농들에게 가혹한 운명을 초래했다.

첫째, 로마로부터 멀리 떨어진 지역에서 오랫동안 싸워야 했다. 그 결과 농사지을 사람이 없어진 농지가 황폐화됐다. 둘째, 전쟁에서 승리하면서 획득한 시킬리아(시칠리아)와 아프리카 식민지에서 값싼 곡물이 대량으로 유입됐다. 셋째, 정복전에서 얻은 노예를 이용한 귀족들의 대농장이 확대됐다. 이런 이유들 때문에 밀 가격은 폭락했다. 가격 폭락에 대응할 수 없는 중소 자작농들은 계속해서 몰락했다. 결국 이들은 토지를 버리고 도시, 즉 로마 시로 몰려들었다.

이는 로마군의 질적 저하를 야기했다. 이 같은 모습은 기원전 135년~기원전 132년 시킬리아에서의 노예 반란을 제압할 때 가시화됐다. 시킬리아 섬 반란은 목축업자들이 저지른 낙인과 채찍질 등의 학대를 참지 못한 노예들이 일으켰다. 처음에는 400명 규모의 국지적 반란에 불과했지만 사흘 만에 6,000명에 이르렀고, 최종적으로 반란에 가담한 노예 및 자유인의 수는 7만 명이나 됐다. 제3차 포에니 전쟁에서 카르타고를 섬멸한 로마 군단이 훈련도 제대로 받은 적 없는 오합지졸의 반란군을 신속하게 제압하지 못하고 진압에 무려 3년이 걸렸다. 이렇게 되면 의식이 있는 위정자들이라면 위기감을 느꼈을 것이다. 그 대표적인 인물들이 그라쿠스 형제였다.

그라쿠스 형제의 의지와 좌절

티베리우스 그라쿠스는 기원전 133년 호민관(tribunus)이 되어 대토지소유제 라티푼디움(Latifundium)을 제한하고 몰락한 자작농들에게 토지를 재분배함으로써 사회 개혁을 시작했다. 그가 주창한 셈프로니우스 농지법의 주요 내용은 국유지 점유를 인당 500유게라(125헥타르 이하), 전체 점유지 면적을 1,000유게라 이하로 제한한다는 것이었다. 또한 임차지의 상속권은 인정하지만 다른 사람에게 양도하는 권리는 인정하지 않는다는 내용도 포함됐다.

이 법안은 통과됐으나 호민관 재선을 노렸던 티베리우스 그라쿠스가 투표 날에 암살당하면서 폐기됐다. 농지 개혁법은 율리우스 카이사르가 집정관이 된 기원전 59년 율리우스 농지법으로 부활할 때까지 묻혀 있을 수밖에 없었다.

형 티베리우스의 개혁을 이어받은 동생 가이우스 그라쿠스는 기원전 123년 호민관에 당선돼 로마 시민들에게 곡물을 싸게 팔도록 하는 곡물법을 시행하면서 빈민 구제를 꾀했다. 나아가 수도 로마의 무산 계급 구제를 위해 아프리카에 식민 도시를 건설하는 법안도 제출했다. 하지만 기원전 121년 자신의 형과 마찬가지로 반대 세력의 공격을 받으면서 급기야 '공화국의 적'으로 규정돼 원로원 계엄령이 선포됐고 저항하다가 결국 자결했다.

그라쿠스가 제출한 법안은 국가가 일정 물량의 밀을 사들여 시가의 약 절반, 즉 로마 시민에게는 한 달에 5모디우스(modius, 1모디우스는 약 7킬로그램)까지 1모디우스당 동화 6아스(as)에 배급한다는 것이었다. 대상은 모든 로마 시민이었다. 불행 중 다행으로 이 곡물법은 가이우스의 사후에도 비록 우여곡절은 있었지만 폐기되지 않고 이어졌다.

그라쿠스 형제의 개혁 정책은 훗날 포퓰리즘의 효시가 된다. 이들은 곡물의 안정적인 수급이 국가 발전의 필수 조건이라는 사실을 간파하고 있었다. 나중에 자세히 설명하겠지만 빈곤이 요인이 돼 반란이 발생하면 군비를 확대하게 되고 이를 위해 증세를 할 수밖에 없게 되며 그 결과 다시 반란이 발생하는 악순환에 빠지게 되는 것이다.

곡물법이 겪은 우여곡절

기원전 81년 독재관(dictator)이 된 루키우스 술라 시대에 곡물법은 일시 폐지됐다. 그러다가 술라 사후인 기원전 75년 집정관 아우렐리우스 코타(Aurelius Cotta)에 의해 재시행된다. 대상자는 4만 명으로 기록돼 있다.

그나이우스 폼페이우스(Gnaeus Pompeius, 기원전 106~48)는 공화정 로마에서 처음으로 왕에 버금가는 권력을 쟁취한 인물이다. 이 또한 로마의 식량 조달을 위한 권력으로 사용됐다. 기원전 75년 해적들이 발호해 식량 위기가 터졌고, 시민들이 폭동을 일으켜 집정관을 공격했으며, 원로원 의원에게도 위협적 태도를 보였다. 플루타르코스(Plutarchos, 46?~120?)는 《영웅전(Vitae parallelae)》에서 해적들이 활개 치던 당시 상황을 이렇게 묘사했다.

"그들이 자행한 로마인에 대한 최대 모욕은 로마인이 쌓은 도로에 상륙해 이를 거슬러 올라오면서 약탈을 자행하는 동시에 도로에 인접한 별장을 파괴한 것이다. 한번은 진홍색 띠를 두른 토가를 입은 두 법무관 섹스티우스와 페리에누스를 연행하고 그 부하들도 끌고 갔다. 이렇게 우리의 바다 지중해는 모두 해적 세력에 잠식돼 상선들이 항해할 수 없는 상황이 돼버렸다."

법무관(praetor)은 집정관 다음으로 높은 관직이며, 그런 인물들이 해적들에게 연행된다는 것은 공화정 로마 최대의 모욕이라는 것이다. 이 시대에 전란이 잇따르면서 병사들이 먹고살기 위해 해적이나 산적이 되는 경우가 늘어났다. 당시 해적이 극악무도한 직업(?)으로 취급되지 않은 탓도 있었다.

아리스토텔레스(Aristoteles, 기원전 384~322)는 《정치학(Politika)》 제8장 '자연의 섭리에 따른 재산 획득 방법'에서 "교환과 장사 외의 수단으로 식량을 획득해 살아가는 방법, 즉 자연의 섭리에 따라 일하면서 먹고사는 삶의 방식을 취하고 있는 사람들을 살펴보면 유목민, 해적, 어부, 사냥꾼, 농부를 들 수 있다"고 기술하면서 해적을 농부나 어부와 동렬로 다루고 있다. 이런 영향으로 고대 그리스와 로마 시대 사람들은 해적이 되는데 죄책감이 없었던 것이다.

기원전 67년 오스티아가 해적의 습격을 받았다. 이때 호민관 아우루스

가비니우스(Aulus Gabinius)가 해적 토벌을 위한 법안을 제출했다. 플루타르코스는《영웅전》'폼페이우스' 편에서 다음과 같이 서술하고 있다.

"이 결의안은 폼페이우스를 함대 사령관에 임명할 뿐 아니라 그를 일거에 독재관으로 만든다는 내용이었다. 헤르쿨레스(Hercules, 헤라클레스)의 기둥(지브롤터) 동쪽 지중해 전역의 해안선으로부터 400스타디온(약 72킬로미터) 이내의 육지에 대한 모든 명령권을 그에게 부여하는 것으로, 로마인의 세계를 대부분 포함하며 지중해 세계의 민족과 왕도 그의 권한 아래에 두었다. 아울러 폼페이우스에게는 15명의 부관을 원로원 의원 중에서 뽑아 이들에게 지휘를 분담시키는 권한이 허용됐고, 국고 지출과 융자를 통해 원하는 만큼의 예산을 사용할 권리를 인정받았으며, 200척의 군함을 배정받았고, 그 병사 및 조수(노잡이)의 수와 징집 방법도 그의 재량에 맡기기로 했다. 그 결과 장비는 거의 배가 됐다. 즉, 함정 500척을 운용할 수 있는 병력이 충원됐고, 중장 보병 12만 명과 기병 5만 명이 징집됐으며, 원로원 의원 가운데 24명에 이르는 사람들이 그의 손으로 선발됐고, 재무관을 2명 두어 그를 돕게 했다. 그리고 그때 마침 물가가 떨어져서 시민들은 기쁨에 환호하고 폼페이우스의 이름만으로도 싸움이 멎었다는 말이 돌았다."

그야말로 국왕이나 황제와 같은 수준의 엄청난 권력을 부여한 것이다. 3년을 기한으로 대권을 잡은 폼페이우스는 불과 49일 만에 해적들을 제압했다.

이후 기원전 58년에는 호민관 클로디우스 풀케르(Clodius Pulcher)가 로마 시민을 대상으로 식량 염가 판매를 넘어서 아예 무상 지급을 실시했다. 이른바 클로디우스법이다. 무료 수급자 수는 32만 명에 달했던 것으로 추정된다.

클로디우스법이 발효된 이듬해인 기원전 57년에는 곡물 부족과 가격

폭등으로 분개한 로마 시민들이 소란을 피우며 원로원으로 달려가는 사건이 벌어졌다. 무료 배급을 위한 사전 준비가 제대로 돼 있지 못했고 상인들의 매점매석 문제가 불거졌기 때문이었다.

곡물담당관들

이 같은 상황을 타개하고자 집정관의 제안으로 기원전 67년 해적을 퇴치한 폼페이우스에게 곡물담당관의 업무가 주어졌다. 매년 바뀌는 관직이 아니라 지속적이고 안정적인 식량 공급을 위해 폼페이우스 개인에 대한 권력이 다시 부여된 것이다. 이는 공화정에서 제정으로 넘어가는 방아쇠 역할을 했다. 그 양상을 《영웅전》에서는 이렇게 묘사하고 있다.

"로마 치하의 전영유권에 미치는 명령권을 다시 폼페이우스에게 부여했다. 항만, 거래소, 곡물 분배 등 대부분의 해운과 농업에 관한 모든 권력이 폼페이우스의 손아귀에 들어갔다. 로마 시민의 곡물 보급을 총괄하는 위치에 선 폼페이우스는 곳곳에 무장과 복심을 파견하고 스스로는 시실리, 사르디니아, 아프리카를 돌면서 곡물을 모았다. 의기와 행운을 겸비한 폼페이우스는 거래소라는 거래소는 모두 곡식으로 채우고 바다라는 바다는 모두 배로 채우는 성과를 이뤄냈다. 그리고 마침내는 넘쳐나는 곡물을 로마 시 외의 시민들에게도 제공했는데, 그것은 마치 넘쳐흐르는 샘물이 아낌없이 수만 명의 목을 축이는 것과 같았다."

두 번의 식량 기근을 폼페이우스는 멋지게 해결한 것이다.

기원전 59년에는 집정관 율리우스 카이사르가 농지법을 통과시켰다. 기본적 내용은 앞서 소개한 그라쿠스의 농지법과 같았다. 나아가 코린토스(Korinthos), 카르타고, 아를, 님, 나르본느(Narbonne) 등 8개의 식민 도시를 건설하고 퇴역 군인을 이주시켰다. 식민 도시 건설에 대해 《영웅전》은 다음과 같이 기술한다.

"마침내 카이사르는 집정관에 취임했고, 임기 초부터 빈민들의 지지를 얻어 식민 도시를 건설하는 법안과 땅을 빈민에게 분배하는 법안 등을 제출함으로써 집정관의 지위가 가지는 품위를 손상시키는 등 집정관의 지위를 호민관 지위와 같이 취급했다."

그다지 호의적인 설명은 아니다. 그리고 그는 32만 명의 무료 수급자를 15만 명으로 반감시켰다.

기원전 44년 카이사르가 암살당한 뒤 후계자 옥타비아누스가 패권 경쟁에서 승리함으로써 결국 기원전 27년 원로원으로부터 '존엄한 자'라는 뜻의 아우구스투스 칭호를 받아 초대 황제에 등극했다. 아우구스투스 황제 42년 동안의 치세 기간에 전쟁, 흉년, 천재지변 및 투기에 의한 가격 급등 등 일곱 차례의 식량 위기가 있었다. 특히 기원전 23년 로마는 역병과 기근에 휩싸였다.

이때 로마 시민은 아우구스투스 황제에게 독재관과 종신 집정관이 되기를 요구했다. 하지만 그는 이를 거부하고 이듬해인 기원전 22년 곡물 담당관을 맡아 각종 시책을 실행했다.

이에 관해 고대 로마의 역사가 디오 카시우스(Dio Cassius, 155~235)는 이렇게 기록했다.

"기아에 내몰린 로마인들은 아우구스투스를 독재관으로 만들기 위해 원로원 의원들을 회의장에 가둔 뒤 이 방안을 승인하지 않으면 건물과 함께 불태우겠다고 위협했다. 그리고 나서 그들은 아우구스투스에게 독재관에 취임할 것, 과거 폼페이우스가 시행한 것과 같이 식량 공급을 위한 조치를 취해줄 것에 동의하기를 간청했다. 그러나 그는 독재관 취임을 거절하고 곡물담당관을 마지못해 받아들인 후 매년 5년 이상 법무관을 지낸 인물들 중 2명을 뽑아 곡물 배급 관리를 맡도록 했다."

대중에 의한 공갈과 협박이었다. 그 정도로 시민의 힘이 강했던 것이

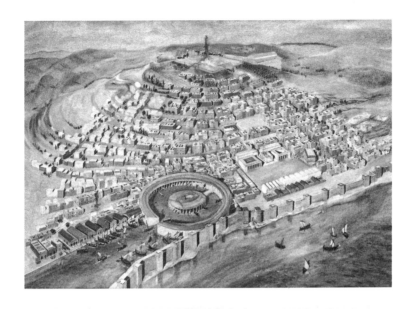

I
로마 시대의 카르타고 항구(일러스트 상상도)와 1958년에 촬영한 모습

다. 아우구스투스 황제의 식량 정책은 식량 공급 장관직의 창설, 곡물 수급자수 20만 명으로 제한, 배급 방법 정비, 인구 저감, 기원전 29, 24, 23, 12, 5, 2년에 걸쳐 여섯 차례 6.65억 세스테르티우스를 시민에게 증여 등이다. 이 금액은 매년 약 18만 명에게 밀을 증여하는 것과 같았다. 그는 곡물의 안정 공급을 위해서라면 무엇이든 시행했다.

제정 로마 시대의 전기 작가 가이우스 수에토니우스(Gaius Suetonius, 69~130?)가 쓴 《황제전(De Vita Caesarum)》에서 아우구스투스는 이렇게 말한다.

"나는 곡물의 무상 배급이라는 공적 제도를 영구 폐지하고 싶은 충동을 느꼈다. 왜냐하면 이것에 의존해 농민들이 경작을 포기하기 때문이다. 그러나 그렇게 하지는 못했다. 언젠가 다시 시민의 호의를 얻기 위해 부활할 것이 틀림없다고 확신했기 때문이다."

제4대 황제 클라우디우스는 식량 확보를 위해 여러 가지 정책을 시행했다. 우선 티베리스 강 하구 오스티아에 항구와 곡물 창고 등을 건설했다. 푸키누스(Fucinus) 호수를 간척해 곡물 증산도 추진했다. 나아가 일반적으로는 하지 않는 겨울철 항해를 선주에게 강요해 식량 부족의 위기를 넘기기도 했다. 51년 식량 부족 때 공공 광장에서 성난 민중에게 둘러싸여 친위대가 겨우 구해낸 사건이 벌어진 뒤였다. 그 상황을 《황제전》에서는 이렇게 설명하고 있다.

"흉작이 계속되면서 식량 사정이 어려워진 어느 날 클라우디우스는 중앙 광장 한가운데서 군중들에게 포위돼 욕설과 함께 빵 부스러기를 뒤집어쓰는 등의 수모를 당하다가 간신히, 더군다나 뒷문을 통해 팔라티움(palatium, 궁전)으로 피신했다. 그 이후에 클라우디우스는 겨울철에도 식량을 수입하기 위해 모든 수단을 강구했던 것이다. 예컨대 곡물 수입상에게 만약 비바람 때문에 사고가 발생한다면 자신이 손해를 대신 감수하

| 로마제국 세출 추이 |

(단위: 1억 세스테르티우스)

비용 항목	150년경	215년경
군사비	6.4~7.0	11.3~11.9(73.7%)
관리의 급여 외	0.8	0.8(4.6%)
곡물 지급 외	0.4	1.4(8.7%)
공공 사업비 외	0.2~0.6	0.2~0.6(3.7%)
기타	0.5~1.0	1.0~1.5(9.3%)
합계	8.3~9.8	14.6~16.1

_《고대로마사전》(하세가와 타케오)에서 인용

겠다며 이익을 보장했다. 화물선을 건조하는 이들에게도 모두 신분과 처지에 따라 상당한 은전을 베풀었다."

고대 로마의 위정자들은 로마군을 최상의 상태로 유지하고 식량 부족 때문에 일어나는 반란을 방지하기 위해 무척 열심이었다. 표에서와 같이 215년경 군사비 비중은 74퍼센트로 매우 높다. 참고로 2016년 기준 한국의 국방비는 38.8조 원인데, 세출이 356.2조 원이므로 국방비 비중은 10.9퍼센트다. 이와 비교해보면 고대 로마의 군사비 비중이 얼마나 컸는지 알 수 있다. 이 비중인 이유는 속주의 시민들에게 부과하는 세금이 10퍼센트의 저율이라서 세수가 적기 때문이기도 했다. 그렇기 때문에 식량 부족에 따른 반란이 일어나면 '군대 출동—군사비 증대—증세—불평불만에 의한 반란'으로 이어지는 악순환이 시작됐다. 위정자들은 이런 악순환을 매우 두려워했다. 그래서 시민들에게 식량을 안정적으로 제공하는 데 온 신경을 쓴 것이다. 항만 시설 건설과 유지 관리, 선박 확보, 해적 소탕 등의 모든 노력을 다했다.

: 로마의 해도 시스템 :

　로마 시는 인구 100만 명의 대도시였다. 이곳으로 식량뿐 아니라 사치품과 귀중품 등이 모여 들었다. 밀은 이집트·아프리카·갈리아 지역에서, 와인과 기름은 이집트·아프리카를 제외한 지중해 각지에서, 무명과 삼베는 이집트·시리아·소아시아 지역에서, 양모는 갈리아·브리탄니아 등지에서 왔다. 향료와 후추는 인도에서, 유향과 몰약은 아라비아·소말리아 지역에서, 비단은 중국에서 수입됐다. 모든 항로가 로마 푸테올리 항구로 통했다.

　로마 시의 외항 오스티아는 클라우디우스 황제에 의해 티베리스 강 하구에 건설됐다. 그때까지는 네아폴리스 근교의 푸테올리가 주항이었고, 푸테올리로부터 로마까지는 연안 항로를 이용해 운반했다. 그러다가 제국이 커지고 수도 로마의 인구가 늘어나면서 직접 로마 시로 물품을 반입할 수 있게 한 것이다.

　이 시대에는 계절풍을 이용한 범선을 이용했으므로 수확이 끝난 밀을 실은 배가 초여름에 아프리카의 남풍을 타고 이탈리아 반도로 향했다. 그런 뒤 7월~8월에 북풍을 타고 아프리카 등지로 귀항했다. 영국의 공학자 존 랜델스(J. G. Landels)가 쓴 《고대의 공학》에 따르면 연간 1.5회 왕복했다.

　"오스티아에서 겨울을 보낸 경우 4월 초에 출항하면 5월 초까지는 알렉산드리아에 도착할 수 있다. 거기에서 곡물을 싣고 5월 중하순에 출항하면 65일~70일의 항해를 거쳐 오스티아에 7월 말에 도착할 수 있었다. 하역을 마친 뒤 8월 하순에 출항하면 시즌 종료 전에 알렉산드리아에 도착한다. 겨울 동안에는 도크에 넣어 수리를 하고 다시 초봄에 오스티아를 향해 출발했을 것이다. 따라서 절반은 오스티아, 절반은 알렉산드리아에서 겨울을 보내게 된다."

항해일수는 순풍일 경우가 기준이므로 바람이 잦아들거나 역풍이 불면 더 많은 날이 필요했다. 11월부터 3월의 겨울 동안 지중해는 바람과 비의 계절이다. 나침반도 없던 시대에 비가 시야를 가리면 항해는 매우 위험해진다. 이런 이유로 선주는 연안의 단거리 항해는 몰라도 장거리는 원치 않았다. 어느 경우든 간에 원양 항해가 힘들던 시대였다. 따라서 오스티아, 푸테올리, 카르타고 등의 주요 항구는 외항선이 배를 댈 수 있는 대수심 암벽 그리고 많은 선박을 수용할 수 있는 정박지가 필요했다. 그와 더불어 지중해나 도버 해협 등 곳곳에는 대형 등대가 만들어졌다.

당시 건설된 항구는 대부분 장기간의 풍랑으로 파손되거나 묻혔으며 대형 등대는 지진으로 무너져버린 것들이 많다. 현재 세계 유산으로 남아 있는 것은 항구로는 카르타고 항, 등대로는 헤르쿨레스의 탑뿐이다.

항구

우선 외항인 오스티아 항구부터 살펴보자. 사실 오스티아 항구는 세계 유산에 등재되지 않았지만 클라우디우스 항구를 이야기하려면 짚고 넘어가야 한다. 당시 오스티아는 티베리스 강 하구에 조성돼 약 30킬로미터 떨어진 로마 시와 강으로 연결돼 있었다. 따라서 오스티아 항에서 내항선으로 로마 시까지 이동했다. 오스티아 항은 하구에 위치해 있었기 때문에 시간이 흐르면서 티베리스 강의 퇴적토로 메워지고 있었다.

41년 심각한 기근이 로마 시를 덮치고 클라우디우스 황제가 시민들에게 위협을 받는 사태에 이른 뒤 그는 신항 건설을 결의한다. 오스티아에서 북서쪽으로 3킬로미터 정도 떨어진 곳에 해안을 조성하고 항구를 짓겠다는 계획이었다. 이곳이 클라우디우스 항구다. 클라우디우스는 우선 바다 쪽으로는 제방을 쌓고 티베리스 강의 오른쪽 연안을 깎아서 새로운 항구와 연결되도록 운하를 건설했다. 80헥타르의 정박 수역을 굴착한 다음 길이 2,300미터에 너비 1,100미터로 300척의 화물선이 한 줄로 정박할 수 있는 규모의 부두를 지은 것이다. 그리고 이집트로부터 오벨리스크(obelisk)를 운반하던 대형 선박에 콘크리트를 채워 바다에 가라앉힌 뒤 그 위에 높이 60미터의 등대용 방파제를 만들었다. 이 운하는 50년 뒤인 106년 트라야누스 황제가 개조해 트라야누스 운하로 불리게 된다.

그렇다고 오스티아 항이 버려진 것은 아니었다. 클라우디우스는 로마 역사와 함께한 오스티아 항구의 기능은 살리되 다만 신항과 함께 항구 도시로서의 면모를 더욱 다지려고 했다. 클라우디우스 항구 주변에는 선착장과 곡물 창고 등 필수 시설만 갖추고 교역장, 세관 등은 오스티아에 남겨둔 채 호위 병사 숙소, 상인 및 선원 주거지, 공공 욕장, 극장, 신전 등을 새롭게 건설했다. 전세계의 온갖 산물이 모이고 뱃사람이 몰려드는 오스티아 항구의 거리는 언제나 붐볐다. 2세기~3세기에는 10개의 신전과 17개의 공공 욕장, 약 4,000명 인원을 수용할 수 있는 원형 극장도 있었다.

하지만 클라우디우스 항구도 테베르 강에서 내려오는 퇴적물을 감당해내지는 못했다. 현재는 해안선이 멀리 밀려나 로마 피우미치노(Roma-Fiumicino) 국제공항 아래쪽에 묻혀 있다. 그래도 그 흔적은 남아 있어서 공항 상공의 여객기 안에서 보면 육각형의 형상이 보인다.

지금의 튀니지에 위치한 카르타고 항구는 로마 시대 아프리카의 상업·군사의 중심지였다. 세계 유산에 등재된 카르타고 항은 상선들의 교역은 물론 군함도 정박할 수 있도록 설계됐으며 방어에도 용이하게 만들어졌다. 군함을 안벽에 수직으로 붙여서 보다 많은 배를 정박할 수 있도록 했다. 한편 상업항은 짐을 싣고 부리는 게 용이하도록 길이가 긴 암벽에 옆으로 정박이 가능하도록 만들었다. 지금 봐도 매우 합리적인 설계다. 그 모습을 지금도 찾아볼 수 있다.

등대

고대 로마 시대에도 선박은 야간에도 항해했다. 하늘이 맑은 밤에는 별을 보고 위치를 가늠할 수 있었다. 하지만 흐리거나 비가 오는 날에는 별을 볼 수 없으므로 얕은 여울이나 암초에 부딪힐 위험이 있었다. 그래서 해협부나 항구 입구, 섬이 많은 곳에 등대를 설치했다. 또한 알렉산드리아 항구와 같이 평지의 경우는 이정표로서 등대가 필요했다.

해협부의 등대로는 1세기 후반 또는 2세기 초 트라야누스 황제 통치 시절 건설된 높이 약 55미터의 헤르쿨레스의 탑을 들 수 있다. 이 등대는 건설 당시 앞서 세계 7대 불가사의 중 하나인 이집트 알렉산드리아의 파루스 등대를 모델로 했다. 약 1,900년 동안 대서양을 굽어보고 있는, 세계에서 가장 오랫동안 사용된 등대로 꼽는다. 오늘날 에스파냐 북서부 갈리시아 자치주에서 두 번째로 큰 도시 라코루냐(La Coruna)에 위치해 있다. 로마가 이 지역에 파룸 브리간티움(Farum Brigantium)을 건설했을 때 등대 및 이정표로 세웠다. 등대의 이름은 헤르쿨레스가 머리 3개에 몸이 3개인 거대 괴수 게리오네우스(Geryoneus)를 쓰러뜨리고 현재의 라코루냐에 해당되는 곳에 괴물의 머리를 묻은 뒤 그 위에 탑을 지으라고 명했다는 신화 내용에서 유래했다.

항구 입구의 대표적인 등대로는 두말할 것도 없이 파루스 등대를 들 수 있다. 이집트 알렉산드리아는 나일 강 하구에 있다. 평탄한 땅이 이어져 있어서 연안 항행이나 입항 때 뭔가 높이 솟아 이정표가 될 만한 것이 없었다. 그래서 등대를 세우기로 하고 기원전 305년부터 공사를 시작해 기원전 250년경 프톨레마이오스 2세 때 완공했다. 이미 설명했듯이 높이가 약 135미터로, 역시 피라미드를 올린 나라가 만든 만큼의 위용이 있

었다. 피라미드 중 가장 높은 기자의 쿠푸 왕 피라미드가 146미터니 이 정도 높이는 문제가 없었던 것이다. 그러나 사각뿔 모양의 피라미드보다 탑 모양의 등대 쪽이 건설하기가 훨씬 어렵다. 세계 7대 불가사의로 본 것도 무리가 아니다.

　건축 자재는 대리석을 이용했고 벽돌로 잘라서 쌓아 올렸다. 상중하 3개 층이 각각 다른 모양으로, 하부는 사각 기둥이고 중부는 조금 더 가는 팔각 그리고 상부는 더 가는 원기둥 모양이었다. 맨 꼭대기에 거울을 설치해 낮에는 햇빛을 반사시켰고 밤에는 불을 피워 그 빛을 반사시켰다. 등대의 네 각에는 나팔을 부는 해신(海神) 트리톤(Triton) 조각상이 있었다고 전해진다. 몇 차례의 지진으로 완파돼 완전히 폐허가 됐다. 지중해 연안은 지진 지대다. 이 시대에 내진 설계가 있었던 것도 아니다. 더군다나 지진은 신의 노여움이라고 믿었던 때다. 만약 지진을 견뎌냈더라면 피리마드처럼 훌륭한 문화 유적이 됐을 것이다. 17세기에 만들어진 산 피에트로 대성당의 높이 132미터보다 더 높은 구조물이었으니 말이다.

동방 무역

기호품과 사치품을 찾아 이제는 지중해뿐 아니라 인도 항로도 열리게 되어 가이드북이 만들어지고 인도 땅에도 로마인의 마을이 생겼다. 고대 로마의 정치가이자 박물학자 가이우스 플리니우스(Gaius Plinius, 22~79)는 《박물지(Histoire Naturalis)》에서 다음과 같이 서술하고 있다.

"인도가 우리 제국의 부를 가져가는데, 매년 5,000만 세스테르티우스에 달하지 않은 해가 없다. 그 대가로 보내오는 상품이라는 것도 우리 제국에 원가의 100배로 팔고 있음을 생각해보면 이는 매우 중요한 문제다. 최소한으로 어림잡더라도 인도, 세레스(Seres, 중국을 말함), 아라비아는 우리와의 교역으로 매년 1억 세스테르티우스를 챙기고 있다. 우리가 사치와 아내를 위해 쓰는 돈이다."

앞의 표 '로마제국 세출 추이'를 보면 150년경 세출 합계는 8.3~9.8억 세스테르티우스였다. 1억 세스테르티우스면 전체 세출의 10퍼센트가 넘는 액수다. 따라서 스트라본이 《지리서》에서 푸테올리 항구의 번영을 기록한 내용은 과장이 아닐 것이다.

서기 70년경 출간된 《에리트라해 안내기(Peripulus Maris Erythrai)》에는 이런 내용이 나온다.

"지중해의 베레니케(Berenice, 지금의 리비아 벵가지 지역)를 하지에 출항해 수에즈 운하를 거쳐 홍해를 가로질러 30일 만에 아라비아 남해안에 도착하고, 거기에서 계절풍 히파루스(Hipalus)를 이용해 40일 동안 인도

양을 가로질러 인도 서남 연안의 무지리스(Mouziris)에 도착했다."

또한 "돌아오기 위해서는 1월 중 출항해 인도양을 횡단하다가 홍해에서 남풍을 타고 이집트로 돌아가는 것이 일반적"이라고 기록돼 있다. 홍해에서 갠지스(Ganges) 강 하구까지의 항로, 정박지, 생산물 등을 담은 안내기였다. 이 책을 활용해 많은 선박들이 인도와 홍해 사이를 항해했던 것이다. 포이팅거 지도에도 인도 남부 말라바르(Malabar)에 세워진 아우구스투스 신전이 표시돼 있다.

﹕ 배와 항해 ﹕

로마제국의 영토에는 라인, 센(Seine), 론(Rhone), 도나우 등의 큰 강이 있어서 하천 교통이 발달했다. 지중해 서부에서 브리탄니아까지의 교통은 '지중해—대서양—도버 해협' 항로만이 아니라 육상으로도 강과 고갯길을 잇는 교통로가 정비돼 있었다. 하천과 고갯길 루트는 거리는 짧지만 비용은 많이 든다. 그래도 중도에 있는 도시와 교역이 가능한 덕분에 자주 이용됐다. 하천과 고갯길을 이용한 수송에는 수레와 나룻배가 사용됐다. 참고로 와인 저장 용기는 예로부터 앞에서 소변 항아리로 언급된 도기제의 암포라가 쓰였지만, 카이사르의 갈리아 원정 시절부터는 오크(oak) 판자를 이어 붙이고 테를 둘러 완성한 오크통이 사용됐다. 암포라보다는 확실히 내구성이 높았다.

이번에는 로마의 조선 기술을 살펴보자. 2세기 때 활동한 로마의 작가 루키아누스(Lucianus, 120?~195?)는 이렇게 쓰고 있다.

"알렉산드리아에서 오스티아를 향해 출발한 이시스(Isis) 호가 70일 걸려서 그리스 피레우스 항에 도착했다"고 적고 있다. 이시스 호는 길이 55

미터, 폭 14미터, 깊이 13미터의 거대 범선이다. 닻과 크레인까지 갖추고 최대 적재량은 현재 기준으로 1,200톤이었다. 라이오넬 카슨(Lionel Casson, 1914~2009)의 저서《고대의 배와 항해 이야기(Ships and Seafaring in Ancient)》에 따르면 이 시대의 일반적인 교역선은 길이 15~37미터, 최대 적재량 100~150톤으로 알려져 있다. 그래서 루키아누스는 이시스호의 규모에 경탄해 이를 기록으로 남겼을 것이다. 하지만 깊이 13미터라면 모름지기 속도는 무척 느렸을 것이다. 70일이나 걸린 것만 봐도 알수 있다. 어쨌든 로마 시대 이후 적재량 1,200톤 이상의 교역선이 출현한 때는 한참 뒤인 18세기 말에서 19세기 초 동인도 회사의 선단이었다. 따라서 무려 1,600년 동안이나 인류는 로마의 조선 기술을 능가하지 못했던 것이다. 반대로 말하자면 로마는 그 정도로 높은 조선 기술을 확보하고 있었다.

그 대표적인 사례가 로마 남쪽 30킬로미터 떨어진 곳에 위치한 작은 화산 호수 네미(Nemi) 호에 제4대 황제 칼리굴라가 이용한 두 척의 유람선이다. 길이 70미터에 폭 24미터짜리는 디아나 여신의 신전으로 불렸고, 궁전선으로 불린 그보다 작은 길이 70미터에 폭 20미터의 유람선은 대리석 바닥과 수도 및 욕실 시설까지 갖춘 그야말로 물 위의 궁전이었다. 배수용 빌지 펌프도 설치돼 있었고 급수를 위한 피스톤 펌프도 있었다. 이 펌프는 위트루위우스의《건축십서》제10서에 기재된 것과 같았다. 사람이 구동한다는 점을 빼면 오늘날의 펌프와 원리가 같았다.

바닥이 평평해서 항해용 선박은 아니었다. 두 척 모두 침몰한 것으로 알려졌지만 1929년 로마제국의 부활을 내세운 베니토 무솔리니(Benito Mussolini, 1883~1945)가 발굴 명령을 내려 네미 호수 물을 빼면서 1932년 그 가운데 한 척이 세상에 모습을 드러냈다. 1936년 무솔리니 정권은 호수 인근에 박물관을 세워 유람선 일부와 유물들을 전시했지만 제2차

1932년 배수 작업을 완료한 네미 호수에서 모습을 드러낸 칼리굴라의 난파 유람선

대전 때의 공습으로 1944년에 불에 타 사라지고 사진만 남아 있다.

: 사라진 공급망 :

지중해뿐 아니라 브리탄니아나 인도로 가는 로마의 바닷길은 대량 생산, 대량 수송, 대량 소비를 지원했으며 고품질 생산품의 유통을 가능케 했다. 이 같은 공급망을 유지하려고 해적 퇴치에 힘을 쏟고 황제나 집정관 등의 고위급 인물이 곡물담당관으로서 직접 식량 공급 책임을 맡기도 했다. 로마는 이를 실현하기 위해 지금 봐도 놀라울 정도의 기술력을 확보하고 유지했다. 그러지 못했다면 로마의 기나긴 번영은 불가능했다고도 할 수 있다.

로마제국이 멸망하자 그 영토를 두고 속주들의 난립 사태가 벌어졌다. 주식인 밀의 생산지인 아프리카와 시킬리아(시칠리아)를 비롯해 수도의 재료인 납을 얻던 지역 잉글랜드, 에스파냐, 프랑스도 제각각 다른 나라가 됐다. 그래서 로마제국을 유지한 원동력이던 공급망이 끊어지고 해상 교역이 쇠퇴해버린 것이다. 그렇게 되면서 티베리스 강 하구의 오스티아 항도 쇠락해 유입 토사로 매립되면서 보수조차 하지 못하는 상태가 됐다.

거대한 영토를 운영하는 데에는 효율적인 공급망이 필요하다. 대국이 분열하고 소국이 병립하는 상태가 되면 공급망이 소멸해 효율에서 비효율, 즉 시대가 역행하는 상황이 벌어진다. 훗날 르네상스가 이뤄진 것도 베네치아나 제노바 등의 해양 도시 국가들이 새로운 공급망을 구축하는 데 성공했기 때문이기도 하다.

제5장

빵과 서커스 ②: 오락과 휴식

빵과 서커스 중 제4장에서 '빵'을 살펴봤으니 이제 '서커스'에 관해 알아보자. 서커스는 오락과 휴식을 상징하는 용어다. 로마는 시민들에게 오락 및 휴식거리를 무료 또는 염가로 제공했다. 그런데 로마 시대의 서커스는 곡예사, 동물, 광대가 등장하는 현대의 서커스와는 다른 뜻이었다. 서커스는 라틴어 발음으로 '키르쿠스'인데 본래는 고대 로마의 전차 경주장을 일컫는 말이었다. 영화 〈벤허(Ben-Hur)〉에서 관중들이 열광하던 키르쿠스 막시무스가 그곳이다.

이후 키르쿠스는 나아가 콜로세움 등에서 열린 검투사 경기, 로마 희극 등의 연극, 모의 해전도 포함하는 의미로 확장됐다. 이 같은 오락거리가 수도 로마는 말할 것도 없고 제국 전역에서 널리 자주 열렸다. 그리고 대부분 정치가들의 인기몰이에 이용됐다. 오락과 관련한 시설로는 투기장, 극장, 전차 경주장 등이 있으며 휴식 시설로는 공공 욕장 등이 있었다. 세계 유산으로 지정된 이들 유적을 하나씩 살펴보면서 로마의 빵과 서커스 정책을 설명하기로 하자.

　수도 로마 시의 경우 오락 시설로 검투사 경기가 열렸던 원형 경기장은 콜로세움을 비롯한 3곳, 원형 극장은 마르켈루스(Marcellus) 극장을 비롯한 3곳, 전차 경주장은 키르쿠스 막시무스를 비롯한 6곳, 모의 해전장은 4곳이 있었다. 한편 휴식을 위한 시설은 카라칼라와 같은 대형 공공 욕장이 11곳, 소형 공공 욕장은 약 900곳이나 있었다. 수도 로마는 면적이 14제곱킬로미터로 매우 좁은 편인데도 그곳에 이렇게나 많은 오락·휴식 시설이 존재했던 것이다. 환락의 도시라 부를 만하다. 그렇다면 왜 그토록 많은 서커스 관련 시설을 만들었을까?

　속주를 포함한 로마제국 전역으로 넓혀보면 현재 세계 유산으로 등재된 것만 해도 28개 도시의 원형 극장, 10개 도시의 원형 경기장, 4개 도시의 전차 경주장, 11개 도시의 공공 욕장이 있다. 등재되지 않은 것들도 포함시키면 원형 극장이 475곳, 원형 경기장이 209곳, 전차 경주장이 77곳이다. 실로 많은 수의 서커스 시설이 있었던 셈이다.

　당시 변방으로 분류됐던 브리탄니아에도 수많은 시설이 있었다. 이들 시설을 짓는 데만도 막대한 자금과 고도의 건설·운영 기술이 필요하다. 영토의 변방에 이르기까지 시설을 만들고 운영했다는 것은 건설 및 운영에 관한 매뉴얼이 존재했고 그것이 제국의 구석구석까지 널리 퍼져 있었다는 사실을 보여준다.

: 목욕을 사랑한 로마인들 :

　알려져 있듯이 고대 로마인들은 유독 목욕을 좋아했다. 설명했듯이 수도 로마에는 대형 종합 레저 센터 격인 대형 공공 욕장이 11곳, 소형 공공 욕장이 900곳 있었다. 대형 욕장이 수도에만 있었느냐 하면 브리타니아의 공공 숙소와 같은 로마 가도상의 숙박 시설에조차도 80제곱미터 규모의 대형 욕장을 갖추고 있었다. 질이 떨어지지도 않았다. 모두가 수도 로마와 같은 수준이었다.

이 밖에 아우구스타 트레베로룸, 즉 오늘날 독일 트리어 지역에는 '황제의 온천'이라는 뜻의 대형 욕장 '카이저테르멘(Kaiserthermen)'이 남아 있다. 콘스탄티누스 1세 때 지어져 이런 이름이 붙었다. 공공 욕장은 라틴어로 '테르마이(thermae)'다. 콘스탄티누스 1세는 수도 로마에도 공공 욕장을 만들었는데 '욕장 황제'라고 불러도 무방할 만큼 목욕을 좋아했다. 그런데 세계 유산으로 지정된 욕장 중에 콘스탄티누스 1세 황제 이후의 시설은 존재하지 않는다. 더 이상 건설되지 않았기 때문이다. 기독교 신본주의의 영향이었다.

카르타고의 안토니누스 피우스 황제 욕장도 대형이고 보존 상태가 좋다. 황제가 만든 욕장으로는 이것 말고도 리비아 지역의 렙티스 마그나에도 하드리아누스 황제 때 건설된 대형 욕장이 있고, 동방의 정제 디오클레티아누스 황제는 로마 시 외에 지금의 시리아 팔미라에도 대형 욕장을 지었다. 당시 도시별로 몇 개의 공공 욕장이 있었는지 정확히 파악되지는 않지만, 알제리의 팀가드에서만도 8개 공공 욕장이 발굴됐다.

수도 로마 시의 공공 욕장

널리 알려진 욕장으로는 아그리파 욕장을 비롯해 네로 욕장, 티투스 욕장, 도미티아누스 욕장, 트라야누스 욕장, 카라칼라 욕장, 데키우스(Decius, 재위 249~251) 욕장, 디오클레티아누스 욕장, 콘스탄티누스 욕장 등이 있다. 아그리파 욕장을 제외하면 모두 황제의 명으로 건설된 것들이다. 권위의 상징이기도 했고 시민들의 선심을 얻기 위한 목적이기도

디오클레티아누스 욕장(산타마리아 델리 안젤리 성당)

했다. 아그리파 욕장과 카라칼라 욕장을 위한 전용 수도로 비르고 수도
와 안토니니아나 수도를 만들기도 했다. 로마의 위정자들이 무엇에 관심
을 쏟았는지 알 수 있다.

　수용 인원을 보면 카라칼라 욕장은 하루에 6,000명~8,000명, 디오클
레티아누스 욕장은 동시에 3,200명을 수용할 수 있다고 기록돼 있는데,
두 곳 모두 로마 최대 규모의 공공 욕장이었다. 하지만 11개 욕장의 모든
수용 인원에 관해서는 전해지는 게 없다. 다른 소형 욕장들도 수용 인원
은 알려져 있지 않다. 면적은 트라야누스 욕장이 330미터×215미터의
부지에 212미터×190미터의 욕장 건물이 들어섰으며, 카라칼라 욕장은
360미터×330미터부지에 210미터×110미터의 건물이 세워졌다. 디오
클레티아누스 욕장은 1,300제곱미터의 부지에 280미터×160미터의 욕

장 건물이 들어섰는데, 욕장 외에 식당, 이발소, 체육관 등도 구비한 종합 시설이었다. 현재는 산타마리아 델리 안젤리(Santa Maria degli Angeli) 성당으로 쓰이고 있다.

공공 욕장의 목욕 요금은 0.25아스(현재 한화 기준 약 250원)로 매우 저렴했다. 오늘날 사우나나 찜질방 이용 요금과 비교해보면 압도적으로 싸다는 것을 알 수 있다. 서민들이 부담 없이 이용할 수 있도록 관리비도 안 되는 수준으로 요금을 책정한 것이다. 황제나 귀족은 물론이고 시민들 나아가 노예들도 목욕을 할 수 있었다. 게다가 남녀 혼욕이었다고 한다. 때때로 혼욕 금지법이 시행되기도 했지만.

욕장의 영업 개시 시간은 오전 일과가 모두 끝난 오후 2시경이었다. 저녁 7시 또는 8시까지 이용할 수 있었다. 단돈 25아스로 하루의 마무리를 즐길 수 있었다는 얘기다. 25아스로 공공 욕장의 유지·관리비를 감당할 수는 없었다. 부족분은 국가가 부담했다. 그렇게 해서라도 시민들의 불평불만을 막을 수 있다면 이득이라고 본 것이다.

212년 공사를 시작해 216년 완공된 카라칼라 욕장도 규모가 크다. 온탕 욕조만 지름 36미터의 돔 구조다. 하드리아누스 황제가 세운 판테온의 43미터, 1626년 완성된 산 피에트로 대성당의 42미터와 맞먹는 크기다. 더욱이 교회 건축물과 달리 욕장은 대량의 물을 비축하고 가열하고 순환시키고 또 배수까지 해야 한다. 따라서 매우 복잡한 구조가 될 수밖에 없었다. 고도의 기술이 필요했다는 의미다.

카라칼라 욕장

수도 로마의 욕장 중에 오늘날에도 남아 있는 것들로는 보존 상태가 가장 좋은 카라칼라 욕장, 성당으로 바뀌어 많은 부분이 전용된 디오클레티아누스 욕장, 건축물에서 반원 모양의 담소 공간을 일컫는 '엑세드라

(exedra)'가 남아 있는 트라야누스 욕장 정도가 있다. 대부분의 욕장은 욕장 건축에 사용된 부재가 다른 구조물에 활용되거나 천재지변으로 매몰됐다.

이제 카라칼라 욕장의 평면도를 보면서 대형 욕장의 구조와 기능을 살펴보기로 하자. '프리기다리움(frigidarium)'이라 부른 냉탕은 58미터×24미터 정도 규모인데 방류 방식으로 물을 공급했으며 그보다 규모가 작은 '루트론(lutron)'도 있었다. 요즘으로 치면 사우나인 증기탕 수다토리움(sudatorium)도 빼놓을 수 없다. '테피다리움(tepidarium)'은 미온탕으로 넓이는 프리기다리움과

파르네세 헤르쿨레스(나폴리 국립 고고학 박물관 소장)

비슷하다. '칼다리움(caldarium)'이라고 불리는 고온탕은 지름 36미터의 커다란 공간이었다. 불을 때는 가마와 가장 가까운 곳에 위치했다. 욕실은 바닥이 깊은 보행탕이었고 대욕장이라는 이름이 붙을 만큼 컸다. 미온탕 앞에는 훗날 '파르네세(Farnese) 헤르쿨레스'로 불린 조각상이 서 있었다. 현재 파르네세 헤르쿨레스는 나폴리 국립 고고학 박물관이 소장하고 있다.

탈의실 '아포디테리움(apodyterium)'은 두 군데 있었고 '엘레오테시움(eleotesium)'이라는 공간도 있었는데, 여기서 목욕 후 안마를 받거나 오일을 바르기도 했다. 그리고 개인 욕실도 있었다. 욕장에서의 목욕을 좋

149

아하지 않는 손님을 위한 시설이다. 재미있는 사실은 욕장의 주요 시설인 냉탕과 미온탕 그리고 고온탕은 각각 1개만 설치해 이용자의 계급이나 성별에 상관없이 함께 이용했다는 것이다.

남녀가 함께 욕장을 이용하는 혼욕에 대해서는 하드리아누스 황제, 안토니우스 피우스(Antoninus Pius, 재위 138~161) 황제, 세웨루스 알렉산데르 황제 등이 금지령을 내린 바 있다. 남녀가 시간대를 달리해 이용하도록 했을 것이다. 몇 차례나 금지령을 내렸다는 것은 혼욕 금지령이 잘 지켜지지 않았음을 방증한다.

다음으로 욕장의 부속 시설에 대해 알아보자. 우선 운동 시설로 '그시스툼(xystum)'이라 부른 150미터×30미터 정도 규모의 경기장이 있었다. 100미터 경주를 할 수 있을 만큼의 크기다. 또한 90미터×20미터 규모의 구기장 '스파이리스테리움(sphaeristerium)'과 체조나 레슬링 등을 즐길 수 있는 50미터×25미터 크기의 체육관 '팔레스트라(palestra)'도 두 곳씩 마련돼 있어 목욕 전에 운동을 통해 땀을 낼 수 있었다. 이 중 동쪽 팔레스트라 앞에 파르세네 황소 조각상이 놓여 있었다. 청소년 전용 체육관인 '에페베움(ephebeum)'은 그 옆에 마련됐다. 내부 욕장 밖 외측 구조물에는 모래를 깔아놓아 레슬링 연습을 할 수 있는 '코니스테리움(conisterium)'도 설치돼 있었다.

강당이나 교실로 추정되는 시설도 각각 두 군데에 있어서 교육 문화 활동도 이뤄졌다. 38미터×22미터 공간의 도서관도 있었는데 2개의 방으로 나뉘어 그리스어와 라틴어 서적이 소장돼 있었다. 내부는 이집트 등에서 가져온 형형색색의 대리석 바닥과 다양한 모자이크 벽화로 호화롭게 장식됐다.

목욕 후 산책 및 담소 공간으로 외측 구조물과 내부 욕장 사이 100미터×300미터 크기의 대광장에 포르티쿠스(porticus, 주랑)와 조경수를 심고

카라칼라 욕장 평면도

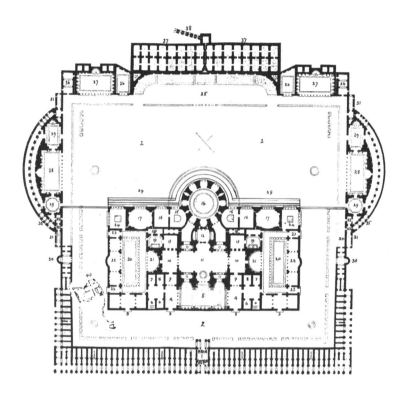

1. 주출입구 / 2. 대광장 / 3. 출입구 / 4. 프리기다리움 연결 통로 / 5. 프리기다리움 / 6. 아포디테리움 / 7. 코니스테리움 / 8. 엘레오테시움 / 9. 대합실 / 10. 홀 / 11. 테피다리움(대) / 12. 테피다리움(소) / 13. 입욕 대기실 / 14. 칼다리움 / 15. 연결 홀(칼다리움↔테피다리움) / 16. 연결 홀(테피다리움↔프리기다리움) / 17. 소운동장(지붕 없음) / 18. 온실(소) / 19. 수다토리움 / 20. 팔레스트라 / 21. 엑세드라 / 22. 에페베움 / 23. 출입구 / 24. 루트론 / 25. 그시스툼 / 26. 홀(지붕 없음) / 27. 도서관(그리스어·라틴어) / 28. 팔레스트라 / 29. 토론장 / 30. 엑세드라 / 31. 계단 / 32. 통로 / 33. 코니스테리움 / 34. 미트라에움 / 35. 포르티쿠스 / 36. 계단 / 37. 저수조 / 38. 대송수로(안토니니아나 수도와 연결) / 39. 포르티쿠스 / 40. 아시니우스 폴리오 저택터

곳곳에 벤치가 설치됐다. 고대 로마인들은 토론을 좋아했다. 포룸 로마눔에도 많은 주랑이 있어서 그곳에서 연설이나 논의가 이뤄졌다. 그 밖에도 미트라(Mithra) 신 사원인 '미트라에움(Mithraeum)' 등도 욕장에 마련돼 있었다.

운동으로 땀을 흘리고 욕장으로 들어가 각종 탕을 돌면서 피로를 푼다. 목욕을 하고 기분이 좋은 상태에서 미술품을 감상하거나 도서관에서 책을 읽고, 산책을 하면서 친구와 담소를 나누노라면 한두 시간은 훌쩍 지나간다. 이런 시설이 가까이 있다면 매일이라도 가고 싶을 것이다. 더군다나 무료에 가까운 요금이지 않은가. 공공 욕장은 로마 시민들이 향락에 빠지게 된 원흉으로 자주 거론된다.

욕장의 온수를 얻기 위해 가열 장치, 즉 가마를 이용했다. 카라칼라 욕장은 안토니니아나 수도의 물을 저수조에 모아서 사용했다. 물은 저수조에서 가마가 있는 가열수조를 통해 온수조로 들어갔다가 욕조로 모아지고 배수로를 통해 빠져나간다. 이렇게 순차적으로 낮은 위치로 흘려보내야 했으므로 지상 2층과 지하 2층의 4층 구조로 건설했다. 가마, 가열수조, 온수조는 길쭉하게 2열로 배치해 수리 및 보수 작업이 있더라도 욕장을 운영할 수 있도록 고안했다. 저수조에 있는 냉수를 한 번에 가열조로 보내고, 가열된 물은 온수조 라인을 통과해 욕조에 제공된다. 가열수조와 온수조를 위아래로 분리함으로써 일정 온도의 온수를 얻을 수 있었다. 물을 데우기 위해 사용된 장작의 양이 하루 10톤에 달했다. 지하에는 7개월분의 장작 약 2,000톤의 저장고가 있었다. 7개월 동안 장작을 마른 상태로 유지하고자 환기 시스템도 갖췄다. 이처럼 거대한 4층 구조물을 운영하면서 필요한 양의 냉·온수를 급수하고, 폐수를 티베리스 강으로 흘려보내고, 연료 보급을 체계적으로 수행했다. 당시 현장 속으로 달려가 제대로 견학하고 싶을 지경이다.

카라칼라 욕장

속주의 공공 욕장

이번에는 수도 로마 시 외 속주 식민 도시의 공공 욕장을 살펴보자. 우선 폼페이에도 공공 욕장이 있었다. 알려져 있다시피 웨수위우스(베수비우스) 화산 대폭발로 매몰된, 한때 엄청나게 번영했던 도시 폼페이 유적지에서 포로 욕장, 스타비아나(Stabiana) 욕장, 중앙 욕장이 발굴됐다. 포로 욕장과 스타비아나 욕장은 보존 상태가 좋아서 현재 미온탕과 고온탕에 견학용 통로가 정비돼 있다.

이번에는 프랑스 지역으로 가보자. 아를에도 로마의 공공 욕장이 있었는데 트리어의 카이저테르멘과 마찬가지로 콘스탄티누스 1세 때 지어졌다. 규모는 크지 않지만 고온탕과 가열 가마가 남아 있다.

트리어의 카이저테르멘은 폭 145미터, 길이 260미터의 부지에 고온탕, 미온탕, 냉탕이 이어져 있고, 포르티쿠스로 둘러싸인 운동장도 있었다. 현재는 욕조 일부와 건물 정면부 아치형 창문 벽면과 지하 통로 등이

카이저테르멘

남아 있다. 트리어는 로마제국의 주요 도시로 당시 3곳의 공공 욕장뿐 아니라 원형 경기장과 전차 경주장도 있었다.

소아시아 서남부, 오늘날 터키 남부 파묵칼레(Pamukkale) 지역에는 로마 시대 때 히에라폴리스(Hierapolis)라는 온천 도시가 번영했다. 파묵칼레는 터키어로 '목화 궁전'이라는 뜻이다. 거대한 석회암이 마치 계단처럼 층층이 형성된 석회화 단구 구릉지다. 현재 히에라폴리스 유적지에는 2세기경의 로마 원형 극장과 공공 욕장이 남아 있다. 로마제국의 온천 휴양지로서 번창했지만 1354년 대지진으로 완전히 폐허가 됐다. 지금도 온천이 나오므로 당시 공공 욕장이 있던 위치에 온천 호텔들이 영업을 하고 있다.

오늘날 시리아 팔미라의 고대 로마 유적지에도 디오클레티아누스의 공공 욕장이 있었다. 당시 실크로드 교역 도시 팔미라에 85미터×51미터 규모로 지어졌다.

카르타고의 안토니누스 황제 공공 욕장은 지금의 튀니지 지역에 유적으로 남아 있는데, 제15대 황제 안토니누스 피우스의 치세 아래 146년에 준공돼 162년경 완공된 공공 욕장이다. 카르타고의 풍광이 아름다운 해안에 만들어진 건물로 총면적 3만 5,000제곱미터, 길이 200미터에 이르는 속주 대형 욕장 중 최대 규모였다. 현재 대욕장 바로 옆에 튀니지 대통령 관저가 있다.

렙티스 마그나에 있던 하드리아누스 황제의 공공 욕장도 빼놓을 수 없다. 리비아 수도 트리폴리 동쪽 130킬로미터에 위치한 고대 로마 시대의 도시 유적이다. 앞서 언급했듯이 아프리카 최초의 로마 황제 셉티미우스 세웨루스를 배출한 도시이기도 하다. 그 치세에 절정기를 맞아 카르타고, 알렉산드리아에 이어 아프리카 제3의 대도시가 됐다. 2개의 공동 욕장이 남아 있다.

하드리아누스 황제와 욕장과 관련된 흥미로운 일화가 있다. 디오 카시우스에 따르면 하드리아누스 황제를 비롯해 많은 황제가 공공 욕장을 서민과 함께 이용했다. 황제에서부터 원로원 의원, 시민, 노예에 이르기까지 모두가 솔직한 교제를 나눈 셈이다. 카시우스는 이렇게 적고 있다.

"하드리아누스 황제가 목욕을 하고 있었는데, 퇴역한 노병사가 때를 밀어주는 노예 없이 자기 등을 욕장 벽에 문지르는 모습을 보고 그가 죽을 때까지 때밀이 노예를 제공하겠다고 약속했다. 나중에 다시 하드리아누스황제가 욕장을 찾았는데, 몇몇 노인이 자신의 벽에 등을 비벼대며 때를 밀고 있었다. 자신들에게도 때밀이 노예를 하사해주기를 바라고 한 행동이었다. 하지만 하드리아누스 황제는 그 수에 넘어가지 않고 노인들이 서로의 등을 밀어주도록 권했다."

사브라타에도 공공 욕장이 있었다. 항구 도시 사브라타는 셉티미우스 세웨루스 황제 시대 때 절정기를 맞이했다. 그러나 4세기에 이르러 잇따른 지진으로 큰 피해를 입었다. 그래도 4곳의 욕장 유적이 남아 있다. 이 중 2곳은 노천탕으로 조성된 듯 보인다.

아랍어로 '아름다운 것'이라는 의미의 알제리 제밀라에도 로마 시대 공공 욕장이 있었다. 알제리 동북쪽 해안에 위치한 산촌 제밀라는 1세기에 형성된 로마의 식민 도시로 처음에는 군단병의 거주지였으나 나중에 상업 도시가 됐다. 산의 지형에 맞추어 수많은 로마 건축물을 세웠는데 3곳의 공공 욕상 유적이 발굴됐다.

마찬가지로 서기 100년경 트라야누스 황제에 의해 건설된 알제리 지역 팀가드에서도 공공 욕장이 발굴됐는데 오랫동안 모래에 파묻혀 있어서 보존 상태가 좋다. 크고 작은 8곳의 공공 욕장이 남아 있다.

: 연극과 무대 :

로마 문화의 상당수가 그리스 문화의 모방이라고 말하듯이 로마의 극장은 그리스의 것을 본뜬 것들이 많다. 극장은 475곳이나 됐고 지방 소도시에도 있었다. 수용 인원 2만 명 이상의 대극장도 속주인 메리다와 에페수스에 있었다. 로마의 연극과 극장을 그리스와 비교하면서 하나씩 살펴보기로 하자.

그리스의 연극과 로마의 연극

예로부터 연극은 신들을 기쁘게 하거나 사자(死者)의 영혼을 위로하기 위해 탄생한 무대였다. 고대 그리스와 로마도 도시 국가로부터 출발했고, 여러 도시 국가의 연극이 뒤섞이면서 진화했으므로 명료하게 구분하는 것은 어렵다.

그리스의 연극은 비극으로부터 시작됐다. 그리스 비극은 술의 신 디오니소스(Dionysus, 로마 신화의 바쿠스)에 대한 열광적인 찬가이자 이야기인 '디티람보스(dithyrambos)'에서 시작됐고 디오니소스 축제 때 공연이 열렸다. 디오니소스가 희극이 아니라 인간이 슬퍼하는 비극을 즐겼다는 것이 흥미롭다. 그리스에서 연극은 곧 비극인데, 그 시작은 기원전 6세기에 시인 테스피스(Thespis)가 주인공을 맡은 것이 처음이라고 알려져 있으며 기원전 5세기 때 전성기를 맞았다. 이 100년 동안 1,000개 이상의 비극이 쓰였다. 작가로는 《결박된 프로메테우스》와 《아가멤논(Agamemnon)》을 쓴 아이스킬로스(Aiskhylos, 기원전 525~456), 《오이디푸스 왕(Oedipus Rex)》으로 유명한 소포클레스(Sophokles, 기원전 496~406), 《헤라클레스》《트로이아의 여인들(Troiades)》《타우리스의 이피게네이아(Iphigeneia he en Tauris)》의 에우리피데스(Euripides, 기원전

480~406)가 그리스 3대 비극 작가로 통한다.

그리스 비극은 엄격한 양식을 갖고 등장인물의 대화 장면과 무용 합창대 코로스(choros)의 가창이 교대로 전개된다. 엄격한 양식이란 한 장면에 3명 이상 등장해서는 안 된다는 것이었다. 그나마도 테스피스의 시기에는 1명, 아이스퀼로스의 시기에는 2명, 소포클레스의 시기에는 3명이 된 것이다. 배우는 남자이며 가면을 쓰고 높은 부츠를 신었다. 무용 합창대는 50명 정도이고 극장의 오케스트라(Orchestra)라고 부른 장소에서 노래하고 춤을 추었다. 이야기는 대부분 신화와 전설에서 소재를 취해 인간의 운명과 개인의 잘못된 행동이 가져오는 불행 등을 다뤘다. 극장에서 공연되는 작품들은 콘테스트를 통해 뽑힌 시인 3명의 작품이었다.

그리스의 희극은 기원전 5세기 중반에야 공연됐다. 널리 알려진 작가로는 아리스토파네스(Aristophanes, 기원전 448~380)와 메난드로스(Menandros, 기원전 342~292)가 있다. 아리스토파네스의 희극은 정치 비판과 사회 풍자가 특징이었고 이후 '고희극(古喜劇, archaia)'으로 분류된다. 반면 메난드로스의 희극은 사람들의 일상생활을 익살스럽게 그렸고 실종된 아이들, 부모 자식의 관계, 만혼 등이 소재로 쓰였다. 이런 희극은 현대 코미디와 비슷해서 주 등장인물은 짠돌이 아버지나 심술궂은 계모와 같은 이들이다. 등장인물의 수는 비극과 같이 제한은 없었다. 메난드로스는 '신희극(新喜劇, nea)' 작가로 분류된다. 고희극에서 신희극으로의 전환이 이뤄진 이유는 마케도니아의 알렉산드로스 대왕과 그 아버지인 필립포스 2세(Philippos II, 재위 기원전 359~336) 시대에 정치 풍자를 용인하지 않았기 때문이었던 것으로 알려져 있다. 알렉산드로스 대왕의 동방 원정(기원전 334~323)으로 그리스 문화가 퍼지면서 지금까지 신화에 근거한 문학적 희극이나 철학적 비극이 중요성을 잃고 인간 중심의 신희극이 많이 창작됐다.

한편 로마 연극의 기원은 신들을 기쁘게 하기 위해 가면 음악극을 연기하고 축제날에 신들의 상을 들고 행진한 것에서 비롯됐다. 주로 제사나 권력자 장례식의 여흥으로 개최됐다. 고대 로마의 역사가 티투스 리위우스(Titus Livius, 기원전 64?~기원후 17?)에 따르면 로마 최초의 공연은 기원전 364년에 페스트가 기승을 부리자 신들의 분노를 달래기 위해 에트루리아인 무용가를 초빙했을 때가 처음이다. 현대의 '팬터마임(pantomime)'에 가까운 것이었다.

이 시대의 대본이 남아 있지는 않지만, 그 발전된 모습이 루키우스 안드로니쿠스(Lucius Andronicus, 기원전 260?~200?)에 의한 풍자극이다. 참고로 팬터마임의 어원은 '모든 것을 흉내 내는 기예'라는 뜻의 고대 그리스어 '판토미모스(pantomimos)'다. 안드로니쿠스가 기원전 240년 팬터마임을 포함하는 풍자극 '사투라(satura)'를 연기한 것이 공식적인 로마 연극의 시작으로 알려져 있다. 그는 고대 로마 연극의 아버지로 불리고 있다. 로마의 연극은 기본적으로 축제 여흥의 일환으로 진행되며 그리스처럼 종교적인 요소가 있기는 하지만 적다. 기원전 240년에 시작된 유피테르 축제, 기원전 204년에 시작된 포에부스 축제, 기원전 194년에 시작된 대지의 모신(母神) 키벨레(Cybele) 축제 때 공연됐다. 공화정 시대 수도 로마 시에서의 연극 상연 횟수는 연간 25회~30회 정도였다. 하지만 엄연히 직업인지라 이것만으로는 생계를 유지할 수 없었기 때문에 극단은 지방 순회 공연을 하거나 유력자의 장례식에서 공연했을 것으로 추측된다. 제정 로마 시대의 상연 횟수는 정확하지는 않지만 연예인 황제가 나타날 정도였으니 좀 더 많았을 것으로 여겨진다.

로마의 연극 가운데 희극은 티투스 플라우투스(Titus Plautus, 기원전 254?~184?)와 푸블리우스 테렌티우스(Publius Terentius, 기원전 185?~159?)의 작품이 남아 있다. 티투스 플라우투스가 활약한 때는 기원전 218

년~201년 제2차 포에니 전쟁에서 한니발이 이탈리아 반도를 16년 동안 유린했던 시기였다. 로마의 입장에서 보면 암울했던 시기를 웃음으로 넘기려던 시대 배경이 있었다. 이 또한 로마인들의 놀기 좋아하는 기질과 여유를 보여준다. 이들의 작품은 그리스의 신희극을 본보기로 했으며 로마를 무대로 하면 행정관의 감시 등 성가신 일이 생길 수 있기에 대부분 그리스를 배경으로 설정하고 있다. 그래서 그리스인이 등장인물이고 그들의 복장을 입었기 때문에 '팔리움(pallium)' 연극이라고도 불렸다. 그리스 희극과의 큰 차이로는 로마 희극은 코로스를 도입하지 않았다는 점이다.

테렌티우스 이후 로마 희극은 쇠퇴한다. 하지만 그리스식 로마 희극을 대신해 고유의 로마 희극이라고 불러야 할 가면극 '아텔라나(atellana)'가 인기를 얻었다. 아텔라나 연극은 네아폴리스와 카푸아의 중간에 위치하는 고대 도시 아텔라에 기원을 두는 소극으로 기원전 391년에 로마에서 공연했다고 전해진다. 원래 여러 지방을 순회하는 극단이 공연했다. 멍청한 노인 파푸스(Pappus), 영민한 노예 도센누스(Dossennus), 대식가이자 호색가 마쿠스(Maccus) 등의 캐릭터가 등장한다. 독재관 루키우스 술라도 몇 편의 희극을 썼다고 한다. 아텔라나 연극은 나중의 콤메디아 델라르테(commedia dellarte)에 가까운 즉흥적 형식이 엿보인다. 콤메디아 델라르테는 가면을 이용하는 즉흥극의 한 형태로, 16세기 중엽 이탈리아 북부에서 시작돼 지금도 각지에서 공연되고 있다. 이 연극에는 풀치넬라(Pulcinella)라는 익살꾼이 등장한다. 여담이지만 나폴리 피자협회의 공인을 받은 점포에는 풀치넬라가 피자를 굽는 간판이 걸려 있다. 피자는 나폴리가 발상지라서 어디에서 먹든지 싸고 맛있다.

로마의 극장에서는 아텔라나뿐 아니라 음악, 춤, 코로스가 어우러진 패러디 희극 '미모스(mimos)'도 성행했다. 불륜, 변장한 도망자, 도둑 등

나폴리에서 흔히 볼 수 있는 베라 피자 간판

일상생활의 비속한 소재를 통해 웃음을 자아냈다. 배우는 탈을 쓰지 않은 맨얼굴이었다. 이것이 더 나아가 대사를 거의 생략하고 몸짓과 춤 그리고 노래만으로 표현하는 팬터마임으로 발전했다.

로마 비극은 기원전 3세기 그나이우스 나이위우스(Gnaeus Naevius, 기원전 270?~201?)와 퀸투스 엔니우스(Quintus Ennius, 239?~169?)에 의해 시작돼 기원전 2세기 루키우스 아키우스(Lucius Accius, 기원전 170?~90?)에서 끝났다. 대부분의 작품은 그리스를 모방했지만 로마만의 차별성도 있었다. 합창대는 있었지만 극장 구조 때문에 오케스트라에는 설 수 없었고 한 단 높은 무대 위에 섰다. 그렇게 배치함으로써 대규모 합창단으로 무대를 채울 수 있게 되어 스펙터클한 요소가 매우 풍부해졌다. 현대 대형 뮤지컬 공연이 연상된다.

이후 로마인들은 보통 연극으로는 만족하지 않고 스펙터클한 요소를 더 찾게 된다. 오늘날 할리우드 영화가 온갖 컴퓨터 특수 효과 등을 구현한 영화로 호황을 누리고 있는 것처럼, 로마 비극의 공연 규모도 점점 대형화돼 일반 극장에서 원형 경기장으로 넘어가게 된다. 대규모 원형 경기장에서는 군대를 통째로 동원해 전투 장면을 연출하는 스케일도 가능했다. 모의 전투를 하다가 나중에는 실제 전투도 열렸다. 그 사례가 클라

161

우디우스 황제의 브리탄니아 공략 모의전이다. 화재와 살육까지도 구경 거리의 대상이 됐다. 심지어 간통이 무대에서 실제로 행해지거나, 살육 장면에서는 사형수를 끌고 와서 죽이기도 했다.

그렇다고 이런 퇴폐적이고 잔혹한 취향이 로마인들만의 것이었느냐 하면 그렇지는 않다. 그 이전에 그리스의 코린토스에서도 수간(獸姦)이 구경거리가 되기도 했다. 연극은 본래 신들과의 교감이다. 그래서 마술 적인 세계이며 일상의 도덕적 규범에서 벗어난 것이기도 했다. 그 결과 잔혹성과 더불어 부와 기적을 과시하는 내용들이 자주 공연됐다. 현대인 인 우리의 관점으로는 좀처럼 상상할 수 없는 세계였다.

하지만 이교의 신들을 허용하지 않는 기독교가 로마의 국교가 되면서 연극은 쇠락의 길을 걷게 된다. 사람들이 타락해서 로마 연극이 쇠퇴한 것이 아니다. 로마 욕장이 쇠퇴한 것과 정확히 같은 이유였다.

그리스의 극장과 로마의 극장

로마 시대의 연극과 현대의 오페라 등은 그 내용도 다르고 관람 비용도 달랐다. 로마의 연극은 황제로부터 노예까지 무료로 감상할 수 있었다. 오늘날 오페라를 관람하는 데 드는 비용은 다소 높은 편이다. 규모를 비 교해보면 현재 세계 최대 규모를 자랑하는 오페라 극장인 뉴욕 메트로폴 리탄 가극장의 객석 수는 좌석이 3,800석이고 입석이 195석이다. 로마 에 현존하는 마르켈루스 극장의 수용 인원은 1만 5,000명이다. 역대 최 대급인 에페수스의 원형 극장은 수용 인원 2만 4,000명으로 엄청나게 크 다. 지금이야 마이크나 스피커 등의 음향 기기와 대형 스크린의 도움을 빌릴 수 있겠지만 그 시대에는 어떻게 공연을 진행하고 관람했을까?

위트루위우스의 《건축십서》에서 당시의 음향에 관해 설명한 대목이 나온다.

로마 원형 극장 내부 전경(히에라폴리스 유적지)

"목소리도 이처럼 원 모양으로 움직이는데, 물에서 원은 수평으로만 움직이는 데 비해 목소리는 옆으로 퍼져나가는 동시에 높은 쪽으로도 계단식으로 올라간다. 따라서 물결 모양의 객석으로 건설하면 같은 목소리라도 제1파를 가로막는 장애물이 하나도 없을 경우 제2파나 그 후속파도 흩어짐 없이 맨 아래 사람의 귀와 맨 위 사람의 귀에 도달한다. 그리하여 옛 건축가들은 상승하는 소리에 대한 자연의 족적을 연구함으로써 극장에 계단석을 만들었다. 그들은 또한 수학자 카논과 음악 이론을 활용해 스카에나에(scaenae, 고대 로마 극장 건축 무대에 만들어진 상설적인 배경)에서의 어떤 소리도 관객의 귀에 한층 명료하게 도달할 수 있도록 노력했다. 마치 오르간이 청동 박편이나 각진 공명기로 현과 같은 명료한 소리를 내도록 만든 것처럼, 극장을 지을 때에도 하르모니아(harmonice, 하모니)를 통해 소리를 증폭시키는 방법이 정해져 있다.

배우가 내는 목소리나 음의 도달에 과학적인 공명의 원리를 이용했음을 알 수 있다. 공명 원리를 응용해 좌석 밑에 무대를 향해 청동제 항아리를 설치했다. 소형 극장에서는 화음의 효과를 얻기 위해서 관람석인 '카베아(cavea)' 중앙에 한 줄로 13개의 항아리를 묻었다. 대형 극장에서는 관람석을 상하 3단으로 나눠 각각 13개의 항아리를 묻었다. 이것들이 공명기의 역할을 수행했다. 마르켈루스 극장에는 40개 이상의 공명기가 있었다. 이 같은 방식은 훗날 독일의 생리학자이자 물리학자 헤르만 폰 헬름홀츠(Hermann von Helmholtz, 1821~1894)가 고안한 이른바 '헬름홀츠 공명기(Helmholtz resonator)'에 지대한 영향을 주는데, 고대에 활용됐던 원리가 19세기가 돼서야 증명된 것이다. 이처럼 훌륭한 음향 이론이 확립돼 있었기 때문에 대극장에서의 공연이 가능했다.

관람 거리에서 오는 문제는 어떻게 해결했을까? 대형 원형 극장 중에는 지름이 140미터나 되는 곳도 있다. 관람석 맨 뒷자리는 무대에서 70미터나 떨어져 있다. 지금처럼 오페라글라스(opera glass)가 있었던 것도 아니다. 아무리 고대인들이 현대인보다 시력이 좋았다고 해도, 이렇게 먼 거리에서 관객들이 어떻게 배우의 동작을 볼 수 있었을까? 맨 얼굴로는 식별이 불가능했기 때문에 이목구비가 뚜렷한 큰 탈을 쓰고 동작을 과장함으로써 뒤에서도 어떤 연기인지 알아볼 수 있도록 했다.

외형적으로 보면 로마 극장은 그리스 극장과 크게 구분이 가지는 않는다. 애초에 그리스 극장을 흉내 내어 지었기 때문이다. 그래도 약간 다르긴 한데, 다만 그리스 지역에 현존하는 극장들은 후대에 로마식으로 개조된 것이 많아서 명확하게 비교할 수는 없다.

어쨌건 로마 극장은 장대함을 강조해 스카에나에의 경우 그리스가 대부분 2층 구조인 반면 로마는 오랭주 극장처럼 3층 구조가 많다. 나아가 중앙과 양쪽에 5개의 문을 갖추고 주인공은 중앙에서, 조연들은 양쪽 문에서 등장하도록 함으로써 연출 효과를 높였다. 참고로 그리스 극장은

오랭주 유적지 원형 극장

3개의 문을 갖추고 있다.

그리스 극장도 로마와 마찬가지로 관람석 앞에 오케스트라가 마련돼
있다. 오케스트라는 합창단 코로스가 노래를 부르는 평평한 공간을 가리
킨다. 고대 그리스에서는 코로스가 노래를 부르고 춤을 추기 위해 오케
스트라는 대형의 원형 공간으로 만들었다. 그때까지 배우와 합창대는 완
전히 분리되지 않은 상태였다. 한편 로마 연극에서는 합창대가 필요 없
었기에 오케스트라는 작아졌고, 이 부분에 원로원 의원 등 고위직들의
객석이 설치됐다. 이 때문에 무대인 프로스케니움(proscenium)을 낮추어
오케스트라에서도 잘 보이도록 했다.

그리스 극장은 펠로폰네소스 반도 북동쪽 에피다우로스(Epidauros)에

위치한 의술의 신 아스클레피오스(Aesculapius, 로마 신화에서는 아이스쿨라피우스) 성소 유적 내에 있는 극장처럼 골짜기 지형을 이용한 것들이 많다. 그래서 관람석을 만드는 데 산을 깎거나 흙을 쌓고 다지는 토공사가 이뤄졌다. 또한 배우가 연기하는 무대와 관람석이 분리돼 있다. 한편 로마 극장은 마르켈루스 극장과 같이 평지에 만든 것들이 많아서 토공사는 그리스 극장에 비해 적었다. 대신 관람석 뒤쪽이나 외벽에 아치 구조로 장식하는 등 신경을 썼다. 그리고 그리스와는 달리 무대와 객석이 하나로 이어져 있다.

객석에는 신분에 의한 서열이 있었다. 그리스 극장에서는 고위고관들이 오케스트라 근방의 자리를 차지하지만 그 밖의 자리에는 신분과 상관없이 아무나 앉을 수 있었다. 한편 로마 극장에서는 아우구스투스 황제 때부터 신분이나 성별에 따라 좌석을 지정했다. 가이우스 수에토니우스의 《황제전》에서는 이렇게 기록하고 있다.

"아우구스투스는 원로원 의원이 부당한 처사를 당한 것을 염두에 두고 방종과 문란함으로 흘러버린 시민들의 예의범절을 교정했다. 계기는 이랬다. 어느 날 한 원로원 의원이 푸테올리에서 성대하게 열린 공연장에서 앉아 있던 많은 관람객들 가운데 누구로부터도 자리를 양보 받지 못했다. 그래서 원로원은 공개적인 구경거리가 제공될 때는 언제든지 첫째 줄 자리는 원로원 의원들을 위해 비워두기로 의결했다. 그리고 사병과 일반 시민의 관람석을 분리해 서로 떨어져 앉도록 했다. 일반 시민들도 남자 기혼자에게 특별석을 마련해주고 아이들 지정석을 설치했으며, 그 옆에 가정교사 자리도 함께 배치했다. 이제까지 여자들은 남자들 사이에 섞여서 앉았지만, 아우구스투스 황제는 상단의 자리를 여성 전용석으로 지정해 다른 곳에 앉을 수 없도록 했다."

로마 극장은 폐쇄 공간이었으므로 그리스 극장에 비해 음향 효과는 좋

아스클레피오스 유적지 원형 극장

앉다. 하지만 여름에는 매우 더웠다. 이를 해결하고자 원형 경기장과 마찬가지로 맨 위에 차광막을 쳤다. 천막 치는 일은 원형 경기장과 달리 반원형 모양인 극장의 경우 더 어려운 작업이었다. 그리스 극장은 일반적으로 개방 공간이 있기에 여름철에도 골짜기에서 바람이 불어와 더위를 식힐 수 있었다.

《건축십서》에는 바람직한 극장 형태에 관해서도 다음과 같이 규정하고 있다.

우선 로마 극장의 오케스트라와 스카에나에는 4개의 정삼각형으로 구성되며 그 정점을 기준으로 계단 통로를 마련해야 한다. 그리스 극장의 경우 3개의 정사각형으로 구성돼 있고 그 정점을 기준으로 계단 통로가 마련돼 있다. 스카에나에 장식과 관련해서는 이렇게 제시하고 있다.

"중앙에는 왕궁의 정원에나 있을 법한 문이 설치되고 좌우에는 문이 있다. 이 옆에 장식된 공간이 있고 이곳에 각각 다른 장식을 한 3개의 삼각형 모양 회전 장치가 있다. 이 장치는 장면 전환이 이뤄질 때 또는 갑자기 우레를 동반하면서 신이 출현할 경우 회전을 시켜서 정면의 배경과 바꾸기 위한 용도다. 옆에 갈고리 모양의 임시 벽을 만들어, 그중 하나는 기둥으로부터, 나머지는 외곽에서 스카에나에로 이어지는 출입문이 되도록 한다. 스카에나에의 종류는 세 가지가 있다. 하나는 비극용이고 하나는 희극용이며 나머지 하나는 풍자극용이다. 비극용의 스카에나에는 원기둥과 조각상과 기타 왕을 상징하는 물건 등으로 구성하며, 희극용은 저택과 노대와 일반 건물의 공법을 본뜬 창문이 있는 형태로 만들고, 풍자극용은 산과 나무 그리고 정원사가 연출하는 경치를 본뜬 시골 풍경 등으로 장식한다."

꽤 세세하게 규정하고 있다. 이를 통해 무대에는 연출 효과를 높이기 위해 회전문이나 리프트가 있었음을 알 수 있다. 나아가 위트루위우스는 《건축십서》에서 극장 사양에 대해 매우 구체적으로 설명하고 있다. 실제로 《건축십서》를 따른 원형 극장이 로마제국 각지에 존재했다는 사실은 이 책이 널리 유포됐다는 증거이기도 하다. 이런 기술서를 만들고 그것을 제국 각지에 구현한 로마인들의 기술력은 계속 생각해봐도 놀랍기만 하다.

황제와 서커스

《황제전》에 남아 있는 로마 황제들의 이야기를 보면 대부분 연극이나 검투사 경기와 같은 서커스를 좋아했다. 우선 초대 황제 아우구스투스는 앞서 설명한 바와 같이 극장 관람 규정을 정립하고 공연을 장려했으며, 그 자신 스스로가 연극 마니아였다. 《황제전》은 이렇게 묘사하고 있다.

"아우구스투스 황제는 자신의 이름으로 네 번, 수도를 비웠을 때 또는 재력이 충분하지 못한 정무관들의 이름으로 세 번의 공연을 지원했다.

그는 공연이 열리는 지역마다 방문해 수많은 배우들의 모든 대사를 읊조리곤 했다."

연극 말고도 검투사 경기는 자식이나 손자의 명의를 포함해 모두 여덟 번 개최했으며 모두 1만 명의 검투사가 싸웠다. 맹수 사냥은 스물여덟 번 열어 약 3,500마리의 맹수가 도륙됐다. 아울러 전차 경주에 관해서는 플라미니우스 경주장 주랑과 대형 경주장 귀빈석을 건설하고, 때로는 경주장 고위급 자제들도 마부나 주자로 출전시켰다.

나아가 모의 해전에 대해서는 티베리스 강 오른편 지역, 현재 카이사르의 숲이 있는 곳에 길이 540미터, 폭 360미터의 연못을 파서 시민들이 모의 해전을 관람할 수 있도록 했다. 모의 해전에서는 충돌용 뱃머리를 갖춘 노선(노를 젓는 배) 30척과 이보다 작은 배가 투입돼 서로 싸웠다. 모의 해전에 참여하는 인원은 노 젓는 병사들을 제외하고도 3,000명이나 됐다. 로마제국의 시조이자 양아버지인 카이사르를 본받아 다양한 오락을 자주 제공한 황제였다.

제2대 황제 티베리우스는 서커스에 관한 한 인색했다. 연극 등의 구경거리에 대해서 《황제전》은 "티베리우스 황제는 세상의 인륜 양속이 사라지고 게으름과 악폐로 넘쳐나고 있을 때 그 교정자의 역할을 맡고 나섰다", "그는 무대 배우의 급여를 감액하고 검투사의 출전 횟수를 줄여서 비용을 절감했다"고 기술하고 있다. 시민들에게 오락거리를 제공하지 않고 축재에만 매달렸던 것이다. 그 결과 그가 남긴 유산은 27억 세스테르티우스에 달했던 것으로 알려졌다. 하지만 역설적이게도 그 막대한 유산을 유흥에 쏟아 부은 사람은 티베리우스가 아니라 그의 후계자 칼리굴라 황제였다. 제3대 황제 칼리굴라에 관해서는 이렇게 기록돼 있다.

"칼리굴라 황제는 스스로도 매우 열심히 여러 가지 기술을 연마했다. 트라키아(Thracia) 검투사 경기에도 나갔고, 전차 경주에 아우리가

(auriga, 마부)로서도 출전했다. 게다가 가수나 무용가로도 활동했다. 노래와 춤에 대한 욕망이 너무 강했기 때문에 그는 극장 관람석에 앉아서도 무대에서 공연하는 비극 배우에 맞춰 대사를 따라하고 배우의 몸짓을 칭찬하거나 비하하면서 사람들 앞에서 해당 장면을 재현해 보이기까지 했다. 또한 그는 연기에 몰입해 훌륭한 연기를 선보인 배우들을 극진히 우대했다."

칼리굴라 황제는 자신의 욕망이 내키는 대로 서커스에 시간과 돈을 쏟아 붓고 폭군 놀이를 즐기다가 암살된 로마 황제 1호가 된다.

제4대 클라우디우스 황제도 오락거리를 무척 좋아했다. 오스티아의 클라우디우스 항과 장대한 클라우디우스 수도, 아니오 노부스(신 아니오) 수도 등 대규모 구조물을 만드는 것도 좋아했다. 구경거리도 규모가 매우 커서, 푸키누스 호수에서 모의 해전과 마르티우스(Martius) 평원에서 브리탄니아 도시 공략 모의전 등을 개최하기도 했다. 연극에 관해서도 "소실돼 있던 폼페이우스 극장을 클라우디우스가 재건하고 봉납했을 때 관람석 맨 위에 있는 신전에서 연극의 개막을 선언했다"는 기록이 남아 있다. 폼페이우스 극장의 신전은 폼페이우스 가의 군신을 모시고 있다. 로마 황제는 최고 제사장이므로 어느 신에게나 봉납을 할 수 있었던 것이다. 아울러 아우구스투스도 시행한 적이 있는 세기제(世紀祭)를 서기 47년(로마 기원 800년 기념)에 주최했다.

세5대 황제 네로는 로마 연극에서 잊어서는 안 되는 인물이다. 그는 두 아내와 어머니, 처남을 살해한 것 말고도 잔혹한 일을 저지르고, 사치와 방탕에다 진위는 확실치 않지만 로마에 불을 질러 초토화시켰다고 알려진 인물이다. 그는 68년 반란 때 "세계는 오늘 한 사람의 뛰어난 예술가를 잃는다"고 말하면서 자결했다.

사실 네로도 치세의 처음 5년 동안은 자신의 스승이기도 했던 철학자 루키우스 세네카(Lucius Seneca, 기원전 4?~기원후 65) 등의 도움도 있어서 나름의 훌륭한 정치를 펼쳤다고 한다. 타키투스의 《연대기》에 따르면 "위대한 예언자의 신 포에부스(아폴론)은 그리스의 수많은 도시뿐 아니라 로마의 신전에서도 리라(lyra) 연주자의 모습을 띠었다"고 기술했는데, 네로는 그것을 실행해 자신이 포에부스의 현신이라는 듯이 리라 연주자의 모습으로 무대에 나타났다. 개인적 취미로 그쳤으면 해를 당하지는 않았을 것이다. 그는 리라를 연주하면서 자작곡을 노래해 배우 황제라고 불릴 정도였다. 그가 좋아한 노래는 〈눈알을 도려낸 오이디푸스 왕〉과 〈광란의 헤르쿨레스〉였다고 전해진다. 그리고 타키우스는 64년 7월에 9일 동안이나 계속된 로마 대화재 때 네로의 모습을 이렇게 적고 있다.

"네로 황제는 수도 로마가 불타고 있는 와중에 관내 개인 무대에 서서 눈앞의 화재를 지켜보면서 〈트로이아 함락〉이라는 노래를 부르고 있었다."

당시 14개 구로 이뤄져 있던 수도 로마 시에서 화재 피해를 입지 않은 지역은 겨우 4구에 불과했다. 3개 구는 허허벌판이 될 정도로 전소됐으며 7개 구는 절반 이상이 불탔다. 네로 황제가 인구 과밀로 슬럼화된 로마를 재건하고, 그 위에다 자신의 황금궁을 짓기 위해 방화를 한 것이라는 소문이 퍼졌다. 네로는 이 소문을 불식시키기 위해 애꿎은 기독교인들을 박해했다. 그들을 방화범으로 몰아 처형해버린 것이다. 특히 기독교도에게 네로 황제는 악마나 다름없었다.

이때의 상황을 배경으로 한 작품이 폴란드의 작가 헨리크 시엔키에비치(Henryk Sienkiewicz, 1846~1916)의 소설 《쿠오 바디스(Quo Vadis)》다. 같은 제목의 영화로도 제작됐는데 대부분의 사람들에게는 영화가 더 유명하다. 제정 러시아에 의한 조국 폴란드의 수난을 초기 기독교인들이 받았던 박해에 빗댄 소설을 통해 러시아의 압제를 전세계에 호소했고

1905년 노벨 문학상을 수상했다.

한편 대화재 이후 네로는 이재민 구제 정책 등을 신속하게 실행해 로마 시의 재건을 진두지휘했다고 전해진다. 네로에 대해 매우 비판적인 논조를 견지한 타키투스조차도 재건 정책에 관해서는 칭찬을 아끼지 않았다. 이쯤 되면 어떤 모습이 진짜 네로인지 잘 모르겠다.

네로 황제는 자신의 예술적 깊이를 과시하고자 권력을 동원해 일종의 박수 부대인 갈채단까지 만들어 각지에서 공연했다. 이렇게 형성된 집단은 성과가 나지 않으면 목숨마저 위태로워진다. 그래서 그들은 네로보다 뛰어난 예술가들과 심사위원들을 매수했다. 네로는 59년 황제 궁전에서 개최한 청년 축제를 통해 처음으로 공연을 했는데, 엎드려 절 받기 격으로 추종자들의 갈채를 받으며 연주를 마쳤다.

이에 고무된 그는 다음 일정으로 제대로 된 극장에서의 공연을 계획했다. 네로는 모름지기 연극의 멋은 그리스라는 생각에 64년에 그리스 식민 도시 네아폴리스(나폴리)에서 공식 데뷔한다. 65년에는 수도 로마에서 네로 축제를 개최해 폼페이우스 극장에서 공연했다. 그야말로 네로 황제만을 위한 무대였다. 자신에게 갈채를 보내지 않은 관객들에게는 채찍질을 했다고 전해진다. 황제가 출연하는 극장에 온 관객들도 큰 고생이었을 것이다. 그렇다고 가지 않으면 피해를 봤다. 로마 시민들로서는 결코 달갑지 않은 초대였다.

66년부터 67년에는 갈채단을 거느리고 그리스로 순회 연주 공연을 하면서 올림피아와 델포이 등에서 열린 공연에도 참여했다. 전차 경주에도 직접 출전했다. 어디가 되었든 황제의 출연장이자 출전장인 셈이었다. 더욱이 이왕 나갔으면 무조건 이겨야 했다. 68년 로마로 돌아올 때에는 1,808개의 영관(榮冠, 승자에게 수여하는 관)을 종자와 갈채단 등에게 받들게 하고는 그들로 하여금 "우리는 개선병이다!"라고 외치는 개선식을 거행했다고 한다.

로마 황제는 제국의 수호자다. 이렇게까지 서커스에 빠진 채 폭압을 반복했으니 버림받아 마땅하다. 타키투스의 《연대기》와 수에토니우스의 《황제전》에는 네로의 폭정을 고발하는 글이 끝없이 이어졌다고 기록돼있다.

콜로세움 건설과 소변세 징수로 유명한 제9대 웨스파시아누스 황제는 과거 네로 황제의 수행원 시절 아카이아에서 연극을 관람하던 도중 졸았다는 이유로 처벌받을 뻔한 적이 있다. 그가 연극을 싫어하는 것은 아니었지만 그는 로마 사람들의 마음을 얻는 데 더 관심이 있었다. 그는 마르켈루스 극장 무대를 재건했으며, 그 봉헌식을 올릴 때 전통적 방식의 연주회도 부활시켰다. 비극 작가 아페레스에게는 40만 세스테르티우스, 하프 연주자 테르프누스과 디오도루스에게 20만 세스테르티우스를 지원하는 등 창작자들에 대한 처우에도 신경을 썼다. 40만 세스테르티우스는 현재 한화 가치로 약 1억 6,000만 원이다. 소변세를 부과할 정도로 세금 징수에 악착같았던 그의 또 다른 면모를 볼 수 있다.

고대 로마 사회에서는 아우구스투스 혼인법에도 명시된 바와 같이 법적·사회적으로 배우의 지위는 검투사나 노예와 마찬가지로 최하층에 자리 잡고 있었다. 그래서 공적으로 영예를 누리는 것이 어울리지 않는 부류였다. 하지만 현실에서는 제정 로마 전체를 통틀어 몇몇 배우들이 황제의 총애를 받아 권세를 떨치기도 했다. 그리고 그들에게 열광한 시민들도 있었다. 출신 성분이 어떻든 배우로서 인정받았고 시민들로부터 인기와 사랑을 얻었던 것이다. 이런 현상은 황제조차도 가문이나 출신에 얽매이지 않고 옹립하는 로마인들의 기질과도 관계가 있다. 이 부분은 나중에 다시 살펴보도록 하겠다.

로마의 원형 극장

우선 수도 로마 시에는 세 곳의 원형 극장이 있었다. 폼페이우스 극장(기원전 55년 완공), 마르켈루스 극장(기원전 13년 완공), 발부스 극장(기원전 13년 완공)은 모두 티베리스 강 연안의 마르티우스 평원이라고 불린 범람원에 만들어졌다. 이곳은 원래 건물이 없던 전투 훈련 장소였다. 인구 급증으로 도시 내 토지가 부족해 불가피하게 지반이 나쁜 곳에 세울 수밖에 없었다. 그렇기 때문에 이를 보강하기 위해 마르켈루스 극장의 경우 말뚝을 사용했다. 마찬가지로 마르티우스 평원에 건설된 판테온은 지하 깊숙이까지 원통형 콘크리트 기초를 박았다. 팔라티누스 언덕 등으로 둘러싸인 분지 모양의 장소에 만들어진 콜로세움은 타원형의 콘크리트 기초 공사까지 했다. 이 시대에도 연약 지반에 대비한 건설 대책이 시행되고 있었던 것이다.

먼저 폼페이우스 극장부터 살펴보자. 폼페이우스가 두 번째 집정관을 하던 기원전 61년 착공해 기원전 55년에 완성한 로마 최초의 상설 석조 극장이다. 플루타르코스는 《영웅전》에서 폼페이우스가 상설 극장을 만든 이유에 관해 기록하고 있다. 기원전 63년 흑해 남해안 폰투스(Pontus) 왕국의 미트리다테스 6세(Mithridates VI, 재위 기원전 115~63)가 죽자 마침내 로마와의 미트리다테스 전쟁이 종결됐다. 플루타르코스는 폼페이우스가 전쟁을 지원한 데 대한 감사의 인사를 전하기 위해 그리스의 레스보스(Lesbos) 섬을 방문했을 때의 상황을 이렇게 적고 있다.

"그곳 극장에서 노래 짓기 대회가 열리는 것을 보고 자신의 뜻에 맞겠다고 생각한 폼페이우스는 로마 시에 이와 유사하지만 더욱 장엄한 극장을 만들기로 결심했다. 그는 극장의 외관과 설계를 베끼도록 명했다."

그때까지 로마에는 공연할 때 마다 조립과 해체를 반복하는 목조 가설 형태의 극장밖에 없었다. 그리스인들이 즐기는 연극을 연약한 것으로 보

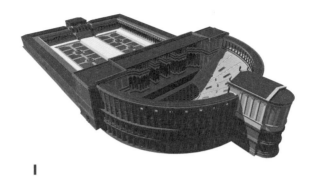

폼페이우스 극장(일러스트 상상도)

고 경멸했기 때문이다. 특히 좌석에 앉아 연극이나 검투사 경기를 관람하는 것은 로마인의 정신을 약하게 만든다고 생각해 금지했다. 그래서 서서 볼 수밖에 없었다. 막강한 세를 자랑하던 아테네가 펠로폰네소스 전쟁(기원전 431~404)에서 스파르타에 패배한 뒤 쇠퇴 일로를 걷게 된 원인도 극장에 앉아 연극이나 보는 데서 오는 연약함이라고 여겼다. 기원전 154년 팔라티움 언덕 비탈에 건설된 석조 극장을 당시 집정관이던 스피키오 나시카(Scipio Nasica, 기원전 ?~141)가 로마 시민에게 유해하다는 이유로 없애버린 것도 이런 까닭에서였다.

기원전 146년 집정관 루키우스 뭄미우스(Lucius Mummius)는 아카이아(Achaia) 전쟁에서 승리하면서 펠로폰네소스 반도에 위치한 그리스의 도시 국가 코린토스를 파괴했다. 코린토스는 신약 성서 〈고린토인들에게 보낸 편지(고린도서)〉에 나오는 지역이다. 코린트 양식이라는 독자적인 예술 양식을 발전시켰던 코린토스는 뭄미우스의 로마군에 의해 완전히 잿더미로 변했다. 이듬해인 기원전 145년 그 승리를 축하하는 의미로 로마 시에 좌석이 있는 목조 극장을 만들었다. 기원전 179년과 174년에도 상설 극장 건설이 시도된 적이 있었지만 중단되고 말았다. 따라서 로마 최초의 상설 극장은 이때 생겨난 것으로 볼 수 있다. 이후 목조 극장은 허가됐지만 여전히 석조 극장 건설은 금지였다. 흥미로운 사실은 시라쿠사와 폼페이에는 이미 좌석이 있는 상설 석조 극장이 있었다는 것이다. 유독 수도 로마 시에만 규정이 엄격했다. 그렇다고 수도의 정책을 속주에 강요하지도 않았다.

그런 때 폼페이우스가 한 가지 꾀를 내었다. 원로원의 반대를 피하기 위해 극장 관객석 최상부에 폼페이우스의 수호신 웨누스의 신전을 만들어 극장 전체를 신역(神域)으로 선포했다. 웨누스에 바친다는 명분을 앞세워 상설 석조 극장을 세운 것이다. 관객들이 앉는 좌석은 마치 신전으로 올라가는 계단처럼 보이게 했다. 당시 고대 로마는 다신교였다. 폼페이우스의 수호신을 대대적으로 모시는 신전을 짓는 데 아무런 문제가 없었다. 좋은 생각이었다.

폼페이우스는 제3차 미트리다테스 전쟁의 승리를 축하하는 의미에서 기원전 62년 성대한 개선식을 열었다. 로마의 세입이 그때까지 연간 5,000만 데나리우스(denarius)였는데, 3,500만 데나리우스를 시민들에게 나눠줬고 국고에 2만 탈렌툼(talentum, 달란트)을 채워 넣었다. 병사들에게는 각각 1,500데나리우스를 성과급으로 지급했다. 현재 화폐 가치로 정확히 추산할 수는 없지만, 그 정도의 막대한 승리를 이끌어낸 장군이었기에 극장을 세우는 것 따위는 못할 이유가 없었다. 민심을 얻으려는 복적임을 알면서도 당대 제일의 실력자 폼페이우스의 계획에 원로원은 반대할 수 없었다.

이 극장은 너비 약 95미터의 무대를 갖고 있으며 반원 모양으로 된 관중석의 폭이 약 140미터에 달했다. 수용 인원만 1만 2,000명이었다. 폼페이우스가 자신이 가진 재력을 거의 다 퍼부어 건설한 극장이었다. 그 위용에 압도된 시민들은 대극장이라고도 불렀다. 용도는 연극 외에도 집회 등 다양하게 활용된 듯 보인다. 《영웅전》에는 다음과 같이 기록돼 있다.

"극장을 시민들에게 공개한 봉헌식에서 체육과 음악 행사가 개최됐고 맹수 사냥이 공연됐다. 사자 500마리가 죽었으며, 특히 코끼리 싸움은 장렬한 광경을 연출했다."

극장도 투기장처럼 봉헌 의식을 했던 것 같다. 그런데 극장이라면 평평한 무대 부분 너비가 95미터라고는 하나 투기장처럼 넓지는 않다. 그런 공간에서 어떻게 사자를 사냥하고 코끼리 싸움을 했을지 의문은 남는다. 훗날 무대 뒤편의 폼페이우스 회랑에서 그 유명한 살인 사건, 기원전 44년 카이사르의 암살이 있었다. 정적이었던 폼페이우스의 극장에서 맞이한 죽음, 뭔가 인연이 깊다는 것이 느껴진다.

이후 폼페이우스 극장은 수도 없이 화재를 입고 손상됐다. 중세에는 일부가 성채로 쓰이기도 했다. 극장에 사용된 석재도 다른 교회 건물 등에 전용돼 그야말로 채석장이나 다름없게 돼버렸다. 가령 외벽의 트래버틴(travertine, 석회질의 용천 침전물이며 건축 자재로 사용)은 4세기 말 건설된 산 로렌초(San Lorenzo) 성당에 사용됐고 나보나(Navona) 광장과 캄포 데 피오리(Campo de Fiori) 광장 사이에 위치한 칸첼레리아(Cancelleria) 궁전 외장 공사에도 사용됐다. 칸첼레리아 궁전은 1489년~1513년 라파엘레 리아리오(Raffaele Riario) 추기경이 아낌없이 돈을 써서 건설한 르네상스 건축의 걸작으로, 현재의 교황청 상서원이다. 이런 식으로 폼페이우스 극장은 캄포 데 피오리 광장 남쪽 거리에 남아 있다.

폼페이우스 극장은 이후에 건설된 마르켈루스 극장 등의 모델이 됐다. 그리고 콜로세움은 다시 마르켈루스 극장을 모델로 삼았다고 하니, 폼페이우스 극장은 로마 서커스 건축의 원류라고 할 수 있다.

앞에서 언급한 마르켈루스 극장은 카이사르가 터를 정하고 아우구스투스 황제가 완성한 로마의 두 번째 상설 석조 극장이다. 응회암과 콘크리트로 된 외측을 트래버틴이 감싸고 있다. 기원전 22년 아우구스투스 황제 때 건설이 개시돼 로마 건국 750주년이 되는 기원전 17년에 미완성 상태로 연극이 공연됐다. 기원전 13년부터 본격적으로 사용되기 시작했고 이듬해인 기원전 12년 정식으로 완공됐다. 아우구스투스 황제가 자신의 조카 마르쿠스 마르켈루스(Marcus Marcellus, 기원전 42~23)를 후계자로 삼았으나 그만 요절하자 그의 이름을 붙였다.

마르켈루스 극장은 얼핏 보면 콜로세움으로 착각할 정도로 아치 구조를 다수 사용한 원형 극장이다. 외벽의 41개 아치는 콜로세움과 마찬가지로 1층은 도리스 양식, 2층은 이오니아 양식, 3층은 코린트 양식으로 반원 모양의 붙임 기둥에 의해 지지되고 있다(참고로 콜로세움에는 80기의 아치가 있다). 직경 약 130미터, 높이 약 32미터, 수용 인원은 입석을 포함해 1만 5,000명이다. 무대의 석벽은 폭 37미터로 원기둥과 조각상으로 장식돼 있다. 기둥의 장식 형식은 아래에서부터 연대가 오래된 것에서 새 것으로, 장식도 검소함에서 화려함으로 바뀌고 있다. 이렇게 의식적으로 장식을 배열한 것은 처음이었다. 4세기 후반에 극장에서 약 200미터 떨어진 티베리스 강의 테베리나(Teberina) 섬으로 연결된 케스티우스(Cestius) 다리를 복구하기 위해 일부를 떼어냈다. 로마제국 멸망 후 폐허가 된 채 요새로 쓰이거나 건축 자재 공급처로 활용됐다. 이후 부분적으로 재건돼 현재 최상층은 아파트로 사용되고 있다.

수도 로마 시의 세 번째 극장인 발부스 극장은 기원전 13년 총독 루키우스 발부스(Lucius Balbus)가 수용 인원 7,000명 규모의 극장으로 건설했다. 소실돼 폐허가 된 유적만 남아 있다가 현재는 그 자리에 로마 국립 박물관 산하 국립 로마 크립타 발비 박물관(Museo Nazionale Romano Crypta Balbi)이 들어서 있다. 고대 기록에는 이 극장에 관한 구체적인 내

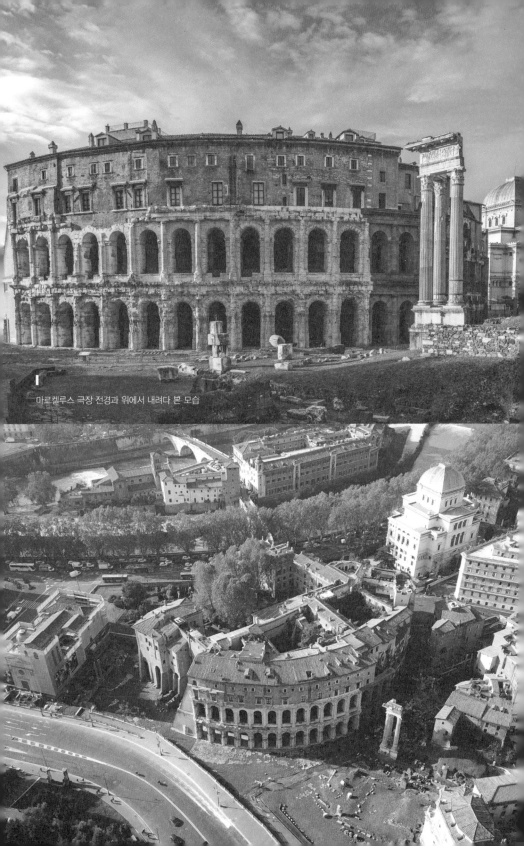

마로켈루스 극장 전경과 위에서 내려다 본 모습

용이 없으며 장소에 관해서도 그동안 논쟁이 많다가 1960년대에 고대 로마의 거대 대리석 지도 '포르마 우르비스(Forma Urbis)' 조각이 출토되자 명확해졌다. 1981년에 발부스 극장 유적이 발굴됐다. 발굴 당시 유물은 모두 크립타 발비 박물관에 소장돼 있다. 수도 로마 시의 극장 중에서 가장 규모가 작았던 곳으로 추정된다.

로마 속주의 극장들

로마제국 영토 내에 세워진 극장의 수는 이탈리아 본토에 86개 이상, 그리스 지역에 79개 이상, 터키 지역에 152개 이상이 있으며 이스라엘·시리아·레바논 등에 28개 이상, 에스파냐 지역에 26개 이상, 프랑스 지역에 36개 이상, 중유럽·독일·스위스에 18개 이상, 아프리카 지역에 31개 이상으로 전체 475개가 넘는다. 특히 그리스와 터키, 이스라엘, 시리아, 레바논 등에 많다는 사실을 알 수 있다.

과거 이들 지역은 고대 그리스의 영유 지역이었다. 그리스가 세력을 뻗쳤던 시대에 만들어진 것들이 이후 로마 속주가 되면서 존속한 것들이 많다. 이 밖에는 지중해 연안 도시에 고대 그리스 세력이 강했던 시대에 건설된 것들이 다수 있다. 따라서 그리스의 영향을 받아 발전한 극장들이라고 할 수 있다. 이를 증명하듯 그리스 영역권 외 영국·독일·포르투갈 등에는 원형 극장의 수가 상대적으로 적다.

규모 면에서는 수용 인원 1만 명~2만 명이 폼페이우스, 마르케나스, 웨로나, 시라쿠사, 오랭주, 아를, 리옹, 타라고나(Tarragona), 에피다우로스, 페르가모, 필리포이, 히에라폴리스, 카르타고 지역에 13개가 있고, 2만 명 이상이 메리다와 에페수스에 있다. 어쨌든 대규모 공연장이 많았다. 그만큼 연극 관람이 일상적이었음을 보여준다.

식민 도시 폼페이에는 기원전 2세기~3세기에 만들어진 5,000명 수용

윌라 아드리아나 극장 유적

규모의 대극장과 1,000명 규모의 소극장이 있었다. 로마의 영토가 된 뒤에도 활발하게 연극이 공연됐다.

이탈리아 티볼리(Tivoli)에 있는 하드리아누스 황제의 별장 윌라 아드리아나에도 극장이 있었다. 윌라 아드리아나는 하드리아누스 황제가 기원후 118년부터 133년에 걸쳐 완성한 별장이다. 건물 수가 30동을 넘고, 공공 욕장만 3개이며, 부지 면적은 1.2제곱킬로미터에 이른다. 그 가운데 연못 근처에 만든 극장은 황제의 은신처 성격으로 세워졌다.

이탈리아 웨로나의 극장은 기원전 1세기 말 건설됐다. 직경 110미터의 대형 극장으로, 수용 인원은 알려져 있지 않지만 1만 이상이었으리라고 추정하고 있다. 시라쿠사는 아르키메데스(Archimedes, 기원전 287?~212)의 고향인데, 기원전 489년 카르타고와의 전투 승리를 기념해 원형 극장이 건설됐다. 그 뒤 기원전 212년 로마군에 패배한 후 로마의 속주 시킬리아의 수도가 됐다. 무대 구조물은 기초만을 남기고 소실됐다. 직경

I

메리다 원형 극장

138미터, 수용 인원 1만 5,000명이며, 다른 그리스 극장들과 마찬가지로 경사면이 있고 바다를 향해 트여 있다.

　리옹과 아를을 연결하는 아그리파 가도에 있으며 개선문도 있는 로마의 중요한 식민 도시였던 프랑스 오랭주 지역 원형 극장은 1세기 아우구스투스 황제 때 세워졌다. 보존 상태가 아주 좋고 가장 아름다운 로마 극장으로 알려져 있다. 다만 다른 로마 극장과 달리 평지가 아닌 산비탈에 조성돼 있다. 수용 인원은 1만 명 정도다. 4세기에는 극장으로서 용도 폐기되고 중세 때 방위 거점으로 활용됐다. 무대 배경에 있는 장식벽 높이는 36미터이며 중앙에 아우구스투스 황제의 조각상이 장식됐다. 나아가 무대의 양쪽은 3층으로 된 구조물이 있었다. 천막 설치용 기둥 구멍이 외벽에 남아 있다.

　아를 지역에는 기원전 1세기 말 건설된 직경 102미터, 1만 명 수용 규모의 극장이 있다. 제4대 황제 클라우디우스가 탄생한 땅 리옹에는 수많은 로마 유적이 남아 있다. 원형 극장은 기원전 43년 건설됐으며 1만 1,000명 규모다.

에스파냐로 넘어가 당시 식민 도시로 번성했던 메리다에는 수많은 로마 유적이 있으며 당연히 극장도 있다. 기원전 24년경 아그리파가 산의 경사면을 활용해 건설했다. 수용 인원 2만 4,000명의 초대형 극장이며 보존 상태도 매우 좋다.

이 밖에도 에스파냐 타라고나 유적지에는 2세기에 건설된 폭 86.5미터, 길이 109.5미터, 수용 인원 1만 4,000명의 원형 극장 겸 경기장이 있다.

기원전 2세기에 알바니아 부트린트(Butrint)도 로마의 지배를 받게 된다. 부트린트는 로마의 건국 신화를 담은 웨르길리우스(Vergilius, 기원전 70~19)의 대서사시 《아이네이스(Aeneis)》에도 등장하는 유서 깊은 도시다. 원형 극장은 기원전 3세기에 건설됐으며 수용 인원 2,500명급으로 소형이다.

앞에서 잠깐 언급한 아스클레피오스의 성소 유적 에피다우로스도 살펴보고 넘어가자. 1만 7,000명을 수용하는 원형 극장과 치료를 위한 160인실 숙소가 있었다. 아스클레피오스는 그리스 신화에 등장하는 의술의 신이다. 당시 그의 성소에 가면 병이 낫는다는 신앙이 있었다.

반면 서양 의학의 아버지로 불리는 히포크라테스(Hippocrates, 기원전 460?~370?)는 목욕, 와인, 연극 감상 등의 요법을 도입했다. 그는 의학을 원시적인 미신이나 주술에서 분리시키고 임상과 관찰을 중시하는 경험 과학으로 발전시켰다. 와인의 경우 그는 갖가지 임상 실험을 통해 백포도주는 이뇨 작용이 있으며 적포도주는 설사 증상으로 묽은 변이 나올 때 효과가 있다고 설명했다.

필리포이 유적지의 원형 극장

　의료와 관련한 성지는 에피다우로스를 포함해 그리스 남동부의 코스(Kos), 터키의 페르가뭄이 3대 성지로 꼽히는데, 이들 유적지에 모두 대형 원형 극장이 있다. 유추컨대 의료·건강 여행이 대유행했을 때 번성했던 듯 보인다. 코스는 히포크라테스가 나고 자란 도시였고, 페르가뭄은 2세기 때 외과 의사로 이름을 떨쳤던 갈레노스(Galenos, 129~199)가 활동하던 지역이었다.

　신약 성서 〈필립비인들에게 보낸 편지(빌립보서)〉로 더 잘 알려진 그리스 북동부 해안 도시 필리포이는 기원전 356년 알렉산드로스 대왕의 아버지 필립포스 2세에 의해 창건된 마케도니아의 도시였다. 인근의 금광 개발을 촉진하고 군사 방위 거점으로 삼았는데, 기원전 167년 알렉산드로스의 후계자가 세운 안티고노스 왕조가 멸망하면서 로마의 영토로 흡수됐다.

　이곳에서 기원전 42년 옥타비아누스와 마르쿠스 안토니우스(Marcus

Antonius, 기원전 82?~30)의 연합군이 카이사르의 암살자 마르쿠스 브루투스와 카시우스의 연합군을 무찌른 필리포이 전투가 펼쳐졌다. 금광이 근처에 있었기 때문에 매우 번성했으며, 수많은 구조물과 원형 극장, 교회, 광장 유적 등이 남아 있다. 원형 극장은 보존 상태가 좋으며 수용 인원은 1만 명이었다. 지금도 공연장으로 사용되고 있다.

로마식 발음으로는 파울루스(Paulus)인 사도 바울로(바울)는 살아생전에 세 번 필리포이를 방문하고 61년경 〈필립비인들에게 보낸 편지〉를 집필했다. 그로부터 많은 영향을 받아서 필리포이는 이 지역 기독교 세력의 중심지가 됐고 수많은 교회가 생겨났다.

이 밖에도 원형 극장 유적은 매우 많다. 오늘날 터키 크산토스(Xanthos)는 고대 리키아(Lycia) 왕국 정치·종교의 중심지로 번창했다. 로마의 식민지로 편입된 후 2세기에 건설된 원형 극장이 있다. 마찬가지로 터키 에페수스의 원형 극장은 기원전 3세기에 지어졌고 로마제국 시대에 확장됐다. 폭 145미터로 2만 4,000명을 수용할 수 있는 최대 규모이며 현재에도 보존 상태가 좋다. 2세기 하드리아누스 황제가 건설한 도시 히에라폴리스 파묵칼레의 원형 극장은 1만 5,000명급이다.

아라비아 속주의 주도였던 지금의 시리아 보스라 지역 원형 극장은 트라야누스 황제가 세웠으며 5,000명 규모의 소형 극장이다. 팔미라의 원형 극장은 1세기에 건축됐으며, 보스라 것보다 더 적은 3,000명 규모고 지금도 원형이 잘 보존돼 있다.

요르단 페트라의 원형 극장은 2세기경 만들어졌고 5,000명급이다. 튀니지 지역 카르타고의 원형 극장도 2세기경 세워졌고 1만 명을 수용할 수 있었다. 두가의 원형 극장도 보존 상태가 좋은데 2세기에 건축됐고 3,500명급의 소형이다. 리비아 렙티스 마그나 유적지의 원형 극장은 3세기 초 셉티미우스 세웨루스 황제의 명으로 세워졌으며 4,000명 수용 규모였다.

사브라타 유적지의 원형 극장은 180년에 완공됐고 5,000명을 수용했다. 육체적 쾌락주의 키레네 학파로 유명하고 예수를 대신해 십자가를 졌던 시몬(Simon)의 고향 키레나이카(Cyrenaica, 키레네)는 헬레니즘 시대와 로마 시대를 통틀어 이집트 알렉산드리아와 함께 북아프리카 문화의 중심지였다. 세 곳에 원형 극장이 있었다.

알제리 제밀라는 1세기 때 로마 식민 도시로 건설돼 2~3세기에 전성기를 맞았다. 원형 극장은 3,000명급이며 보존 상태도 좋은 편이다. 티파사의 원형 극장도 소형인데 관람석 부분이 심하게 도굴된 상태로 남아 있다. 100년경 트라야누스 황제에 의해서 건설된 고대 도시 팀가드의 원형 극장은 3,500명급이며 보존 상태가 양호하다.

: 검투사의 나라 :

'검투사 황제'라고 불렸던 제17대 황제 콤모두스 집권 초기를 배경으로 검투사 경기를 담아낸 2000년 개봉작 할리우드 영화《글래디에이터(Gladiator)》가 평단과 관객의 호평 속에 제73회 오스카상 작품상과 남우주연상 등의 5개 부문을 석권한 적이 있다. 나도 무척 관심 있게 봤는데, 검투사 경기는 실제로 당시에도 화제를 불러일으킨 로마 서커스의 대표적인 종목이었다.

로마제국 영토 내에는 209곳 이상의 원형 경기장이 세워졌다. 왜 로마인들은 그토록 야만적인 검투사 경기와 맹수 사냥에 열광했을까? 검투사란 어떤 존재들이었을까? 그 운용비와 수입은 어느 정도였을까? 무엇보다 검투사 경기가 열렸던 원형 경기장은 어떤 건축물이었을까? 가장 유명한 콜로세움은 당시에 어떤 상징성을 갖고 있었을까? 이런 물음들에 대해 살펴보기로 하자.

검투사 경기의 유래와 운용

남아 있는 기록상 가장 오래된 검투사 경기는 기원전 264년 마르쿠스 브루투스와 데키무스 브루투스 형제가 아버지 장례식 때 보아리움(Boarium) 광장에서 3개조로 치른 검술 시합으로 보고 있다. 에트루리아(Etruria) 지역에서 처음 나왔다고 하는데, 본래 장례식의 한 절차로 진행되는 것이었다. 기원전 216년에는 같은 보아리움 광장에서 22명의 검투사가, 기원전 174년에는 포룸 로마눔에서 74명의 검투사가 사흘 동안 겨뤘다. 이들 행사 역시 죽은 자를 기리기 위해 개최됐다.

사자의 명복을 비는 행사는 순장이나 제물 등 그 내용은 각각 다르더라도 고대 사회뿐 아니라 근대에까지도 있었던 일이다. 로마에서는 그것이 변질돼 대중오락으로 흥미로운 볼거리가 됐다. 관중들은 경기에서 패한 검투사나 맹수가 죽어가는 것을 보면서 열광했다. 피와 죽음이 자신의 현실이 아니기에 재미있던 것이다. 오늘날에도 이종 격투기나 복싱 시합을 보는 것처럼.

검투사 경기에는 거액의 돈이 들었다. 그런데 그 비용 부담은 대부분의 경우 공비가 아니라 사비였다. 다시 말해 개인의 호주머니에서 나온 돈으로 검투사 경기를 열었다는 얘기다.

율리우스 카이사르는 공공 건물, 가도, 시장 등을 관장하는 조영관(造營官, aediles)이던 기원전 65년 검투사 경기를 개최했다. 플루타르크《영웅전》'카이사르' 편에 이런 대목이 나온다.

"그는 검투사 320조를 제공했고 연극, 행렬, 향연에 대한 호사스러운 지출로 전임자들의 의욕을 꺾어버렸다. 시민들은 카이사르에 대한 감사

콜로세움 외벽에 조각된 검투사 경기 장면

의 표시로 그에게 새로운 관직이나 명예를 찾아줘야 한다는 의무감에 휩싸였다."

표면적으로는 30년 전 돌아가신 아버지를 추모한다는 것이 명분이었지만 실제로는 선거 운동의 일환이었다고 알려져 있다. 물론 검투사 경기와 같은 행사를 준비하는 것도 조영관의 일이다. 이 직위에 있을 때 가령 검투사 경기를 사비로 열면 많은 사람들의 환심을 사서 보다 높은 직위인 법무관 선거에서 당선이 보장되는 것이다. 공화정 시절에는 법무관에 당선되면 다음은 속주 총독자리를 노릴 수 있었고, 속주 총독만 된다면 그동안 쓴 비용을 복구하는 것은 일도 아니었다.

그것을 증명하기라도 하듯 카이사르는 기원전 62년 법무관에 당선됐다. 이후 속주 히스파니아(Hispania) 총독으로 출마하기 전인 기원전 61년까지만 해도 카이사르에게는 830탈렌툼의 빚이 있었다. 그것을 속주 총독 재임 기간인 1년 만에 전액 상환했다. 기원전 60년에는 폼페이우스와 그라쿠스와 함께 삼두정치를 시작했고, 기원전 59년에는 집정관이 됐다. 막대한 돈을 써서 검투사 경기를 개최한 보람이 없었다고는 할 수 없을 것이다.

검투사 경기는 로마가 공화정에서 제정으로 넘어가면서부터는 원래의 신성한 의의는 사라지고 잔혹함을 통해 대중의 열광을 자극하는 오락으로 타락했고 더욱 활발히 이뤄졌다. 초대 황제 아우구스투스가 쓴《아우구스투스 업적록(Res Gestae Divi Augusti)》은 이를 다음과 같이 기록하고 있다.

"검투사 경기를 나는 물론 후손의 명의도 포함해 8회 개최했고, 합계약 1만 명의 검투사가 싸웠다. 맹수 사냥은 26회 개최해 약 3,500마리의 맹수가 도륙됐다."

8회에 1만 명이 동원됐다면 1회에 1,250명이라는 계산이 나온다. 1회

폼페이 유적지 벽에 그려진 검투사의 낙서

가 하루를 의미한다면 검투사의 숫자가 너무 많으므로, 1회의 경기 때마다 수일 동안 개최된 것이다.

트라야누스 황제의 경우에는 107년 다키아 정복을 축하하며 123일 간 연속으로 검투사 경기를 개최해 5,000명의 검투사와 1만 1,000마리의 맹수가 죽었다는 참혹한 기록이 남아 있다. 트라야누스 황제는 14세기에 단테가 《신곡》에서 "유일하게 천국의 자리를 얻은 황제 트라야누스"라고 극찬한 그 인물이다. 그가 그렇게 본 까닭은 트라야누스가 가난한 이들에게 생필품을 지급하는 정책을 취했고 아이들을 위한 양육 자금 '알리멘타(alimenta)'를 시행했기 때문이다. 이렇게 천국에 지위가 주어졌다는 식으로 묘사되는 자비로운 황제였지만, 그런 그에게도 검투사 경기와 맹수 사냥에서의 살육은 그가 보여준 자비와는 별개였다. 그러나 이런 경기는 기독교가 침투해가는 과정에서 비난을 받게 되어 검투사 경기는 결국 호노리우스 황제 때 금지됐고, 동고트 왕국이 지배했던 523년에 마지막 맹수 사냥이 개최됨으로써 막을 내리게 됐다.

검투사 경기 비용

로마 시대 검투사 경기를 연구한 역사학자 모토무라 료지(本村凌二, 1947~)에 따르면 기원전 1세기 100회의 경기에 출전한 200명의 검투사 중 사망자는 19명이었다. 생존율이 90퍼센트가 넘는 셈이다. 그런데 3세기에 이르러서는 1회 경기마다 1명의 검투사가 죽었다. 생존율은 75퍼센트다.

검투사의 사망률이 높아질수록 흥행 비용은 높아졌다. 177년 제16대 마르쿠스 아우렐리우스 황제 시대에 검투사 경기 개최 비용의 상한선을 4등급으로 나눴는데, 1급은 3만~6만 세스테르티우스, 2급은 6만~10만 세스테르티우스, 3급은 10만~15만 세스테르티우스, 4급은 15만~20만 세스테르티우스로 한다는 원로원 결의에서 결정됐다.

상한선을 마련했다는 것은 실제로는 더 높았다는 뜻이다. 앞에서 경기 개최비는 기본적으로 공적 비용이 아니라 사비로 충당됐다고 했다. 하지만 순수하게 사비로만 운용됐다면 원로원이 간여하지는 않았을 것이다. 이로 비춰볼 때 원로원 결의가 있었다는 것은 일부 국비 보조가 있지 않았을까 생각해본다. 어쨌든 이 부분은 완전히 명확하지는 않다. 20만 세스테르티우스는 대략 현재 가치로 8억 원 정도다. 개인이 지불하기에는 결코 적지 않은 돈이다. 어떻게 마련했을까?

검투사 출전료에 관해서도 원로원 결의 내용이 있는데, 최상위급 검투사의 1회 출전료는 1만 2,000~1만 5,000세스테르티우스(4,800~6,000만 원), 최하위급 검투사의 출전료는 1,000~2,000세스테르티우스다. 이를 바탕으로 회당 경기 수를 추측해보면 1급인 최하위급은 약 15경기가 된다. 최상위급 4급 경기는 7경기다. 물론 이는 어디까지나 검투사 출전료이므로 맹수 사냥이나 경기 준비 비용 등은 포함되지 않았지만, 검투사 경기에 들어가는 비용 규모의 대략적인 그림은 그릴 수 있을 것이다. 검투사의 입장에서는 매번 자기 목숨을 걸고 싸우는 일이었다. 기계적으로 하루에 10회 이상 경기에 참여할 수는 없었을 것이다.

로마가 검투사 경기를 중시한 까닭

막대한 비용이 투입되는 검투사 경기를 로마 권력자들은 왜 중요하게 여겼을까? 크게 4가지 이유를 들 수 있다. 하나씩 살펴보자.

첫 번째는 검투사 경기를 '피를 보는 실전 훈련'의 기회로 보는 시각이다. 집정관을 지낸 통칭 '소(小) 플리니우스'로 불리는 가이우스 플리니우스 카이킬리우스 세쿤두스(Gaius Plinius Caecilius Secundus, 61?~112)는 《서간집(Letters)》에서 검투사 경기의 의의를 이렇게 쓰고 있다.

"볼거리는 무기력하고 타락한 것도, 시민들의 정신을 연약하게 하거나 사기를 저해하는 것도 아니다. 노예나 죄인들과 같은 이들조차도 영예를 사랑하고 승리를 소망할 수 있다. 이 볼거리는 부상을 입는다는 두려움, 죽음에 대한 공포를 경멸할 수 있게 해주는 것이다."

검투사 경기에서 유혈이 낭자한 장면을 구경함으로써 전쟁과 죽음에 대한 공포를 약화시킬 수 있다는 얘기다. 마찬가지 관점에서 18세기의 계몽 사상가 몽테스키외(Montesquieu, 1689~1755)는 저작《로마 성쇠 원인론(Considerations sur les causes de la grandeur des Romains et de leur de)》에서 이렇게 서술한다.

"로마군이 주로 의식한 것은 자군과 비교해 적이 우세한 점은 무엇인가였다. 그들은 에트루리아인들의 전통으로부터 도입한 검투사 경기를 통해 유혈과 부상에 익숙해졌다."

고대 로마는 패권 국가였으며 군대를 존중했다. 기본적으로 로마 군단병의 주력은 로마 시민이었다. 늘 승리하는 로마군을 육성하기 위해 고된 훈련이 실시됐다. 언제 전쟁이 벌어질지 모르는 시대였다. 상시 전장이다. 플라위우스 요세푸스는 《유대 전쟁사》에서 이렇게 기록했다.

"로마 병사를 무적으로 만드는 비결이 명령에 대한 절대 복종과 무기 사용 훈련임을 알게 됐다. 신체의 강인함과 정신의 용맹함이 전세계라고 할 만큼의 영토를 지배하고 있다."

요세푸스는 유대인으로서 로마와 유대와의 전쟁(66~73)에서 당초 유대군 지휘관으로 싸우다 67년에 로마군에 투항했고 황제 웨스파시아누스에게 중용된 인물이다. 어쨌든 검투사 경기를 중요하게 보는 첫 번째 관점의 결론은 피와 죽음을 보는 실전 훈련이라는 명분이 검투사 경기의 존재 이유라는 것이다.

두 번째는 검투사 경기를 '시민에 대한 통치 수단'의 일환으로 보는 시각이다. 마르쿠스 아우렐리우스 황제의 수사학 교사이자 143년 집정관을 지낸 코르넬리우스 프론토(Cornelius Fronto, 100?~160?)도 자신의 《서간집》에서 다음과 같이 적고 있다.

"트라야누스 황제가 배우나 그 밖의 예술가들 그리고 검투사와 전차 경기를 경시하지 않았음은 정치적 식견으로부터 도출된 결과였다. 그는 알고 있었다. 로마 시민들이 두 가지, 즉 식량과 볼거리에 사로잡혀 있다는 사실을. 지배의 정당성이 진지한 정책 못지않게 유희에 의해서도 확보된다는 사실을. 진지한 정책을 등한시하면 큰 손해가 발생하고 유희를 소홀히 하면 엄청난 불화가 생긴다는 사실을. 식량 분배는 곡물 수급 자격을 갖는 자만이 위안을 얻지만, 볼거리는 모든 시민들을 화합시킨다는 사실을 알고 있었던 것이다."

볼거리, 즉 오락이 식량 못지않게 통치에 필수불가결한 요소라는 인식이다. 유웨날리스의 '빵과 서커스'는 역설적이고 냉소적인 의미로 쓰였지만, 프론토는 긍정적으로 보고 있다. 그도 그럴 것이 유웨날리스는 풍자 시인이자 변호사였다. 프론토는 집정관을 지낸 정치가였다. 입장 차이가 의견의 차이로 나타났다고 볼 수 있다.

공화정 로마 시대에 집정관 이하의 정무관은 민회의 선거로 선출됐다. 아우구스투스가 창설한 제정 로마에서도 황제는 원로원의 제일인자, 다시 말해 형식적으로는 세습이 아니라 원로원 추대의 형태를 갖췄기 때문에 민심을 얻을 필요가 있었다. 그래서 권력자라도 시민을 통치하는 수단으로 시민들의 비위를 맞추기 위해 기꺼이 거금을 들였던 것이다.

세 번째는 검투사 경기가 이른바 '명령 복종 훈련'의 양상을 띠고 있었다는 관점이다. 경기 주최자, 즉 권력자의 결정에 관중은 따라야 했다. 검투사 경기는 1 대 1의 대결로 치러지는 것이 기본이다. 그리고 경기에서 패한다고 꼭 죽으라는 법은 없다. 하지만 항복한 패자는 관중의 목소리에 귀 기울일 수밖에 없었다. 관중은 패자에 대해서 "죽여라!", "살려라!"를 외친다. 비록 패했더라도 용감하게 최선을 다해 싸워서 만족감을 줬다면 목숨을 구해줬고, 반대로 소심하게 싸운 패자에게는 엄지손가락을 아래로 향해서 불만의 뜻을 나타내는 '폴리세 베르소(Pollice Verso, 내려진 엄지)'를 통해 냉혹하게 죽음을 요구했다. 이때 주최자는 관중의 반응을 참고해 최종 결정을 내렸다. 그리고 그 결과를 관중은 그대로 수용했다. 장수의 명령에 병사가 절대 복종하는 것처럼.

네 번째는 '정치적 인기를 얻기 위한 선심'이라는 시각이다. 로마 시대 때 정치인이 인기를 얻는 방법에는 2가지가 있었다. 자신의 입신출세를 위해 선거 운동의 일환으로 대중에게 즐길 거리를 제공하거나 식량·금전 등을 제공하는 것이 그것이다. 이를 현대의 학자들은 '귀족적 아량'이라는 의미로 '에베르제티즘(evergetism)'이라고 부른다. 남에게 물건을 거저

〈내려진 엄지〉 장 레옹 제롬/1872년/캔버스에 유채/96.5×149.2(미국 피닉스 아트 뮤지엄 소장)

주는 시여(施與)를 뜻한다. 입신출세에 관해서는 카이사르의 사례를 살펴봤다. 에베르제티즘은 고대 그리스인과 로마인들의 특징으로 유웨날리스는 "귀족적 아량란 시민들이 정치인과 부자들에게 금전적 기부를 기대했으며 그들은 기꺼이 거기에 응했다"고 설명하고 있다. 이를 통해 공여자는 피공여자들로부터 인기를 얻을 수 있었다.

이와 같은 4가지 관점으로 로마의 권력자들이 왜 검투사 경기를 중시했는지 이해할 수 있을 것이다. 여기에는 고대 로마 사람들이 검투사 경기 참관을 즐거워했다는 것이 전제다. 원형 경기장에서 관전하고 패자의 생사를 결정함으로써 주최자, 즉 권력자를 중심으로 로마인들의 일치를 이끌어낼 수 있었다. 설령 최종 결정에 불만이 있더라도 주최자의 결정에 대해서는 만장일치로 따랐다. 더욱이 장차 군인이 될 사람들 또는 병사의 가족들이 피와 죽음을 두려워하지 않게 됐다. 이로써 로마군은 죽음을 두려워하지 않는 최강 군대라는 일체감이 조성되는 것이다. 막대한 돈이 든다는 것은 틀림없는 사실이다. 그러나 이것도 전쟁에서 패하는 것보다는 좋고, 훈련 비용이라고 여기면 오히려 싸게 먹히는 것일지도 몰랐다.

죽음을 보는 로마의 관점

동서양을 막론하고 고대인들은 동물이나 사람의 피를 신께 바치면 정결해진다는 믿음이 있었다. 더욱이 이런 생각은 비단 신뿐만 아니라 권력자의 죽음에도 적용됐다. 고대에서는 규모는 각각 달랐지만 피와 죽음을 바치는 의식이 행해졌다. 카르타고 출신의 2세기 로마의 종교학자이자 비평가 테르툴리아누스(Tertullianus, 160~220)에 따르면 고대인들은 사자의 영혼이 인간의 피에 의해서 달래진다고 믿었다. 그래서 장례식 때 돈을 주고 사온 전쟁 포로나 자질이 떨어지는 노예를 산채로 제물로 바치기도 했다. 오늘날의 사고방식으로는 잔인하기 그지없고 도무지 이해할 수 없는 사고방식이었다.

한편으로 고대 로마 시대에는 이른바 '10분의 1형'이라는 뜻의 '데키마티오(decimatio)'가 있었다. 로마 군단의 형벌 가운데서도 가장 잔혹한 것이었다. 타키투스는 《연대기》에서 이렇게 설명한다.

"부대 전체가 패하면 그 벌로 10명에 1명꼴로 몽둥이로 때려죽이는데, 이런 상황이 오면 아무리 공을 세운 용감한 병사라고 해도 제비를 뽑아야 한다. 부시무시한 본보기를 목적으로 하는 형벌에는 예외가 없었다. 하지만 어쨌든 개인의 손해는 공공의 안위로 보상받는 것이다."

《연대기》에는 "적의 영광보다 아군의 불명예를 더 마음에 두었기에 이 오랜 전통을 가진 형벌을 부과했다"고 데키마티오의 이유를 기술하고 있다. 공공의 안위와 행복을 위해 개인의 죽음도 불사하는 수밖에 없다. 오늘날 사형 폐지론자들이 들으면 깜짝 놀랄 만한 시각이다. 죽음을 상당히 가볍게 생각했던 것이다.

누가 검투사가 되는가

로마의 검투사는 알려진 바와 같이 주로 전쟁 포로나 노예가 주를 이뤘기 때문에 검의 노예, 즉 노예 검투사라고도 불렸다. 그러나 모두가 그랬던 것은 아니어서 로마 시민인데도 자진해 검투사가 된 이들도 있었다. 거기에는 3가지 이유가 있었다.

첫째, 전사 공동체로 출발한 로마에서는 지배계층 사이에서도 전투에 대한 관심이 높았다. 그래서 원로원 의원과 기사 계급에 속하는 사람들 중에서도 검투사 경기에 출전하는 일이 있었다. 아우구스투스 황제 때 원로원 결의로 금지했지만 잘 지켜지지 않았다. 티베리우스 황제 시대인 19년에 원로원 결의로 다시 금지했지만 이 또한 지켜지지 않았다. 믿기지 않는 일이나 황제 스스로 그 결의를 깨기도 했다. 《황제전》은 이렇게 기술한다.

"네로는 400명의 원로원 의원과 600명의 기사들, 그중에는 유복하거나 아무것도 나무랄 데 없는 사람들도 있었으나 검투사 경기에 출전시켰다."

기록이니 거짓이 아니겠지만 정말이었나 싶다. 400명의 원로원 의원 절반이 죽거나 부상을 입는다면 원로원이 붕괴되지 않을까? 게다가 로마 황제 자신이 검투사로 데뷔할 정도였으니 제대로 지켜질 리가 없었다. 검투사로 데뷔한 황제는 마르쿠스 아우렐리우스의 뒤를 이은 제18대 황제 콤모두스였다.

황제가 검투사라니, 엄청난 일이었다. 그는 과대망상에 사로잡혀 스스로를 살아있는 신, 헤르쿨레스의 환생이라고 말했다. 치세의 마지막 해에는 검투사로서 콜로세움에서 헤르쿨레스처럼 사자 모피를 두르고 곤

검투사 모습의 콤모두스 황제 조각상

봉을 휘둘러 호랑이며 코끼리, 하마, 사자 등의 맹수를 차례차례 쓰러뜨렸을 정도였다. 그 조각상이 카피톨리니(Capitolini) 미술관에 남아 있다.

디오 카이우스는 192년 11월 평민 경기회의 첫날 "난간에서 화살을 쏘아 혼자서 100마리의 곰을 죽였다"고 기록했다. 더욱이 타조 목을 오른손으로 잡고 구경하는 원로원 의원들이 있는 관람석으로 다가가 위협을 했다고 한다. 콤모두스 황제의 시종장과 친위 대장은 황제의 도를 넘어선 기행에 놀라 결국 그를 살해하고 만다. 황제는 황제다워야 한다는 생각이 불러온 참사라고 할 것이다. 더구나 그의 아버지 마르쿠스 아우렐리우스 황제는 《명상록》을 저술하는 등 생전에 철인(哲人) 황제로 불렸기 때문에 그 차이가 더 컸을 것이다. 그래도 어쨌거나 현역 황제가 출전한 경기였으니 그날의 원형 경기장은 초만원을 이뤘을 것이다. 참고로 당시 로마의 황제는 세습제가 아니었다. 마르쿠스 아우렐리우스 황제가 세습을 위해 자식인 콤모두스를 후계자로 세운 것이 큰 실수였던 셈이다.

둘째, 검투사에 대한 처우가 좋았기 때문이다. 우선 벌이가 좋았다. 177년에 원로원 결의로 치솟는 검투사 경기 개최비와 검투사 출전료에 상한선을 뒀다는 이야기를 한 바 있다. 최상위급 검투사의 1회 출전료가 1만 2,000~1만 5,000세스테르티우스(4,800~6,000만 원)이었으며, 최하위급 검투사라 할지라도 1,000~2,000세스테르티우스는 됐다.

셋째, 검투사 경기는 현대의 그 어떤 익스트림 스포츠보다 극단적인 모험심을 자극한다. 그야말로 목숨을 걸고 싸운다. 이기면 영웅이 되고, 지면 그 자리에서 목숨을 잃을 수도 있다. 그런 짜릿한 삶의 방식이 젊은 여성, 특히 귀족 여성들의 마음을 사로잡았다. 모토무라 료지의 연구에 따르면 당시 "딸들을 한숨짓게 만든 트라키아 투사 케라두스"라든지, "그물 투사 크레스켄스는 여성들의 치유의 손" 등의 낙서가 많이 있었다고 한다. 어쨌든 검투사는 매우 인기가 많았다. 폼페이 최후의 날에도 귀부인이 검투사 노예와 한때를 보내다가 죽음을 맞이한 시신이 발굴될 정도였다.

애초에 검투사는 훈련받은 프로들로만 이뤄져 있었지만, 칼리굴라 황제의 발안에 의해 중죄인, 노예, 전쟁 포로 등 검술 훈련을 쌓지 않은 사람들이 참가하게 됨으로써 더욱 잔혹해졌다. 처형당할 죄인이라는 명분으로 맹수의 먹이가 된 사례도 많다. 실제로 사형이 집행되는 형장이기도 했다.

맹수와 싸우는 경기의 경우 검투사들은 두 사람이 한 조로 싸운다. 싸움이 시작되기 전 검투사들은 귀빈석 앞으로 다가가 "사지로 향하는 우리, 황제께 인사드립니다"라고 말하는 것이 관례였다. 그리고 나팔 신호와 함께 싸움이 시작되면 전투가 한창인 와중에도 음악이 흘렀다.

하지만 검투사들이 반드시 죽을 때까지 계속 경기에 참가해야 하는 것은 아니었다. 몇 번의 전투를 거치면서 살아남은 검투사에게는 은퇴가 허용됐다. 은퇴한 검투사 중에는 훈련사가 되어 후배 검투사를 단련시키는 역할로 되돌아간 이들도 있었다. 그들에게는 그 표식으로 목검이 주어졌다.

맹수 사냥

원형 경기장에서는 검투사끼리의 싸움뿐 아니라 맹수를 상대로 사냥도 이뤄졌다. 고대 그리스에서 소나 양을 제물로 바치기도 했는데, 신화에서 헤르쿨레스가 사자, 멧돼지, 뱀, 사슴 등을 사냥했다고 전해진다. 그것을 로마인들은 대대적인 볼거리로 만든 것이다.

로마에서 외래의 맹수를 볼거리로 제공한 것은 기원전 275년 로마군이 그리스 북부에 위치한 에피루스(Epirus)의 왕 피로스(Pyrrhos)를 격파하고 사로잡은 전투용 코끼리 4마리를 구경거리로 했을 때가 처음이다. 이후 제1차 포에니 전쟁에서 기원전 251년 카르타고군을 격파한 팔레르모 전투에서 얻은 100마리 코끼리를 전승 퍼레이드에 참가시킨 일도 있었다. 그리고 결국 포에니 전쟁의 승리로 북아프리카 영토를 확보하면서 희귀한 맹수를 많이 얻을 수 있었다.

맹수 사냥에서는 오랫동안 먹이도 못 먹고 어둠 속에 갇혀있던 맹수가 풀려났다. 굶주리고 분노에 찬 맹수의 살육이 구경거리였다. 황소와 코뿔소를 이용한 동물끼리의 싸움도 있었다. 전혀 무장하지 않은 인간(사형수 등)이 사냥을 하기도 했다. 그 경우 인간은 당연히 맹수에게 갈기갈기 찢겨 먹이가 됐다. 사냥 세트는 매우 공을 들여서 제작했는데, 데려온 동물이 살았던 곳의 분위기를 다양하게 재현했다. 원형 경기장에서는 그런 연출도 가능했다.

《황제전》은 콜로세움의 낙성식에 "수많은 종류의 맹수를 5,000마리나 출전시켰다"고 적고 있다. 맹수의 종류는 알 수 없다. 또한 앞서 살펴본 바와 같이 트라야누스 시대 다키아 정복을 기념하기 위해 123일 동안 5,000개 조의 검투사들이 벌인 진검 승부와 1만 1,000마리 맹수가 살해됐다는 기록도 있다. 249년 필리푸스 아라부스(Philippus Arabs, 재위 244~249) 황제 때 거행된 로마 건국 1,000년 기념식에서는 1,000개 조

검투사들의 진검 승부와 코끼리 32마리, 주걱뿔사슴 10마리, 호랑이 10마리, 길들여진 사자와 표범 각각 30마리, 하이에나 10마리, 하마 6마리, 코뿔소 1마리, 얼룩말 10마리, 기린 10마리, 야생 당나귀 20마리, 야생마 40마리가 죽임을 당했다. 281년 프로부스 황제 때는 게르만족에 대한 승리를 축하하는 개선식을 거행해 사자 200마리, 표범 200마리, 곰 300마리를 죽였다는 기록이 남아 있다.

수많은 맹수를 생포해 운송한 것 자체도 대단한 일이었다. 마취 총도 없었던 시대에 포획은 매우 어려운 작업이었을 것이다. 싸움이 시작되기 전 검투사들이 "사지로 향하는 우리, 황제께 인사드립니다"라고 말했다 했는데, 죽음을 각오하고 황제에게 인사하는 장소가 맹수의 피로 더러워진 상태라면 곤란했다. 그래서 매 경기가 끝날 때마다 경기장 모래를 갈았다. 맹수 사냥 시간이 너무 길어지면 관중에게 식사도 제공해야 했기 때문에 사냥에 오랜 시간을 할애할 수 없었다. 맹수 사냥을 오전 3시간으로 한정했을 때 평균 잡아 시간당 30마리, 그러려면 지하에 있는 맹수의 격납 장소와 지하에서 경기장으로 올려주는 리프트도 많이 준비했을 것이다. 그리고 40개 조의 검투사 경기를 진행했을 때, 집단전이라면 시간이 절약됐겠지만 항복한 검투사에 대한 생사판정을 한 조씩 일일이 관중의 의향을 확인해 결정하자면 시간이 오래 걸렸을 것이다. 그렇기 때문에 무려 123일 동안 경기가 펼쳐졌다. 관중들은 맹수 사냥과 검투사 경기를 보며 내기를 걸고 흥분한다. 여름철에는 땀범벅이 됐을 것이다. 따라서 경기가 끝나면 자연스럽게 오후 일찍 영업을 개시하는 공공 욕장으로 향했을 것이다. 이렇게 분석해보면 매일매일 장시간의 경기는 불가능할 수밖에 없다. 기록에 있는 숫자에 과장이 많다는 생각이 든다.

로마의 원형 경기장

이제 로마의 원형 경기장을 살펴볼 차례다. 수도 로마에는 원형 경기장이 3개 있었는데 우선 타우루스(Taurus) 원형 경기장부터 알아보자. 로마시에 만들어진 최초의 석조 원형 경기장은 초대 황제 아우구스투스 시대인 기원전 29년 원로원 의원 스타틸리우스 타우루스(Statilius Taurus)에 의해 마르티우스 평원에 건설된 수용 인원 1만 명의 초대형 원형 경기장이다. 외벽은 석조였고 관중석과 계단은 목조였던 것 같다. 크기는 명확하지 않다. 타우루스의 원형 경기장이 생길 때까지 로마 시에 상설 석조 원형 경기장이 없었던 이유는 앞서 살펴본 것처럼 좌석에 앉아 관전하는 것은 유약한 것이라는 인식 때문이었다. 이 경기장은 64년 로마 대화재 때 불타버렸고 그 자리에 콜로세움이 들어서게 된다.

두 번째로 건설된 석조 원형 경기장은 그 유명한 콜로세움이다. 제9대 황제 웨스파시아누스 때인 71년에 착공해 그의 아들인 10대 황제 티투스 시대인 80년에 일부만 완성된 상태에서 봉헌됐다. 이때 5,000마리의 맹수 사냥, 검투사 경기, 모의 해전을 열어 화려하게 경축했다. 봉헌 전년인 79년에는 웨수위우스 화산 분화로 폼페이가 파괴되고 말았다. 80년에는 수도 로마에 대화재가 또 발생해 사흘이나 계속됐다. 이들 재해로 인해 침울해진 로마 시민을 위로하기 위해 티투스 황제는 화려한 봉헌식을 거행했다고 한다. 콜로세움의 최상층인 4층의 완성은 그 다음 황제 도비아누스 시대의 일이었다.

콜로세움은 217년 낙뢰로 최상층이 불탔고, 복구 작업 때문에 검투사 경기는 5년 동안 키르쿠스 막시무스에서 개최됐다. 442년, 470년, 847년에 지진으로 계속 재해를 입었지만 그때마다 보수가 이뤄졌다. 마지막으로 검투사 경기가 벌어진 것은 404년의 일이었고, 523년에는 마지막 맹수 사냥이 열렸다.

이후 콜로세움의 건설 자재는 외벽인 트래버틴이 산 피에트로 대성당에 쓰인 것을 비롯해 중세 시대 동안 다른 건축물에 전용됐다. 1744년에 이르러 콜로세움이 무참한 모습이 돼가는 것을 안타까워한 교황 베네딕토 14세(Benedictus XIV, 재임 1740~1758)가 "콜로세움은 많은 신도들이 순교를 위해 죽은 기독교의 성지"라며 보존을 도모했다. 기독교도들이 맹수 사냥 등으로 참살된 장소였기 때문이다. 이 덕분에 그나마 일부가 현재에 남아 있을 수 있었다.

세 번째 석조 원형 경기장은 트라야누스 황제 시대 때 건설된 카스트 렌세(Castrense) 원형 경기장이다. 로마 시 동부 포르타 마조레 옆에 세워졌다. 벽돌과 콘크리트제로 원래 3층 건물이었지만 상층부는 파괴됐다. 271년부터 건설이 시작된 아우렐리우스 성벽의 일부로 쓰였다.

콜로세움의 건설 배경

웨스파시아누스, 티투스, 도미티아누스 등을 배출한 플라위우스 왕조의 황제들이 세운 콜로세움의 정식 명칭은 '플라위우스 원형 경기장(Amphitheatrum Flavium)'이다. 콜로세움은 네로 황제의 궁전이었던 황금궁 터에 만들어졌다. 그 땅에 네로 황제의 거대한 조각상(콜로수스)이 곁에 서다 보니 콜로세움이라고 불리게 된 것이다. 그 콜로수스는 세계 7대 불가사의로 유명한 로두스 섬의 콜로수스를 본뜬 것으로 높이가 36미터나 됐다. 콜로수스의 얼굴은 처음에는 네로의 얼굴을 조각했지만 웨스파시아누스 황제 때 태양신 포에부스(아폴론)로 바꿨다.

고대 로마의 시인 마르쿠스 마르티알리스(Marcus Martialis, 40?~102?)는 당시 지중해 세계의 건축물과 비교해 콜로세움의 훌륭함을 다음과 같이 칭찬했다고 전해진다.

"야만적인 멤피스(Memphis, 나일 강의 신 네일로스의 딸)는 피라미드의 기

콜로세움

적에 관해 침묵해야 하며, 아시리아의 위업으로도 바빌론은 자랑할 정도
가 못 된다. 연약한 이오니아인들이 트리위아(Trivia, 아르테미스 여신) 신
전으로 찬양받을 수 없고, 무수한 뼈의 델로스도 무시받아 마땅하다. 허
허로운 공기로 가득한 마우솔레움에 대해 카리아(Caria, 용맹하기로 유명했
던 소아시아 남서부의 고대 국가) 사람들이 과장된 찬사를 하늘에 올리지 못
하게 하라. 모든 위업이 카이사르(웨스파시아누스)의 원형 경기장 앞에서
퇴색됐으며, 이 모두를 대신해 단 하나의 건물이 명성을 얻을 것이로다."

이후 8세기 잉글랜드의 수도사 베다 베네라빌리스(Beda Venerabilis,
672~735)는 "콜로세움이 존재하는 한 로마는 존재하며, 콜로세움이 무
너질 때 로마도 멸망한다"고 말했다. 콜로세움과 로마 그리고 세계를 동
일시해 그 아름다움을 칭송하고 있는 것이다. 그 자부심을 여실히 보여
주는 것이 티투스 황제에 의해 주조된 콜로세움 봉헌 80주년 기념 주화
인 세스테르티우스 경화다. 그리고 제28대 고르디아누스 3세(Marcus
Gordianus III, 재위 238~244)가 240년경 주조한 동전과 유럽연합 EU가
2002년 발행한 5센트에도 그 모습이 묘사돼 있다.

콜로세움은 외벽 높이 48.5미터, 바깥지름 188미터, 안지름 156미터
의 타원형 원형 경기장이다. 외벽은 4층 구조이며, 3층까지는 각각 80개
의 아치 구조로 돼 있다. 왜 웨스파시아누스 황제는 이렇게 터무니없이
큰 원형 경기장을 만들었을까?

칼리굴라와 네로 황제의 압정과 적폐로 인해 제국의 재정은 기울어지
고 말았다. 네로 황제는 로마 대화재 재건이 진행되기 전에도 세금을 올
렸고 부자들의 황제에 대한 증여라는 명목으로 금품을 갈취해 황금궁
을 지었다. 네로 황제의 자살 후 1년 동안 4명이나 황제들이 난립한 내란
의 시대가 더해져 시민들의 마음은 피폐해질 대로 피폐해져 있었다. 그
런 까닭으로 웨스파시아누스 황제는 공공 투자를 통해 시민들에게 일자

리를 제공하고 거대한 오락용 건축물을 세움으로써 로마 시민들이 자신감을 되찾게 했다. 소변세를 걷을 정도의 구두쇠였기에 결코 체면치레로 만든 것이 아니었다.

콜로세움 건설과 관련해 널리 알려진 사실은 거대 구조물인데도 불구하고 10년이라는 단기간에 완성했다는 것이다. 평면적으로 시공 구역을 4분할해 동시에 공사를 진행했고 각각의 시공 팀이 경쟁하도록 유도했다. 상하 방향 시공을 부분적이긴 하지만 동시에 병행하기도 했다. 동시 병행 시공으로 기간을 단축했다는 얘기다. 콜로세움은 기둥과 벽, 바닥과 관중석, 계단으로 구성돼 있다. 처음에 볼트를 구성하는 트래버틴의 기둥 부분을 세운 뒤 천장 부분의 콘크리트제 아치는 튼튼한 지지보를 사용하면 상하 동시 작업이 가능해 시공 기간을 단축할 수 있다. 특히 이 시대의 콘크리트는 강도가 나올 때까지 몇 달이 걸렸기 때문에 이 방식을 채용하지 않고 아래에서부터 차례로 완성시키는 전통적인 방법을 취했다면 상당한 기간이 걸렸을 것이다.

콜로세움의 외부 구조

콜로세움의 구조는 반원 2개가 마주보는 듯한 타원형이다. 그리스의 극장에서 보듯이 경사진 지형을 이용한 것도 있지만 대부분은 평지에 건설됐고 아치나 반원통 모양의 벽으로 관객석을 지탱했다. 앞서 소개한 원형 극장 마르켈루스 극장과 바깥에서 보면 외형이 비슷하지만 위에서 보면 다르다. 디자인적으로도 콜로세움 쪽이 좋아 보인다. 양쪽 모두 1층은 도리스 양식, 2층은 이오니아 양식이며, 콜로세움의 3층은 코린트 양식이다. 그래서 개축된 마르켈루스 극장의 3층도 코린트 양식이었을 것으로 추측된다. 마르켈루스 극장 3층은 중세 때 개축됐다.

콜로세움은 평면적으로 바깥지름 188미터×156미터, 안지름 76미터

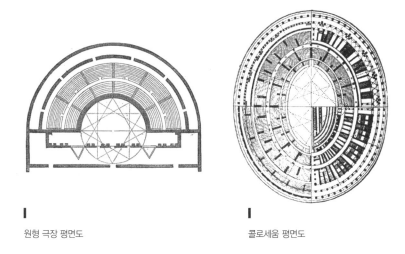

원형 극장 평면도   콜로세움 평면도

× 44미터의 타원형이며, 높이는 48.5미터다. 내부의 76미터 × 44미터 공간은 검투사가 경기를 한 장소로, 경기장 바닥에는 모래가 깔렸고 피로 더러워지면 교체됐다. 이 모래밭을 '아레나(arena)'라고 불렀는데 이후 원형 경기장을 일컫는 단어가 된다. 1층 부분의 폭은 56미터다. 맹수 등의 공격을 막기 위해 아레나보다 3.6미터 높은 위치에서부터 관중석이 시작되며 약 37도의 경사로 배치됐다. 수용할 수 있는 관중은 5만 명~7만 5,000명으로 추정된다. 1층~3층은 각각 80개의 아치가 있고 그중 장식문이 4개다. '포트 프리움팔리스(Port Triumphalis)'라고 부른 북서쪽 문은 검투사들이 입장하는 문이다. 남동쪽 문은 죽은 자가 나가는 '포트 리비티넨시스(Port Libitinensis)'다. 죽음의 여신의 문이다. 패자가 이 문으로 실려 나갔다. 동북 방향은 황제 및 가족용 통로, 남서쪽은 원로원 의원 등 귀빈 통로였다. 4개의 장식문 외에 76개의 아치는 1~76의 번호가 새겨져 있다. 5만 여명의 관중이 입장할 때 혼잡을 피하려고 입장권에 적힌 번호의 아치로부터 안으로 들어갔고, 그에 맞추어 좌석으로 연결되는 승강 계단도 배치됐다.

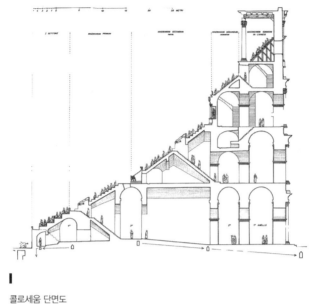

콜로세움 단면도

콜로세움은 4층 구조다. 1층은 수평 방향 7경간으로 나뉜다. 주요 재료는 외벽은 트래버틴과 응회암이고 내부는 콘크리트다. 트래버틴은 외벽에만 4.5만 세제곱미터, 전체로는 10만 세제곱미터가 사용됐다. 약 25킬로미터 떨어져 있는 티볼리에서 운반해왔다. 엄청난 양이어서 전용 도로까지 마련했다. 기둥은 트래버틴, 원기둥 방향 벽은 트래버틴과 응회암을 병용했고, 볼트(vault, 연속 아치)는 콘크리트로 지었다. 당시 외벽은 하얀색과 빨간색으로 채색돼 있었지만 거의 다 벗겨졌다.

콜로세움 외벽은 수직이 아니라 약간 안쪽으로 기울여 원기둥 방향으로 압축력이 걸리도록 설계됐다. 현명한 설계다. 또한 외벽의 연속성을 높이기 위해 트래버틴과 트래버틴을 300톤에 달하는 철제 클램프(clamp, 고정 쇠)로 결합했다. 볼트의 콘크리트는 골재 중에서 비중이 가벼운 응회암을 사용해 경량화를 꾀했다. 설계도 놀랍지만 시공 기술은 더욱 놀랍다. 이 덕분에 지진국 이탈리아에서 2,000년 동안이나 쓰러지지 않고 버텨온 것이다.

콜로세움의 내부 지상 구조

관중석은 원형 극장과 마찬가지로 하단은 황제, 원로원 의원, 기사 등 상류층과 웨스타(Vesta, 베스타, 헤스티아) 신전 무녀가 이용했고, 중단은 일반 로마 시민, 상단은 해방 노예와 자유민, 최상단은 여성 및 노예석으로 분리해 철저히 신분을 구분했다. 4층 위에는 차양막을 치기 위한 돛대용 플러그가 240개 설치됐다. 황제석은 온종일 직사광선을 피하도록 설계됐으며, 일반 관중석도 하루에 20분 이상은 햇빛을 쐬지 않도록 처리했다. 차양막을 치는 일은 미세노에 주둔하는 국영 함대 뱃사람들의 몫이었다. 콜로세움의 바깥 둘레는 길이가 576미터나 된다. 돛대 길이가 얼마나 됐는지 모르지만 천막을 연결하는 일은 매우 힘든 작업이다. 1개의 돛대에 4명~5명이 필요하다. 이런 차양막을 치기 위해 아득히 멀리 200킬로미터나 떨어져 있는 미세노에서 뱃사람들이 온 것이다. 이 인건비만 하더라도 엄청났다.

콜로세움의 외벽 디자인도 흥미로운데 1층 도리스식, 2층 이오니아식, 3층 코린트식으로 하단에서부터 연대가 오래된 양식으로 지었다. 마찬가지로 연대가 가까운 곳에서부터 간소함에서 호화로움으로 디자인을 변화시키고 있다. 앞서 언급했듯이 콜로세움은 폼페이우스 극장을 모델로 한 마르켈루스 극장을 본떠 세워졌다. 이런 점에서 생각해보면 폼페이우스의 심미안에 탄복하게 된다. 더욱이 2층과 3층의 아치 부분에는 장식용 조각상이 있어서 그 위용과 아름다움이 보는 이들을 압도했다.

콜로세움의 내부 지하 구조

콜로세움은 네로 황제의 황금궁 정원에 있던 인공 연못을 철거한 땅에 건설됐다. 네로는 포룸 로마눔과 가까워 정무를 보기에 편리하고, 저습지인 탓에 거주민이 많지 않았기에 이곳을 황금궁의 터로 선정했던 것 같다. 인공 연못은 남서쪽으로는 팔라티누스 언덕, 북쪽은 에스퀼리노(Esquilino) 언덕, 동북쪽은 오피오(Oppio) 언덕, 남쪽은 카일리우스(Caelius) 언덕으로 둘러싸여 있던 저습지였다. 인공 연못의 규모는 정확히 파악할 수 없지만 네로 황제는 티볼리의 별장에 높이 41미터 규모의 큰 댐을 만들고 그 호수에서 뱃놀이를 즐겼다. 이 인공 연못도 뱃놀이용이었다. 인공 연못의 물은 골짜기의 물을 모은 것이었지만, 근처에 아피아 수도가 있었으므로 수돗물을 채웠을지도 모른다. 인공 연못의 물은 클로아카 막시마(대하수도)를 통해 티베리스 강으로 배수됐다.

인공 연못은 그 전에 이미 파놓은 상태였기 때문에 기초 공사 일부는 생략할 수 있었다. 그렇지만 어쨌든 지반이 좋지 않았으므로 기초는 폭 31미터에 6미터 깊이로 파고 들어가 견고한 지반 위에 기초를 놓았다. 현대 건설에서는 당연한 일이지만, 로마인들은 이미 그 옛날에 구조물에는 굳은 지반이 필요하다는 사실을 알고 있었다. 지상부는 거기에서 다시 6미터를 올려 전체 두께를 12미터로 성토 공사를 했다. 이 성토 작업은 홍수 시 침수를 피하기 위한 것이었다. 지하 부분에는 32개소의 맹수용 우리를 수납하는 공간과 연결 통로가 깔렸고 아레나로 이어지는 리프트가 설치됐다.

콜로세움에서 낙성식의 일환으로 아레나에 물을 대고 모의 해전을 벌였다는 설도 있지만 진위 여부는 알 수 없다. 해전장의 물 공급은 로마 수도, 배수는 클로아카 막시마를 이용하면 신속한 급배수를 할 수 있었을 것이다. 하지만 아레나에 물을 채우면 맹수가 있는 지하 공간과 승강 설

빵과 서커스

210

콜로세움 아레나 지하 부분

비 부분의 방수가 매우 어렵다. 가능했어도 모의 해전은 하지 않게 됐을 것이다.

속주의 원형 경기장

현존하는 로마 유적에서 원형 경기장의 분포를 살펴보면 가장 많은 지역이 이탈리아로 77곳 이상이다. 다음으로는 프랑스가 32곳 이상이며, 튀니지가 26곳 이상, 에스파냐가 16곳 이상, 영국이 13곳 이상이다. 모두 209곳 이상으로 원형 극장의 475곳과 비교하면 절반 수준이다.

검투사 경기는 이탈리아 중부, 로마 시 북부의 에트루리아가 발상지여서 그런지 이탈리아 본토에서 가장 많이 진행됐다. 이후로도 계속해서 로마인들이 검투사 경기를 즐겼음을 알 수 있다. 극장 수가 많았던 터키, 그리스, 이스라엘 등지에는 투기장은 매우 적다. 원래부터 연극 감상이

주를 이뤘던 지역에서는 검투사 경기 관람 유행이 그다지 이뤄지지 않은 듯 보인다. 한편 영국, 프랑스, 에스파냐, 아프리카 등 이탈리아에서 서쪽 지역에는 많이 건설됐다. 튀니지에도 많았던 원형 경기장이 특이하게도 이집트에는 없었다는 게 흥미롭다.

현재까지도 서유럽에서 펼쳐지고 있는 투우는 본래 검투사의 맹수 사냥을 변형한 것으로, 원형 경기장이 많은 에스파냐, 포르투갈, 프랑스에서 활발하다. 그 기원은 잘 모르겠지만 시설이 있었기 때문이라기보다는 소를 쉽게 구할 수 있었거나 애초부터 투우 문화가 있었던 것으로도 보인다.

수도 로마 시에서 가장 멀리 떨어져 있는 영국에도 수많은 원형 경기장이 조성됐다. 이 가운데는 극장을 겸한 것들도 꽤 있었는데, 대표적으로 80년경에 건설된 웨일즈의 칼레온(Caerleon)처럼 소형(아레나 규모 55미터 ×40미터)이 많았다. 본토에서 볼 수 있는 대규모 석조 투기장과는 비교된다.

로마제국이 본격적으로 잉글랜드 원정을 시작한 때는 43년 클라우디우스 황제 시대였다. 그 해에 속주 브리탄니아가 성립됐다. 이후 5세기 초에 로마군의 철수가 이뤄질 때까지 브리탄니아는 로마의 속주로서 존속했다. 로마 시대에 브리탄니아의 인구는 약 250만 명이었다. 그중 도시나 군단 기지에 거주한 인구가 17퍼센트 정도였다. 브리탄니아의 식민 도시는 지금의 콜체스터(Colchester), 글로스터(Gloucester), 링컨(Lincoln), 요크(York) 4곳이었다. 군단 기지는 요크, 칼레온, 체스터 3곳으로 로마인들의 이주는 그리 많지 않았다. 그런데도 21개나 되는 투기장을 건설했다. 현지인들과의 융화를 고려한 조치였을 것이다.

한편 튀니지의 엘젬(El Jem)에는 콜로세움에 뒤지지 않는 멋진 원형 경기장이 있었다. 로마의 곡창 지대로서 매우 소중한 속주였기에 대규모

웨로나(베로나)의 원형경기장

시설이 만들어진 것이다.

번창했던 속주 폼페이에도 당연히 원형 경기장이 있었다. 기원전 80년경 '대(大) 카토' 마르쿠스 포르키우스(Marcus Porcius Cato, 기원전 234~149) 등에 의해 건설됐다. 135미터×104미터의 넓이로 수용 인원은 2만 명이었다. 하지만 아레나 아래로 지하실이나 승강기는 없었다.

웨로나(베로나)의 원형 경기장은 현재 오페라 공연장으로 활용되고 있다. 하계 공연이 특히 유명하다. 매년 6월말에서 8월초에 오페라 페스티벌이 열리는 것으로 유명하다. 오페라 〈로미오와 줄리엣〉도 이곳에서 공연됐다. 앞서 살폈듯이 웨로나는 아디제 강가를 따라 이어진 교역 거점 도시였다. 원형 경기장은 바깥지름 139미터, 안지름 110미터의 2층 구조이며 수용 인원은 약 2만 5,000명이다. 초대 황제 아우구스투스 치세 때 건설된 유서 깊은 곳이다.

세계 문화 유산에 등재되지는 않으나 푸테올리에도 원형 경기장이 있다. 이미 설명한 것처럼 푸테올리는 항구 도시로 번성했다. 원형 경기

빵과 서커스 ②: 오락과 휴식

푸테올리, 님, 아를, 메리다 원형 경기장(왼쪽 위부터 시계 방향으로)

장이 2곳 이상 있는 곳이 로마 시와 푸테올리, 튀니지 우티카와 엘젬 4개 도시 뿐이었기에 푸테올리가 번창했던 도시였음을 알 수 있다. 그중 첫 번째 원형 경기장은 폼페이와 마찬가지로 루키우스 술라 때인 기원전 81년경 건설됐다. 바깥지름이 130미터×95미터이며 지하 시설은 없고 검투사 경기 전용이었다.

현재 남아 있지 않은 두 번째 경기장은 네로 황제 시대인 60년에 착공돼 웨스파시아누스 황제 시대인 69년에 완성됐다. 바깥지름 149미터×

116미터(144미터×122미터라는 기록도 있다), 안지름 75미터×42미터, 수용 인원 4만 명이다. 콜로세움과의 큰 차이는 벽돌 틀을 이용한 콘크리트를 많이 사용했다는 점이었다. 참고로 푸테올리는 시멘트의 발명지이며, 시멘트 재료가 되는 화산재가 풍부했다. 44개소의 지하로 이어지는 개구부가 있고 맹수 사냥을 위한 승강 시설이 있었다.

프랑스 님의 원형 경기장도 마찬가지로 세계 유산에 등재되지는 않았는데 현재도 잘 보존돼 있다. 수도교인 퐁 뒤 가르가 부설된 님 역시 번성했던 도시로, 2세기 말경 건설된 원형 경기장이 있다. 수용 인원 2만 명으로 2층 구조다. 아를의 원형 경기장은 1세기 말 건설됐으며, 바깥지름 136미터, 안지름 107미터, 2만 5,000명 수용 규모다. 에스파냐 메리다 원형 경기장은 기원전 1세기에 만들어졌고 1만 4,000명을 수용한다.

독일 트리어 원형 경기장은 100년경 세워졌고 길이 75미터, 너비 50미터의 구릉지를 파내어 건설했다. 2만 5,000명~3만 명 규모이며 관중석만 있고 지하실은 없다. 튀니지 카르타고의 원형 경기장은 1세기에 건설됐으며 3세기에 확장됐다. 3만 명 수용 규모로 이 또한 관중석만 있고 지하실은 없다. 검투사 경기 전용이었다는 얘기다.

엘젬의 원형 경기장은 238년경 완공됐는데, 바깥지름 425미터로 3.5만 명을 수용했다. 평지에 만든 원형 경기장으로 보존 상태가 양호하다. 리비아 렙티스 마그나의 원형 경기장은 이 지역 출신의 황제 셉티미우스 세웨루스가 건설했다. 2만 4,000명 수용 규모다. 구릉지를 파내어 만든 원형 경기장이며, 역시 관중석만 있고 지하실은 없다.

영국 지역에는 세계 문화 유산에 등재되지 않은 웨일즈의 칼레온 원형 경기장을 비롯해 13곳의 원형 경기장이 있지만, 위에서 언급했듯이 콜로세움처럼 호화롭지는 않고 소박하다. 건축물이라기보다는 넓은 공터에 가깝다.

칼레온 원형 경기장

: 키르쿠스, 전차의 질주 :

이제는 서커스의 어원인 '키르쿠스', 전차 경주장을 살펴보기로 하자. 전차 경주장은 로마 시내외에 6곳, 제국 전체에 77곳이 있었다. 검투사 경기와 마찬가지로 대표적인 오락으로 시민들에게 인기가 많았다. 지금은 인기가 예전만 못하지만 현대의 서커스는 사람의 곡예, 동물의 재주, 어릿광대의 코미디로 구성돼 있으며, 1770년 런던 애스틀리 로열(Astley Royal) 극장에서 공연한 것을 최초로 본다.

다시 오리지널 서커스 전차 경주로 돌아와서, 전차 경주는 속도를 즐기는 종목으로 마부나 말이 크게 다치기도 했고 사망 사고가 일어나기도 했다. 오늘날의 모터 스포츠와 마찬가지로 고대 로마인들도 속도가 주는 짜릿함에 빠져들었다. 황제들도 매우 좋아했다.

전차 경주장을 의미하는 키르쿠스 중 가장 유명한 곳이 수도 로마의 아벤티노 언덕과 팔라티노 언덕 사이의 골짜기에 건설된 대경주장이라는

키르쿠스 막시무스가 있던 공간

뜻의 키르쿠스 막시무스다.

　전체 77곳 전차 경주장 가운데 터키 지역에 가장 많은 30곳이 있고, 그리스에 17곳 이상, 이탈리아 본토에 6곳(로마 시 근교에 5곳), 이스라엘·시리아·레바논 등에 6곳 이상, 튀니지에 4곳이 있었다. 원형 극장이 475곳 이상, 원형 경기장이 209곳 이상 지어진 것에 비하면 적은 수다. 수용 규모 때문인데, 키르쿠스 막시무스의 경우 약 30만 명 규모로서 이 정도 넓이를 확보할 수 있는 땅이 상대적으로 많지는 않았을 것이다. 전차 경주는 고대 그리스에서 유래했고 그리스와 그 영향권인 터키 등에서는 성행했지만, 수도 로마를 제외하고 기타 지역에는 한정적으로만 보급됐다.

　유웨날리스가 살았던 100년경 수도 로마의 전차 경주장과 원형 경기장의 수를 비교하면 전차 경주장은 4곳, 원형 경기장은 2곳이며, 수용 관중 수는 전차 경주장이 훨씬 많았다. 각각의 경기 개최 횟수는 정확하지 않지만 수용 관중 수로 판단해보면 전차 경주 쪽이 더 인기 있었다. 그래

서 유웨날리스는 빵과 서커스를 비유하면서 오락의 대표로 검투사 경기가 아니라 키르쿠스, 즉 전차 경주를 든 것이다.

피 말리는 전차 경주 장면으로 손에 땀을 쥐게 한 영화가 앞서 언급한 〈벤허〉다. 동명의 원작 소설 내용이 1세기 초 유대의 이야기다. 유대 왕족의 아들 벤허는 소꿉 친구였던 로마 주둔군 장교 메살라에 의해 속주 유대 총독 암살 미수 누명을 뒤집어쓴다. 가족들은 뿔뿔이 흩어지고 벤허 자신은 노예가 되는 고통을 겪는다. 벤허는 로마군 갤리선 노잡이로 해전에 참가해 로마군 사령관의 목숨을 구한 공으로 그의 양자가 되는데, 이후 유능한 전차 경주 마부로 주목을 받게 되고 마침내 예루살렘에서 불패의 신화를 이어가던 메살라와의 한판 승부를 펼친다.

벤허는 자신을 모함했던 메살라를 향한 복수의 화신이 되어 격전 끝에 승리한다. 메살라는 빈사 상태의 중상을 입고 가쁜 숨을 몰아쉬면서 벤허의 어머니와 여동생이 나병의 계곡에 있다는 사실을 고백한다. 그리고 마침내 가족이 상봉하고 나병도 기적적으로 치유된다는 이야기다. 전차 경주를 굉장히 박력 있게 연출하고 있어서 볼 만한 영화다.

전차 경주의 시작

전차 경주가 언제 시작됐는지에 대해서는 잘 알려져 있지 않지만, 사람이 달리고 말이 뛰면서 자연스럽게 경주가 열린 것으로 보인다. 전장에서 전차가 사용되면서부터는 자연스럽게 훈련 과정 속에서 경주도 이뤄졌을 것이다.

이 시대의 전차라 하면 병사를 태우고 말이 끄는 전투 마차를 말한다. 채리어트(chariot)나 병거(兵車) 모두 전차를 일컫는 단어다. 실제로 고대 중국이나 그리스, 이집트 등 다른 많은 지역에서도 전쟁 때 전차가 사용됐다. 이집트의 파라오 람세스 2세(Ramesses II, 재위 기원전 1279?~1213?)의 아부 심벨(Abu Simbel) 신전 벽화에 전차가 등장한다. 한 사람이 마부와 전사 역할을 병행하는 경우도 있었지만, 동승해서 각자 역할을 하는 경우가 더 많았다. 역할이 분리되면 대형 창과 활을 다룰 수 있어 파괴력을 높일 수 있기 때문이었다.

기원전 8세기 그리스의 시인 호메로스(Homeros, 기원전 800?~750?)가 쓴 대서사시 《일리아드(Illiad)》에는 이런 구절이 있다. 제23가 '파트로클로스(Patroclus)의 장례 경주'의 한 대목이다. 트로이아(Troia) 전쟁 때 전사한 친구 파트로클로스의 죽음을 기리기 위해 아킬레우스(Achilleus)가 장례 경주를 개최했다.

"친구 파트로클로스의 죽음을 애도하며 아킬레우스가 주최한 전차 경주의 참가자는 디오메데스, 에우메로스, 안틸로코스, 메넬라오스, 메리오네스이었다. 나무 그루터기를 반환점으로 삼은 왕복 경주에서 두 마리 말이 끄는 전차를 타고 최종 승자가 된 디오메데스는 여자 노예 한 명과 가마솥을 상으로 받았다."

I
아부 심벨 신전 벽화의 전차

죽은 이의 장례식 때 전차 경주를 여는 것은 드문 일이 아니었다. 검투사 경기와 마찬가지로 전차 경주도 장례 의식의 하나였던 셈이다.

올림픽과 전차 경주

고대 그리스 올림피아(Olympia)에서 열린 범그리스적 규모의 체육 체전에서 2마리 말이 끄는 쌍두마차 시노리스(synoris)와 4마리가 끄는 사두마차 테트리폰(tethrippon)의 전차 경주가 열렸다. 이런저런 설이 있지만 기원전 8세기경 오늘날 올림픽의 효시가 되는 경기 축제가 처음 열렸고 전차 경주 종목이 포함된 것은 기원전 680년 대회 때라고 알려져 있다. 48스타디온(8,640미터) 거리를 달리는 사두마차 전차 경주였다. 기원전 648년부터는 경마도 추가됐다. 48스타디온이면 예컨대 저 유명한 파리의 롱샹(Longchamp) 경마장의 2,400미터보다 훨씬 긴 거리다. 전차 경주는 어쨌거나 전차를 이용한 전쟁에서 기원했다. 전쟁이 하루아침에 끝나는 경우는 없었으므로 장거리 경주였을 것이다. 참고로 세계 최초의 경마장은 1540년 영국 체스터에 생겼고 그때부터 근대 경마가 열리게 됐다.

전차 경주는 먼저 경기장인 히포드롬(hippodrome)에서의 행진으로 시작됐으며, 그러는 동안 전령이 마부와 전차 소유자의 이름을 큰 소리로 낭독했다. 올림피아 경기장은 길이 약 550미터, 너비 약 270미터였고 1만 명의 관중을 수용했다. 말 4마리가 끄는 전차 경주는 경주장을 12바퀴 돈다. 레이스의 시작은 독수리나 돌고래 같은 조각상을 설치하고 이를 들어 올려서 알렸으며, 경주가 진행되면서 남은 바퀴를 알려주기 위해 하나씩 내렸다. 전차 경주에서 가장 역동적인 부분은 경주장 양쪽 끝의 반환점이다. 빠른 속도로 미끄러져 달리는 스피드 스케이팅처럼 전차 경주에서도 코너링이 매우 중요했다. 경주장을 몇 바퀴나 도는 만큼 스릴이 커지는 것이다.

로마의 전차 경주

로마인들에게 전차 경주를 알려준 이들은 그리스인들을 통해 경주를 알게 된 에트루리아인들이었다. 로마를 창건하고 초대 왕이 된 로물루스(Romulus)가 기원전 753년에 사비니(Sabini) 사람들을 초청해 전차 경주를 열었다는 전설이 있다. 사비니는 이탈리아 중부 지역인데 그때 사비니 사람들이 경주 관람에 정신이 빠져 있는 동안 로물루스와 그 부하들이 사비니의 여자들을 납치해 아내로 삼았다는 이야기다. 프랑스의 화가 니콜라 푸생(Nicolas Poussin, 1594~1665) 등이 그린 〈사비니 여인들의 납치(L'enlevement des Sabines)〉라는 작품으로 유명한 이야기다. 이렇듯 전차 경주는 로마 건국 때부터 등장하는 유서 깊은 오락 거리였던 셈이다.

또 다른 이야기에 따르면 에트루리아 출신의 로마 제5대 왕 타르퀴니

〈사비니 여인들의 납치〉 니콜라 푸생/1637년/캔버스에 유채/206X154(미국 뉴욕 메트로폴리탄 미술관 소장)

우스(Lucius Tarquinius Priscus, 재위 기원전 616~578)가 라틴족과의 전쟁에서의 승리를 축하하고자 전차 경주와 복싱 등의 경기 축제를 개최했다고 한다. 바로 그 장소가 키르쿠스 막시무스였다. 그는 포룸 로마눔과 마찬가지로 저습지였던 곳에 배수로를 설치하고 간척해서 키르쿠스 막시무스를 건설했다.

경주 순서는 이랬다. 경주에 참가한 전차들의 대열이 갖춰지면 황제 등이 마파(mappa)라고 불리는 천을 떨어뜨려 레이스의 시작을 알렸다. 일단 레이스가 시작되면 전차들은 서로 달리다가 상대 전차를 중앙 분리대인 스피나(spina)에 충돌시키려고 시도했다. 스피나에는 세월이 흐르면서 조각상이나 오벨리스크, 기타 예술적인 장식이 놓이게 됐다. 이것들 때문에 관중들은 스피나의 반대편을 달리는 전차를 보기 어려워졌지만, 대다수의 사람들은 그것을 흥분을 북돋우기 위해 설치했다고 생각한 것 같다. 스피나의 양끝에는 반환점을 나타내는 풋대가 있었다.

레이스 자체는 그리스 시대와 거의 변함이 없었지만 로마 시대에는 매일 수십 번, 때로는 1년에 수백일 동안이나 진행됐다. 이를 위해 주행 거리를 그리스의 12바퀴에서 7바퀴로 줄였다. 나아가 도미티아누스 황제는 하루의 레이스 수를 늘리고자 다시 5바퀴로 줄였다. 그래서 하루 100회의 경주를 할 수 있게 했다는 기록이 남아 있다.

전차 경주의 박진감을 경마와 비교해보자. 한 번 레이스할 때마다 12대의 사두마차가 출전한다고 가정하면 기수가 12명이고 말이 48마리가 된다. 지금의 롱샹 경마장은 출발 게이트를 전부 쓴다고 해도 20마리다. 48마리라면 그보다 2.4배가 많은 수다. 박진감이 대단했을 것이다. 레이스 횟수도 하루 평균 12경기다. 거리에 따라 달라지겠지만 대개는 30분 간격으로 출발했다. 그렇게 하루에 100회 레이스가 펼쳐진다. 경주에 참여하는 말의 수만 해도 4,800마리다.

정말 이렇게 많은 말을 유지할 수 있었을까. 시간적으로도 가능한 일이었을까. 100회 레이스를 했다면 100레이스×5바퀴가 되므로 말과 전차에 의해 짓밟힌 경주장 바닥 상태가 결코 좋지 않았을 것이다. 그렇다면 예기치 않은 사고도 많이 일어났을 것이다. 한 자리에서 그 많은 경기를 관전하는 것도 쉬운 일이 아니다. 하루에 100레이스라는 기록은 아무래도 믿기 어렵다.

어쨌든 전차 경주의 주행 거리를 줄여 레이스 횟수를 늘린 것은 관객을 더 열광시키기 위해서였다. 당연한 일이겠지만 내기도 있었다. 팀 플레이와 개인 플레이의 혼합 방식으로 운영되는 경기방식도 흥미를 가중시켰을 것이다. 팀 플레이, 즉 전차 경주 당파의 분화와 발전은 네로 황제 때 시작됐다고 전해진다.

각각의 팀은 1레이스당 3대까지 전차를 내보낼 수 있었다. 같은 팀원들끼리는 서로 협력, 가령 스피나에 상대 팀이 충돌하도록 만드는 술수를 써서 상대와 겨뤘다. 이것이 흥미롭다. 관객들이 후원하는 팀이 있고 베팅이 이뤄지면 열광하지 않는 것이 이상하다. 칼리굴라, 네로, 도미티아누스, 콤모두스 등 이른바 나쁜 황제로 일컬어지는 황제들은 적색, 청색, 녹색, 백색의 네 팀 가운데 녹색 팀을 후원했다.

관중을 열광시키기 위해 전차를 모는 마부의 기술이 중요했다. 마부의 기술이 졸렬하면 관객을 흥분시킬 수는 없다. 그렇다면 마부의 기술을 높이기 위해 어떻게 했을까?

우선 마부 자신이 그리스 시대와 마찬가지로 대부분 노예임에도 불구하고 경주 승자가 되면 많은 영예를 누릴 수 있었다. 그들은 월계관과 상금을 획득하고 충분한 횟수의 승리를 얻으면 자유민의 신분을 살 수도 있었다. 요컨대 마부에게는 승리에 대한 인센티브가 주어졌다. 이는 검투사와 마찬가지다. 유능한 사람은 출신과 관계없이 우대한다. 고대 로마인들 특유의 기질이었다.

두 번째로 마부들은 그리스 때와는 달리 위험한 플레이로부터 자신의 몸을 지키기 위한 투구나 머리 보호대를 착용했다. 위험한 플레이라고 표현한 이유는 그리스 전차 경주에서 마부는 고삐를 두 손으로 잡고 있던 반면 로마 때는 허리에 고삐를 감아 둘렀던 것이다. 이 때문에 고도의 전차 조종이 가능했다. 그러나 전차가 사고를 당했을 때 고삐에 묶인 채 끌려가다가 죽거나 크게 다치는 경우도 많았다. 이런 상황에 대비해 마부는 스스로 고삐를 자르기 위한 칼을 지니고 있었다. 마부는 박력 있는 레이스를 펼쳐서 얻게 될 영예를 위해 목숨을 건 사투를 벌였던 것이다.

이렇게 마부에게 인센티브와 장비를 주면 박력 있는 레이스가 펼쳐질 것은 분명했다. 거기에 베팅까지 이뤄지면 관중에게 흥분하지 말라는 말은 통하지 않는다. 로마인들은 놀이의 천재들이 아니었나 싶다. 그리스의 것을 모방하면서도 크게 발전시켰다. 모방을 통한 창조였다.

황제와 전차 경주

수에토니우스의 《황제전》과 타키투스의 《연대기》를 통해 황제들이 전차 경주를 어떻게 바라보고 개최했는지 알 수 있다. 스스로 황제의 자리에 오르지는 않았기에 황제는 아니었지만 실질적으로 황제나 다름없던 율리우스 카이사르부터 살펴보자. 《황제전》은 이렇게 쓰고 있다.

"키르쿠스 막시무스 양끝 공간을 연장해 주위에 바깥 해자를 두르라 명했으며, 명문가의 청년들이 쌍두와 사두전차를 몰고 곡예를 부렸다."

카이사르는 전차 경주가 당시의 청년들에게 최적의 스포츠라고 생각한 것 같다. 키르쿠스 막시무스도 정비했다. 다만 그는 경주장까지 일을 갖고 와서 이른바 정무를 보며 경주를 관람했기 때문에 시민들의 평판은 나빴다. 개혁안을 기획하거나 그 사이에 집필을 하기도 했다. 관중들의 시선 따위는 물론 신경 쓰지 않았을 것이다.

카이사르는 갈리아를 제압하고 폼페이우스와의 싸움에서 승리한 용맹스러운 무장이었다. 자신도 그것이 자랑스러웠는지 스스로를 3인칭 시점으로 표현한 문체로 《갈리아 전기》 등을 썼다. 지금 같으면 노벨 문학상을 거머쥐었을 만한 문필가이기도 했다. 또한 《황제전》이 묘사하듯이 개선식에서 로마 군단병들이 "아내를 숨겨라 남편들이여, 대머리 연애도사가 납시었다!"고 외칠 정도로 바람둥이였다. 검투사 경기, 전차 경주, 모의 해전을 시민들에게 제공한 놀 줄 아는 권력자였으며 수많은 개혁을 이뤄낸 혁신가이기도 했다. 《로마사》로 노벨 문학상을 받은 독일의 정치가이자 역사가 테오도르 몸젠(Theodor Mommsen, 1817~1903)이 "로마가 낳은 유일한 창조적 천재"라고 말한 그대로였다.

이번에는 전차 경주에 관한 초대 황제 아우구스투스의 일화를 살펴보자. 앞서 잠깐 언급했듯이 《황제전》에는 그가 플라미니우스 경주장 주랑과 귀빈석을 마련했다는 것과 귀족 계급 젊은이들도 전차 경주에 마부로 세웠다는 내용이 나온다.

"경주장에 때로는 고위급 자제들도 마부로 출전시켰고 맹수 사냥에도 내보냈다."

아우구스투스는 전차 경주뿐 아니라 연극과 검투사 경기, 나아가 모의 해전까지 주최해 수도 로마 시민들이 즐길 수 있도록 했다. 그는 그리고 카이사르와는 다르게 관전에만 집중하고 다른 일은 하지 않은 듯하다.

《황제전》에서 소개하는 제3대 황제 칼리굴라 역시 전차 경주광이었다.

"칼리굴라 황제는 키르쿠스 막시무스에서의 경주도 아침부터 저녁까지 열었다. 특별한 구경거리로 원로원 계급의 사람이 전차를 몰 때는 경주장에 빨간색과 파란색 모래를 깔아주기도 했다. 칼리굴라는 스스로도 열심히 여러 가지 기술을 연마했다. 트라키아 검투사로도, 전차 마부로도 활약했다. 각지에 경주장을 세우고 거기에서 전차를 몰았다. 경주에 빠져서 경기장에 살다시피 하며 식사도 그곳에서 할 정도였다. 마음에 드는 어떤 실력 있는 마부에게는 200만 세스테르티우스를 선물하기도 했다. 또한 자신의 애마인 인키타투스(Incitatus)가 경주 전날 밤 편히 잘 수 있도록 병사를 풀어 인근 주민들에게 정숙을 명했다."

애마인 인키타투스를 집정관으로 삼으려고 했다는 이야기도 전해진다. 전차 경주를 좋아하는 정도 아니라 광적으로 집착하고 몰입한 것 같다. 마치 검투사 경기에 몰두했던 콤모두스 황제처럼 말이다. 그리고 바티카누스(Vaticanus), 즉 지금의 바티칸 시국 지역에 새로운 전차 경주장 건설을 시작하고 얼마 지나지 않아 암살당했다. 그가 사망할 즈음에는 티베리우스가 남겨준 27억 세스테르티우스를 모두 탕진한 상태로 고작 수도 로마에 8일치 식량밖에 남지 않았다는 기록도 있다. 그의 치세가 더 오래 갔더라면 로마제국은 의외로 빨리 멸망했을지도 모르겠다.

제4대 황제 클라우디우스에 관해 《황제전》에서는 이렇게 설명한다.

"전차 경주는 키르쿠스 바티카누스에서도 열렸다. 5개 조 경주가 끝날 때마다 그 사이에 맹수 사냥이 진행됐다. 또한 그때까지 목재와 석영으로 만든 출발점 울타리와 반환점이 대리석과 금 도금으로 바뀌었고, 그 전까지는 일반 시민들과 섞여서 구경하던 원로원 의원들을 위한 지정석도 마련됐다. 기마병이 경주장에서 날뛰는 들소를 쫓아다니다가 소가 지쳤을 때 한 번에 달려들어 뿔을 잡고 소를 땅에 내동댕이친 일도 있었다."

클라우디우스 황제는 오스티아 항구를 지었고, 클라우디우스 수도를 건설했으며, 푸키누스 호수 간척을 추진했고, 키르쿠스 막시무스 보수도 추진했다. 전차 경주 말고도 브리탄니아 도시 공략 모의 해전과 푸키누스 호수 모의 해전을 주최하는 등 대단한 애정을 보여줬다. 칼리굴라를 이은 클라우디우스 황제는 원래 병약한데다 말을 더듬고 한쪽 다리를 끄는 버릇이 있어서 처음에는 그리 기대를 받지 못했지만, 브리탄니아 원정을 성공시키고 우수한 인재를 등용하는 등 훗날 훌륭한 황제로 평가받았다. 하지만 그 다음이 또 다시 폭군이었다. 다름 아닌 제5대 네로 황제다. 68년 반란 당시 "세계는 오늘 한 사람의 뛰어난 예술가를 잃는다"며 자결한 희대의 폭군. 예술은 물론 체육에도 지대한 관심이 있었는데, 《황제전》에 비교적 상세하게 묘사돼 있다.

"네로 황제는 어릴 적부터 특히 전차를 몰고자 하는 열의에 불타 있었다. 하지만 통치를 시작했을 무렵에는 매일 장기판 위에 상아로 만든 장

난감 경주 전차를 갖고 놀면서 참고 지냈다. 그렇지만 교외에 머물고 있을 때에는 처음엔 조용히, 나중에는 공공연하게, 키르쿠스에서 벌어지는 경주는 아무리 규모가 작아도 전부 참석했다. 그래서 경주가 있는 날이면 반드시 황제가 올 것이라는 사실을 아무도 의심하지 않았다. 마침내 네로는 스스로 전차를 몰고 싶다는, 그런 자신의 모습을 시민들에게 보여주고 싶다는 욕망을 드러내기에 이르렀다. 키르쿠스 막시무스에 아우리가(마부)로서 출전했다. 이후 그는 많은 도시에서 전차를 몰았고, 올림피아에서는 10마리가 모는 전차의 아우리가로 활약했다. 그러나 그는 경주 도중 전차에서 떨어졌으며 다시 올라탔지만 계속 달릴 수 없어서 경주를 포기했다. 그럼에도 불구하고 승자의 관을 받았다."

10마리가 끄는 전차라니 상상만 해도 굉장하다. 말 10마리가 한꺼번에 달리면 엉키지 않았을까 하는 괜한 걱정도 든다. 아니, 정말로 그래서 말이 균형을 잃고 쓰러져 전차도 전복된 게 아니었을까?

각설하고, 네로 황제는 무대의 배우로도 전차의 마부로도 직접 참가하면서 놀기에 바빴다. 실력이야 어찌 됐든 관중의 갈채를 받고 싶었다. 그는 칼리굴라 황제 때 건설을 시작한 바티카누스 전차 경주장을 완성시켰다. 그런 그도 대책 없이 놀기만 하고 황금궁을 짓고 멋대로 살다가 끝내 암살됐다.

이제 시대를 조금 건너뛰어서 제11대 황제 도미티아누스 때로 가보자. 《황제전》에는 이렇게 쓰여 있다.

"키르쿠스에서 하루 100회의 출주를 용이하게 할 수 있도록 1회 경주를 5바퀴로 줄였다."

종전까지는 시간당 3회 레이스 비율로 하루 최대 24회 레이스가 진행됐다. 이를 하루 100회 출전을 위해 1회 경주당 5바퀴로 줄였다는 것은 도박 횟수를 늘리려고 경주 거리를 짧게 했다는 얘기다. 앞서 언급했듯이 도미티아누스 황제는 콜로세움을 완공한 인물이다. 전차 경주도 엄청나게 좋아해서 보라색과 금색 2개 팀을 만드는 등 전차 경주를 재미있게 즐겼다. 하지만 칼리굴라나 네로처럼 암살당한 황제의 목록에 이름을 올렸다.

공공 욕장을 살펴볼 때 계속 등장한 이름, 제24대 카라칼라도 전차 경주와 관련이 많은 황제다. 《황제전》과 《연대기》 이후의 연대지만 대욕장을 건설한 그는 알렉산드리아에서 시민들을 대량 학살하고 속주의 모든 자유민들에게 로마 시민권을 주는 '안토니누스 칙령'을 포고함으로써 로마의 계급 체계를 근본적으로 개악했다는 평가를 받고 있다. 그런 그도 목욕을 좋아한 만큼 전차 경주도 좋아해서, 로마 남서부에 키르쿠스 와리아누스(Varianus)를 건설했다. 나아가 자신의 초상과 전차 경주장을 새긴 세스테르티우스 동전을 발행해 전차 경주 애호가임을 널리 알리기도 했다.

시민과 전차 경주

유웨날리스가 오락의 왕으로 인정했을 만큼 시민들에게 인기가 좋았던 전차 경주였다. 그것에 영합하고자 도미티아누스는 하루 24회 레이스를 100회로 늘리기까지 했다. 혼자 생각으로 그런 건 아니었고 시민들의 요구가 많아서였다. 전차 경주는 왜 그토록 인기가 높았을까? 영국의 역사가 크리스토퍼 히버트(Christopher Hibbert, 1924~2008)는 자신의 책 《로마, 도시의 전기(Rome, the Biography of a City)》에서 다음과 같이 분석하고 있다.

"키르쿠스 막시무스 주변에는 상점, 식당, 선술집 그리고 매춘부나 점쟁이들의 오두막이 늘어서 있었다. 중앙의 광대한 경주로에서는 경마와 전차 경주가 소란스러운 흥분, 내기를 둘러싼 광기, 바람둥이들의 밀통이 뒤섞인 공기 속에서 진행되고 있었다."

　이로 비춰볼 때 내기, 매춘, 밀통 등이 가능한 공간이라는 것이 인기의 원인이 아니었을까 추측해본다. 《변신 이야기(Metamorphoseon Libri)》로 잘 알려진 아우구스투스 황제 시대의 유명한 시인 오위디우스(Ovidius, 기원전 43~17)는 자신의 또 다른 책 《사랑의 기술(Ars Amatoria)》에서 이렇게 묘사한다.

　"키르쿠스에는 많은 기회가 기다리고 있다. 젊은 여자의 옆자리를 차지하는 것을 막을 수 없다. 최대한 그녀에게 접근하라. 이는 쉬운 일이다. 좌석은 좁다. 구실을 찾아 그녀에게 말을 걸어라. 어떤 말이 들어오는지, 당신은 어느 편을 좋아하는지 물어라. 그리고 그녀의 선택에 동의하라. 자주 있는 일이지만, 만약 조금이라도 먼지가 그녀의 무릎에 떨어지면 살짝 털어주어라. 설령 먼지가 떨어지지 않았어도, 떨어진 척을 해서라도 무릎을 살짝 털어주어라."

　이런 내용으로도 알 수 있듯이 전차 경주장은 원형 극장이나 경기장처럼 신분이나 성별에 따른 좌석 구분이 없었다. 이른바 아우구스투스 극장법이 적용되지 않았던 것이다. 그렇게 남녀가 어우러지다 보면 자연스럽게 밀통의 가능성도 커진다. 더욱이 고대 로마는 남성 우위의 시대였다. 그중에서도 특히 전차 경주장은 남성들의 천국이었다. 여성을 유혹하는 데 능한(?) 이탈리아 남성들의 원류는 키르쿠스, 즉 전차 경주장에 있는지도 모른다.

전차 경주장

　앞서 설명한 바와 같이 수도 로마 시의 대경주장 키르쿠스 막시무스는 기원전 6세기 왕정 로마 시대 제5대 왕 타르퀴니우스 프리스쿠스에 의해 만들어진 것으로 알려져 있다. 그것을 카이사르가 기원전 50년경 개

수했다. 이후 카라칼라 황제에 의해 키르쿠스 와리아누스가 건설될 때까지 260년 남짓한 사이 모두 6곳의 전차 경주장이 수도 로마 주변에 세워졌다.

먼저 키르쿠스 막시무스부터 살펴보자. 율리우스 카이사르는 기원전 50년경 키르쿠스 막시무스를 길이 약 600미터, 너비 약 225미터 규모로 확장했다. 지금의 파리 롱샹 경마장보다 약간 작은 규모였다. 전차 경주는 몇 바퀴나 도는 경기다. 전차 경주와 경마를 단순 비교할 수는 없지만 머릿속에서 이미지는 떠올릴 수 있을 것이다. 수용 인원은 현재 터만 남아 있어서 정확히 말할 수는 없고 15만 명에서 38만 명까지 다양한 의견이 있지만 약 15만 명 규모라는 게 정설이다. 시대에 따라 수용 인원이 달라졌을지도 모른다.

키르쿠스 막시무스가 있던 자리는 현재 그대로 보존돼 있지만, 막상 가보면 아무것도 없는 거대한 운동장이다. 여러 문헌 등을 종합해 재현한 상상도를 참조하면 출발 게이트는 12개였으며 경주장 중앙에 분리대인 스피나가 있었다. 그리고 올림피아와 마찬가지로 돌고래 같은 조각상으로 만들어진 주회수 표시기가 마련돼 있었다. 관중석은 원형 극장이나 경기장과 마찬가지로 아치 구조를 채용했다. 스피나 중앙의 오벨리스크는 아우구스투스 황제 때 이집트에서 실어온 것으로 16세기에 교황 식스토 5세에 의해 포폴로(Popolo) 광장으로 이전 설치됐다. 받침대를 포함해 높이 33미터의 위용을 자랑했다.

참고로 현재 세계 각지에 약 30기의 오벨리스크가 있는데 그중 13기가 로마에 있다. 알다시피 오벨리스크는 신전 등에 세워진 기념 방첨탑(方尖塔)이며 고대 이집트, 특히 신왕국 시대인 기원전 27세기~23세기에 많이 제작됐다. 로마가 이집트를 정복하면서 이 거대한 구조물을 바다 건너 로마까지 배로 실어온 것이다.

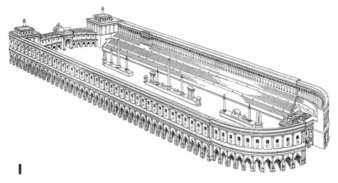

키르쿠스 막시무스 조감도(상상도)

　이어서 키르쿠스 플라미니우스는 기원전 220년 티베리스 강에서 가까운 마르티우스 평원에 당시 집정관 가이우스 플라미니우스(Gaius Flaminius, ?~217)가 건설한 길이 약 500미터의 전차 경주장이다. 이곳에서 얼마나 자주 전차 경주가 실시됐는지는 잘 알려져 있지 않다. 이후 주변 개발이 진행되면서 규모가 작아졌다. 기원전 2년 아우구스투스 황제가 아우구스타 광장 완성을 축하하는 의미로 키르쿠스 플라미니우스에 물을 채우고 36마리의 악어 사냥을 했다고 전해진다. 같은 해 아우구스투스 황제는 모의 해전을 열기도 했다.

　키르쿠스 바티카누스는 앞서 말한 것처럼 칼리굴라 황제 때 착공해 네로 황제 때 완공한 경주장이다. 통칭 '칼리굴라와 네로의 전차 경주장'이라고 부른다. 지금은 그 자리에 신 피에트로 대성당이 위치해 있다.

　당시 이 경주장은 산 피에트로 대성당 부지의 절반을 차지하고 있었다. 경주장의 오벨리스크는 칼리굴라 황제가 이집트에서 가져온 것이었다. 1586년 교황 식스토 5세가 건축가 도메니코 폰타나(Domenico Fontana, 1543~1607)에게 명해 오늘날 산 피에트로 대성당 광장 중앙으로 이전했다. 산 피에트로 대성당은 기독교를 국교로 삼은 콘스탄티누스

나보나 광장

1세의 명으로 건설된 예수의 수제자 베드로 성인을 모신 교회다.

86년 도미티아누스 황제는 네로 때의 경기장을 외벽에 2층 아치를 더한 전차 경주장으로 개축했다. 길이 275미터, 너비 106미터로 3만 명의 관객을 수용할 수 있었다. 경주장 내부 부분이 현재 나보나 광장이다. 주변 건물의 벽도 당시 관중석 벽을 그대로 쓴 것이다. 나보나 광장에는 오벨리스크와 함께 바로크 거장 베르니니(Gian Lorenzo Bernini, 1598~1680)의 작품 '네 강의 분수(Fontana dei Quattro Fiumi)'가 있는데 영어로는 'Fountain of the Four Rivers'다. 보통 '피우미 분수'라고 부른다. 참고로 네 강은 당시 지리학자들에게 알려져 있던 각 대륙의 대표적인 강, 즉 아프리카의 나일 강, 아시아의 갠지스 강, 유럽의 도나우 강, 아메리카의 라 플라타 강을 일컫는다.

다음은 키르쿠스 와리아누스다. 카라칼라 황제 때 착공돼 카라칼라 못지않게 나쁜 황제로 꼽히는 제23대 엘라가발루스(Elagabalus, 203~222) 황제 때 완공된 전차 경주장이다. 길이 565미터, 너비 120미터로, 카스트렌세 원형 경기장에 인접해 있다. 이민족 침입에 대비한 아우렐리아누스 성벽이 건설될 때(271년) 카스트렌세 원형 경기장과 함께 성벽의 일부로 편입되고 말았다.

키르쿠스 막센티우스는 사두정치 때의 황제 중 한 사람인 마르쿠스 막센티우스(Marcus Maxentius, 재위 306~312)가 311년에 건립한 전차 경주장이다. 로마 성벽에서 5킬로미터 정도 남쪽 아피아 가도 연변에 있었으며 길이 510미터, 너비 92미터, 수용 인원 약 1만 명이었다. 현재 스피나 부분 등이 남아 있다.

수도 로마 외에 전차 경주장을 갖고 있는 도시로는 프랑스의 아를, 에스파냐의 메리다, 터키 이스탄불이 있다. 잠깐 언급하고 지나가자. 독일 트리어, 튀니지 카르타고와 엘젬, 리비아 키레네에도 전차 경기장이 있었다고 전해지는데 아직 발굴되지 않았다.

149년에 완공된 아를의 전차 경주장은 론 강가의 저지대에 건설됐으며 길이 450미터, 너비 101미터, 2만 명을 수용했다. 옆에 아를 고고학박물관이 있어서 복원에 힘쓰고 있다. 메리다의 전차 경주장은 축조 시기가 명확하지 않지만 대략 1세기 전반으로 알려져 있다. 길이 420미터, 너비 115미터, 수용 인원 3만 명 규모였다. 현재 관중석 등이 소실됐지만 보존 상태는 좋다. 이스탄불의 전차 경주장은 술탄 아후메트 광장으로 조성돼 있고 전차가 달렸던 트랙은 광장 아래 지하 2미터 위치에 있다. 당시 이곳에 최초의 경마장이 그리스 시대 때 조성됐는데, 203년 셉티미우스 세웨루스 황제가 도시를 부흥하면서 전차 경주장으로 재건했다. 324년 콘스탄티누스 1세가 로마로 천도하면서 전차 경주장도 복원됐다. 그 규모는 길이 450 미터, 너비 130 미터에 10만 명을 수용했다. 7세기에도 동로마제국에서는 '빵과 서커스'가 계속됐기 때문에 하루에 몇 차례나 전차 경주가 개최됐다. 많은 조각상과 탑이 있었겠지만 현존하는 것은 2기의 오벨리스크와 플라타이아이(Plataea)의 삼각대라 불리는 뱀의 탑 정도가 남아 있다. 뱀의 탑은 기원전 5세기 그리스가 페르시아와 전쟁할 당시 플라타이아이 전투에서 승리한 것을 기념하기 위해 만들었는데 로마가 강탈한 것이다.

: 나우마키아, 로마 최대의 블록버스터 :

모의 해전을 뜻하는 '나우마키아(naumachia)'는 인공 연못 등에 물을 채우고 군선을 띄워 역사상 유명한 해전을 재현하는 놀이다. 군함끼리 충돌해 침몰하거나 선상에서 실제 전투와 살인도 이뤄졌다. 할리우드 블록버스터 영화의 연출이 아니라 실제로 이런 스펙터클을 펼쳤던 것이다. 스펙터클(spectacle)이라는 단어도 라틴어 '스펙타쿨룸(spectaculum)'이 어원이다. 영화는 기본적으로 가짜라 세트와 컴퓨터 그래픽 그리고 배우들의 연기로 스펙터클을 만들어내는데, 로마 모의 해전은 쇼는 쇼지만 연기가 아니라 진짜 전투를 했다. 《아우구스투스 업적록》에는 이렇게 묘사되고 있다.

"티베리스 강 오른쪽 카이사르의 숲이 있는 곳에 길이 1,800페이스(pace, 1페이스는 약 0.3미터, 540미터), 폭 1,200페이스(360미터)의 거대한 연못을 판 뒤 시민들에게 나우마키아를 제공했다. 해전에는 충돌용 선수를 갖춘 삼단 또는 이단 노선 30척과 이보다 작은 배들이 투입돼 서로 다퉜다. 노잡이를 제외한 약 3,000명의 인원이 서로 전투를 벌였다."

기원전 2년에 벌어진 모의 해전에 대한 묘사다. 기원전 480년 아테네와 페르시아의 살라미스(Salamis) 해전을 모델로 삼았다. 통상적으로 삼단 노선에는 50명~60명의 전투병이 승선하는데, 아우구스투스 황제의 모의 해전에서는 1척당 100명이 탑승했다. 그만큼 전투의 규모를 중시한 것이다.

모의 해전은 기원전 46년 카이사르가 처음으로 고안해 푸키누스 호수에서 개최했다. 푸키누스 호수의 모의 해전을 제외하고는 실제 호수가 아니라 인공 연못과 콜로세움 아레나에 물을 채워 진행했다. 인공 연못 대부분은 1회용이었는데, 물을 채우기 위해 수도를 새로 만들거나 모의 해전에 사용할 군선을 건조하고 대규모 병사를 모으느라 막대한 돈이 들었다. 그래서 자주 개최할 수는 없었다. 역사에 기록된 모의 해전은 카이사르의 기원전 46년 모의 해전을 시작으로 마지막 109년 트라야누스 황제 때 열린 것까지 합쳐서 모두 9회 열렸다.

수도 로마 이외 지역에서 모의 해전이 열렸다는 기록은 없으나 에스파냐 메리다와 이탈리아 웨로나의 원형 투기장에 아레나 급배수 시설이 있는 것으로 봐서 이뤄지지 않았을까 추측해볼 수 있다. 중세와 근대에 들어서는 1550년 프랑스 북서부의 항구 도시 루앙(Rouen)에서 프랑스군과 포르투갈군의 대전을 재현한 모의 해전이 개최됐다. 당시 국왕 앙리 2세(Henri II, 재위 1547~1559)와 왕비 캐서린 드 메디치(Caterina de Medici), 훗날 프랑수아 2세(François II, 재위 1559~1560)가 되는 왕세자와 그 약혼자인 스코틀랜드 여왕 메리(Mary, 재위 1542~1567)의 루앙 입성을 축하하기 위해서였다. 이어 1809년 이탈리아 밀라노의 시민 경기장에서 나폴레옹을 환영하고자 열리기도 했다. 어쨌든 국고가 받쳐주지 못하면 함부로 개최할 수 없었다.

모의 해전의 급수 문제

푸키누스 호수에서의 모의 해전 말고는 거의 인공 연못을 만들어 실시했다. 땅을 파는 것은 그렇다 치고 물은 어떻게 댔을까? 연못과 군선 크기는 어떤 계산으로 정해졌을까? 흥미를 끄는 요소다. 인공 연못이 너무 작으면 참전할 수 있는 군선의 수가 한정되고 전투 시 동선 확보가 어려워 거의 정지 상태로 있어야 하므로 해전이라고 할 정도의 박진감은 없을 것이다. 반면 연못이 너무 크면 급수할 수량이 엄청나서 그 많은 물을 어떻게 공급할 것인가가 문제가 된다.

눈치 챘겠지만 수도를 건설해 급수했다. 앞서 언급했듯이 아우구스투스 황제 때의 모의 해전용 인공 연못은 티베리스 강 우안에 만들어졌다. 육지의 땅을 파낸 뒤 수로를 마련해 피베리스 강물을 끌어왔다. 파낸 연못의 면적이 약 15만 제곱미터이므로, 군선의 흘수(배가 물에 잠기는 길이)를 1미터로 가정하면 인공 연못의 수심은 약 1.5미터가 돼야 한다. 따라서 물은 약 23만 세제곱미터가 필요하다. 이를 빗물이나 냇물로 감당하기란 사실상 불가능하다. 그렇기 때문에 앞에서 로마의 수도를 다룰 때 서술했듯이 기원전 2년 알시에티나 수도가 모의 해전용 인공 연못에 급수를 하고자 만들어졌다.

카이사르의 인공 연못은 티베리스 강 좌안인 마르티우스 평원에 있었던 것으로 알려져 있다. 기원전 46년까지 4개의 수도가 로마 중심까지 연결돼 있었는데 이 중 어떤 수도에서 인공 연못에 급수했는지는 알 수 없다. 트라야누스 황제의 인공 연못은 지금의 하드리아누스 영묘이기도 한 산탄젤로(Sant'Angelo) 성 북쪽 인근에 있었다. 트라야누스 수도는 109년에 착공해 117년 완공됐다. 길이 59킬로미터로, 송수량이 명확하지는 않지만 수로 단면이 너비 1.3미터에 높이 2.3미터임을 감안하면 하루 약 10만 세제곱미터는 가능하다. 이 수도가 트라야누스의 인공 연못에도 연결됐을 것이다

한편 티투스 황제 때(80년)와 도미티아누스 황제 때(85년)의 모의 해전은 콜로세움에서 개최됐다. 콜로세움 아레나는 안쪽 장경이 76미터, 단경이 44미터로 그리 크지 않아서 물을 채우는 데는 문제가 별로 없었다. 건설 시기는 명확하지 않지만 나중에 아레나 지하의 맹수 수용소와 지상을 연결하는 승강 설비도 설치돼 맹수 사냥도 자주 열렸다. 그렇다면 아레나에 물을 채울 때 개구부(開口部)를 통해 지하로 흘러드는 누수는 어떻게 방지했을까? 알다시피 물이 많아지면 수압도 대단해서 아무리 작은 틈이라도 이내 물이 세는 법이다. 따라서 모의 해전이 열린 85년까지는 지하 시설이 없었다고 볼 수 있다. 그 뒤 지하실을 만들고서는 모의 해전을 열 수 없었을 것이다.

군선과 인공 연못의 크기

배에 타는 병사들 수를 포함한 군선 크기와 인공 연못 크기의 상관관계

원형 경기장 아레나에서 펼쳐진 모의 해전을 묘사한 그림

를 살펴보자. 당시 로마 군선은 길이 35미터~37미터에 너비가 4미터~5
미터였다. 편의상 길이를 35미터, 너비를 4미터라고 가정해보자. 삼단
노선의 경우 선체의 아래위로 노가 3개이며 각각의 노마다 1명의 노잡이
를 배치한 군선이다. 배의 길이 방향으로 노 간격을 1미터씩 잡고 뱃머리
와 선미를 각각 4미터로 본다면, 노는 한쪽에 28열이고 상하 3단이므로
노잡이 수는 모두 168명이다. 전투별을 노와 노 사이에 2명씩 배치하면
54명이고 4인이 진을 치면 모두 108명을 수용할 수 있다.

　모의 해전에 참가하는 노잡이와 전투병은 포로와 사형수로 채웠다고
한다. 전투원은 그렇다 치고 노잡이는 어떻게 훈련했을까? 168명의 노
잡이들이 서로 호흡이 맞지 않으면 배가 제대로 움직일 수 없다. 더욱이
군선의 뱃머리에 충각이 붙어 있어 적선을 들이받아 움직이지 못하게 하
거나 침수·침몰시키고 노를 부러뜨리는 전법을 펼치는 데 노잡이들의 실
력이 이를 크게 좌우한다. 격돌을 하기 위해서는 군선이 빙빙 돌아서는
안 된다. 깊게 생각하지 않더라도 노잡이들의 훈련이 무척이나 고됐으리
라고 상상할 수 있다.

　인공 연못의 크기를 보면 아우구스투스 황제 인공 연못의 안지름은 가

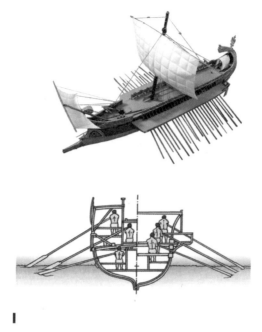

고대 로마제국 군선(일러스트 상상도)

장 긴 곳이 540미터였고 짧은 곳이 360미터였다. 군선은 길이가 35미터에 너비가 4미터였고 해전에 투입되는 군선의 수는 30척이었다. 군선 간의 거리는 약 30미터였다. 노를 젓고 나아가서 적선을 파괴할 만큼 속도를 낼 수 있었을까? 《아우구스투스 업적록》에는 '격돌용 선수를 갖춘 배'라고 기록돼 있다. 노를 저어 배를 조종하는 실력이 형편없다면 단순히 선상 집단 검투사 경기에 불과했을 것이다.

그렇다면 콜로세움에서의 모의 해전은 어땠을까? 콜로세움은 물을 채울 수 있는 공간이 장경 76미터에 단경 44미터밖에 되지 않는다. 이 정도 넓이에서는 군선을 불과 몇 척밖에 배치할 수 없다. 소형 군선에 의한 모의 해전이라고 봐야 할 것이다. 이래서는 역사상 유명한 해전의 재현이라는 타이틀을 달기에 무리가 있다. 아마도 선상 집단 검투사 경기 양상을 띠었을 것이다. 아레나에서 열리는 통상의 검투사 경기보다 배 위에서의 전투는 아무래도 방해 요소가 많을 것이기에 변화무쌍한 승부를 기대할 수 있었을지도 모를 일이다.

하지만 여기서 번거로운 문제가 발생하는데, 군선을 인공 연못 근처에서 건조하는 일과 모의 해전이 끝난 뒤 군선의 처리다. 모의 해전은 막대한 돈이 필요하기 때문에 자주 열 수 없다. 그래서 군선은 1회용이다. 인공 연못 근처에서 바로 건조 및 해체를 진행해야 했다.

이 같은 사실을 종합해보면 모의 해전은 고대의 유명한 해전을 재현했다고는 하지만 투입되는 배의 크기와 수, 모의 해전장의 크기 등을 고려할 때 단순히 청군과 백군으로 나누는 식에 불과했을 것이다.

모의 해전의 종전 결정

모의 해전 시 전투 종료는 어떤 식으로 결정됐을까? 검투사 경기라면 경기 중에 죽거나 패자가 목숨을 구걸했을 때 경기가 끝난다. 하지만 모의 해전은 집단전이서 아무래도 판정이 어렵다. 모의 해전에 참가하는 전투병과 노잡이는 포로나 사형수라고 했다. 이는 어느 한쪽의 항복으로 전투가 끝나지는 않는다는 애기다. 한쪽이 몰살당하거나, 푸키누스 호수의 모의 해전처럼 양측이 용감하게 싸운 것에 대해 황제가 은혜를 베푸는 의미에서 종전을 선언하는 경우는 있었다. 기록에는 모의 해전의 종결 결정에 관한 내용이 없지만, 유추컨대 한쪽 선단을 몰살시키면 이긴 쪽 병사들은 자유민으로서 사면을 얻었을 것이다. 목숨을 걸고 필사적으로 싸웠기 때문이다. 만족할 만한 볼거리를 제공해줬기 때문이다. 한편으로는 잔혹한 일이지만 다른 한편으로 생각해보면 주최측 관점에서는 사형수를 처리할 수 있는 기회이기도 했다. 엄청난 돈이 들어가지만 일석이조의 행사인 셈이다.

사망자의 처리 문제도 있었다. 실전에서야 전사하면 그대로 수장하면 되지만 모의 해전에서는 그럴 수 없었다. 인가도 가까우니 그대로 버려 둘 수도 없다. 반드시 다른 곳으로 이동시켜 처리해야 했다. 원형 경기장 에서 사망한 검투사를 옮기는 것은 그리 어려운 일이 아니었겠지만, 선 상이나 수상에서 시신을 나르는 것은 힘들었을 것이다. 게다가 검투사 경기에서와는 비교할 수 없을 정도로 사망자도 많이 발생하는 게 모의 해전이었다. 여기에도 많은 돈이 들었다. 이렇듯 대규모 모의 해전을 치 르는 데는 엄청난 비용이 발생했다.

황제와 모의 해전

모의 해전의 창안자인 카이사르에서부터 트라야누스 황제에 이르기까 지 모두 아홉 차례 모의 해전이 개최됐다. 클라우디우스 황제의 푸키누 스 호수를 제외하고는 수도인 로마에서 열렸다. 이와 관련한 기록들을 살펴보자.

수에토니우스는 《황제전》에서 율리우스 카이사르가 기원전 46년 폼페 이우스와의 내란에서 승리한 뒤 "나우마키아를 위해 로마 외곽(티베리스 강가 늪지)에 연못을 파고 그곳에서 티루스 함대와 이집트 함대가 이단 노 선을 충돌시켰다"고 쓰고 있다.

"전무후무한 훌륭함을 갖춘 마르스 신전을 과거 나우마키아를 벌였던 연못을 메워 평평하게 한 뒤 그 위에 세울 것이었다."

동원된 수만 전투병 2,000명에 노잡이 4,000명이었다. 인공 연못은 마 르티우스 평원에 만들어진 뒤 한 번밖에 쓰지 못한 것 같다. 매립한 이유 는 말라리아 모기를 박멸하기 위해서였다. 지금도 그렇지만 로마의 여 름은 꽤나 뜨거웠다. 아무튼 이것이 기록돼 있는 첫 번째 모의 해전이다. 하지만 안타깝게도 더 이상 상세한 장소와 규모 설명은 하고 있지 않다.

카이사르가 아이를 낳다가 죽은 자신의 딸 율리아를 추모하기 위해 모의 해전을 개최했다고 전해진다. 앞서 검투사 경기와 원형 경기장을 다룰 때 언급했듯이 카이사르는 기원전 65년 320개 조의 검투사들이 참가하는 대규모 검투사 경기를 개최한 바 있었다. 이때는 30년 전 돌아가신 아버지의 추모를 명목으로 내세웠지만 실제로는 선거 운동의 일환이었다. 율리아의 죽음은 기원전 54년의 일이었는데, 이 또한 모의 해전을 열 정도의 명분이라고는 여겨지지 않는다.

카이사르가 살해된 까닭은 황제가 되려는 야망을 분쇄함으로써 공화정을 지키기 위해서였다고 알려져 있다. 모의 해전의 진짜 개최 이유는 황제가 되기 위한 민심 장악책이 아니었을까? 카이사르는 군대를 지휘하면서 천재적인 군심 장악력을 발휘했다. 마찬가지로 로마 시민들의 마음을 사로잡기 위해 상상을 뛰어넘는 대규모의 볼거리를 제공해야겠다고 결심했을 수도 있다. 그것이 첫 모의 해전의 개최로 이어졌다. 민심장악책이라고는 하나 그동안의 다른 권력자들과 비교하면 그 발상과 규모는 차원이 다른 것이었다. 확실히 카이사르는 500년 동안 번영을 이뤄낸 로마제국의 초석을 다진 인물이었다.

아우구스투스는 바로 앞에서 설명했기에 넘어가고 클라우디우스 황제와 모의 해전에 관한 기록을 살펴보자. 《황제전》은 푸키누스 호수 간척 공사 완공 기념으로 벌어진 모의 해전과 관련해 이렇게 서술한다.

"푸키누스 호수의 물을 열어 흐르게 하기 전에 나우마키아가 열렸다. 해전에 참가한 병사들이 일제히 '최고 사령관 만세! 죽어 가는 이들이 마지막 인사를 드립니다!'라고 외치자 클라우디우스 황제는 '그렇게는 안 될지도 모른다'고 대답했다. 이 말을 들은 병사들은 지레짐작 사면이 내려진다고 생각해 몸을 사리느라 아무도 싸우려고 하지 않았다. 이를 본 클라우디우스는 분노하면서 이들을 전부 죽일까 잠시 망설이다가 마침내 자리에서 내려와 무릎이 좋지 않아 절룩거리면서 호수 주변을 이리저리 거닐면서 위협하기도 하고 격려하기도 하면서 싸움을 독려했다. 이 나우마키아에는 시킬리아(시칠리아) 함대와 로두스 함대가 각각 20척의 삼단 노선을 투입해 싸웠다. 호수 한가운데 기계 장치를 두고 은으로 조각한 해신 트리톤이 모습을 드러내면서 나팔을 불었다.”

또한 타키투스의《연대기》에서는 이렇게 쓰고 있다.

“클라우디우스는 삼단 노선을 준비시키고 1만 9,000명을 무장시켰다. 그들의 주위는 뗏목으로 둘러싸 밖으로 도망치지 못하도록 했다. 뗏목의 안쪽 수역은 노를 젓는 솜씨나 여타 전술을 펼치기에 충분히 넓었다. 뗏목 위에는 몇 개의 호위대 대대와 부속 기병이 대오를 갖춰 나란히 대열했고, 그 앞에 외보를 쌓아서 활과 대포 그리고 투석기를 발사할 수 있도록 준비했다. 호숫가 언덕과 꼭대기에는 마치 극장 객석처럼 군중으로 가득했다. 대부분이 인근의 시민들이었다. 그중에는 로마에서 온 사람들도 있었고 황제의 눈도장을 찍으려는 귀족들도 섞여 있었다. 전투는 죄수들이 참여했지만 로마 군단과 같은 기개를 보였으며, 사상자가 속출한 뒤에야 무참한 살육전을 끝낼 수 있었다.”

40척의 군선에 1만 9,000명이라는 숫자에는 약간의 의문이 들기도 하지만, 충분한 크기의 해전장을 확보한 대대적인 행사였음은 틀림없던 것 같다. 꼭 전투에서 승리하지 않더라도 용감무쌍하게 싸우면 비록 지더라도 사면 받아 죽음을 면할 수도 있었다. 무용을 중시하는 로마의 기질을 보여주는 사례다.

카이사르는 6,000명 규모였던 데 비해 클라우디우스 황제 때는 노잡이 3,000명을 제외하고도 이를 훨씬 웃도는 1만 9,000명의 무장 병력을 동원했다. 카이사르와 아우구스투스 황제도 이루지 못한 브리탄니아 정복을 마치고 아직 그 흥분이 가라앉지 않았던 시기였기 때문이라 여겨진다. 그 엄청난 비용에도 전혀 개의치 않았다.

푸키누스는 로마에서 서쪽으로 약 150킬로미터 떨어진 아펜니노 산맥에 위치한 큰 호수다. 그곳 간척 사업에 관해서는 《황제전》에도 기술돼 있다. 구체적으로는 카이사르가 어느 정도 일을 진척시켰는지 알 수 없다. 간척 사업을 추진한 이유는 식량 증산이었다. 이집트와 아프리카산 밀만을 믿고 있기에는 불안했던 것이다. 클라우디우스 황제 때는 연속된 흉작으로 식량 사정이 나빠지자 성난 군중에 포위되는 등 신변에 위협을 느낄 정도였다. 이 때문에 황제 자신이 식량 확보를 위해서 동분서주해야 했다. 오스티아 항구 건설과 식량 수송선에 대한 혜택, 간척 사업, 이 모든 것들이 로마의 식량 확보를 위해서였다.

클라우디우스 황제는 간척 공사가 완료되자 식량 증산이 확실하다고 판단한 뒤 성대한 축하 행사를 기획한 것이다. 5.4킬로미터의 배수 터널을 뚫는 공사를 3만 명의 인원이 11년이나 걸려 완료했다. 하지만 안타깝게도 시공 불량으로 인해 실패한 공사였다.

이번에는 네로다. 《황제전》에는 "네로 황제는 해양 포유류가 헤엄치는 해수 저수지에서 나우마키아를 개최했다"고 기록돼 있다. 장소와 규모는 명시되지 않았지만 아마도 아우구스투스의 인공 연못이었을 것이다. 64년에 열린 행사였다. 이후 내란으로 인해 제6대에서 제8대 황제 시대가 불과 1년으로 모의 해전을 기획할 여유는 없었다.

웨스파시아누스 황제의 경우 콜로세움 건설을 착공하거나 마르켈루스 극장을 재건하기도 했지만 모의 해전은 열지 않았다. 이 정도 행사를 준비할 정도의 시간과 돈은 없었던 것 같다.

티투스 황제 관련 기록에는 모의 해전이 등장한다. 우선 《황제전》은 이렇게 적고 있다.

"콜로세움의 봉헌식을 올리면서 이에 인접한 욕장을 짓는 등 티투스 황제는 아낌없이 돈을 써서 검투사들의 구경거리를 제공했다. 그리고 과거 나우마키아가 치러진 장소에서 검투사 경기를 개최했고 단 하루 동안 수많은 종류의 맹수를 5,000마리나 출전시켰다."

여기에서 말하는 과거의 모의 해전장은 아우구스투스 황제의 인공 연못을 일컫는다. 그런데 역사가 디오 카시우스에 따르면 같은 해인 80년에 콜로세움에서 나우마키아가 열렸다. 따라서 티투스 황제 때는 모의 해전이 개최된 듯 보인다.

도미티아누스 황제의 경우에는 두 번의 모의 해전 기록이 있다. 《황제전》은 "85년 콜로세움에서 시민들에게 나우마키아를 제공했다"고 쓰고 있다. 그리고 "89년에 나우마키아를 열었을 때는 정규 군선이 사용됐으며, 티베리스 강 옆에 큰 연못을 파고 주변에 관람석을 마련해서 비가 내리는 가운데서도 끝까지 구경했다"고 기술하고 있다. 이에 따르면 도미티아누스 황제는 첫 번째는 콜로세움에서 두 번째는 새로 만든 인공 연못에서 모의 해전을 벌인 것이나 그 규모는 알 수 없다.

모의 해전은 당연히 시민들의 볼거리로 제공됐으므로 관중석이 마련돼 있었다. 콜로세움은 물론 인공 연못에서의 모의 해전에도 주위에 관중석이 있었다. 물론 콜로세움만큼 편하지는 않았을 것이다. 인공 연못에서 펼치는 모의 해전은 수십 년 간격으로 몇 번밖에 열리지 않았으므로 소박하게 조성한 노천 관중석 정도로도 충분히 환영받았을 것이다. 하지만 명색이 로마제국의 황제가 주최하는 행사에 초라한 관중석으로는 체면이 서지 않았을 테고 어떻게든 좋게 만들라고 명령했을 것이다. 추측일 뿐 기록은 없다.

트라야누스 황제의 경우 109년에 모의 해전을 개최했다는 기록이 남아 있다. 하지만 자세한 내용은 전해지지 않는다.

아우구스투스 황제 시대 모의 해전(상상도)

꞉ 빵과 서커스 그 이후 ꞉

'빵과 서커스'의 로마는 식량 지원과 도시 거주민의 오락과 휴식을 무료 또는 염가로 제공함으로써 실현된 것이었다. 재원, 건설 기술, 유지·관리 및 운영 기술이 있기에 가능한 일이었지만, 다른 시각으로 보면 로마제 국 시민들에 대한 궁극의 아부라고 할 수 있다. 그 결과로 저율의 세금과 고율의 군사비 비율을 실현했다. 이것이 로마 문화가 무르익는 요인이 되기도 했지만 유웨날리스가 말한 나태한 시민들을 만들기도 했다. 이른 바 포퓰리즘이다.

그럼에도 불구하고 글로벌화, 실력주의, 속주민의 차별 없는 등용 등 의 강점을 바탕으로 제국을 370년이나 유지할 수 있었다. 현재에도 복지 정책이 잘되어 있는 몇몇 국가에서는 이와 같은 빵과 서커스의 세계 비슷한 상황이 재현되고 있다. 그래서 반면교사로 로마제국의 사례를 살펴보는 것도 의미 있을 것이다.

지금까지 빵과 서커스의 로마를 실현한 여러 시설과 행사에 관해 살폈다. 공공 욕장, 원형 극장, 원형 경기장, 전차 경주장, 모의 해전장이 그것들이다. 그렇다면 로마제국 멸망 후에는 이러한 곳들이 어떻게 됐을까? 잘 유지됐을까? 그렇지 않다.

우선 공공 욕장의 경우 로마제국 말기 기독교가 널리 퍼지게 되면서 향락 시설이자 알몸이 될 수밖에 없는 공공 욕장은 기독교 이데올로기에 부합되지 않았다. 자연스럽고 당연시됐던 그리스·로마 시대의 나체 조각도 기독교가 힘을 얻게 되자 자취를 감췄다. 콘스탄티누스 1세가 건설한 욕장을 마지막으로 이후에는 더 이상 공공 욕장이 건설되지 않았다. 뿐만 아니라 수많은 인력들, 급수, 연료 등을 조달하기 위한 비용을 감당하지 못해서 기존에 있던 공공 욕장들도 하나둘씩 폐쇄됐다.

그렇다고는 하나 이렇게 설명하면 위화감이 생긴다. 콘스탄티누스 1세는 기독교를 공인한 황제였다. 324년에는 로마에 산 조반니 인 라테라노(San Giovanni in Laterano) 대성당이 지어졌다. 따라서 기독교 사상은 충분히 이해·수용하고 있었다. 그런데도 그는 향락 공간이라 일컫는 공공 욕장을 로마와 아를 그리고 트리어에 3곳이나 건설했다. 기독교 공인 초기만 하더라도 로마에는 로마의 정신이 남아 있었다는 얘기다.

원형 극장과 원형 경기장, 전차 경주장, 모의해전장도 사정은 마찬가지였다. 기독교 사상에 부합하지 않아 점점 쇠퇴했다. 앞서 설명했듯이 로마 시내의 기독교 교회 건설 수요에 따라 채석장이 돼버린 시설들이 많다. 한편 기독교가 성행하지 않은 터키와 아프리카에서는 채석장이 되지 않고 살아남은 시설도 많다.

원형 극장에 대해서 살펴보면, 마르켈루스 극장은 요새와 주택이 됐다. 오랭주의 극장도 요새로 바뀌었다. 고대 그리스와 로마의 연극을 재흥해 오페라가 생긴 때는 르네상스 시대의 피렌체였으며 16세기 말경으로 알려져 있다. 검투사 경기는 주역이 되는 검투사나 맹수를 제공하는 공급망이 끊어짐에 따라 개최가 불가능해졌다. 전차 경주장은 막센티우스 황제 때 로마 교외에 건설한 것이 마지막이다. 그리고 전차 경주에 열광하던 시민들도 줄어들었다. 하물며 더 막대한 비용이 드는 모의 해전은 트라야누스 황제 시대 이후로는 기록에 남아 있지 않다. 당연한 말이지만 빵과 서커스는 천하가 태평하고 돈이 많지 않으면 못하는 것이다.

제6장

만신전에서 유일신전으로

현대인들에 비해 고대 로마인들은 신앙심이 매우 두터웠다. 380년 테오도시우스 1세의 기독교 국교화 이전에는 다신교라서 여러 신들이 각지에 있고 그들을 섬기는 신전을 세웠다. 기독교 국교화가 이뤄지자 기존의 신전들은 파괴됐고 가톨릭 성당이 많이 건설됐다. 또한 신앙심이 두터운 로마인들은 조상에 대한 존숭 때문에 무덤이나 분묘도 많이 만들었다. 이 장에서는 로마의 종교 시설, 세계 유산에 등재된 신전과 교회, 분묘 등의 시설을 중심으로 살펴본다.

　4세기 초 로마제국 내 기독교 포교와 이교의 상황을 들여다보면, 그때까지만 하더라도 지중해 연안과 이탈리아, 발칸 반도, 소아시아를 제외하고는 기독교 포교는 아직 이뤄지지 않은 상태였다. 그 밖의 지역은 토착 이교 신앙이 많았다. 이교 신앙이란 기독교 관점에서 볼 때 그리스와 로마의 신들, 켈트족의 드루이드(Druid), 인도의 쿠베라(Kubera), 페르시아의 미트라, 이집트의 이시스(Isis)와 같은 토착 신앙을 말한다. 모두 로마제국 시대에 성행한 신앙이었다. 다신교는 기본적으로 다수의 신을 인정하는 종교 행태다.

: 바뀌어버린 신 :

그렇지만 '내가 믿는 신들'이 사이좋게 공존하는 일은 쉽지 않았다. 그래서 로마는 만신전인 판테온을 세워 모든 신들을 달랬다. 최초의 판테온은 기원전 25년 아그리파에 의해 건설됐다. 이후 소실돼 두 번째 판테온이 118년~128년경 하드리아누스 황제 때 재건됐다. 로마인들은 신들이 서로 싸울 수 있다고 인식했다.

고대 로마에서 최고제사장 폰티펙스 막시무스는 모든 신관들의 수장이었다. 그리고 역대 황제가 곧 최고제사장이었다. 하지만 기독교를 국교로 삼은 테오도시우스 1세는 재위 시 폰티펙스 막시무스에 취임하기를 거부했다. 기독교는 유일신은 섬기는 종교이고 황제 자신의 믿음이 그토록 강했기 때문이었다. 결국 폰티펙스 막시무스는 로마 가톨릭 교황을 지칭하는 용어로 바뀌게 된다.

로마제국의 혼란과 멸망의 원인 중 하나로 거론되는 기독교 국교화의 흐름을 살펴보면 이렇다. 국교화 이전까지 기독교는 고난의 길을 걸어왔다. 사도들의 순교는 물론, 네로 황제는 64년 로마 대화재의 원인을 기독교인들의 방화로 몰아 학살했으며, 303년에는 디오클레티아누스 황제가 칙령을 내려 공공연한 대량 학살이 자행됐다.

그러다가 분위기가 바뀌어 312년 콘스탄티누스 1세는 십자가를 기치로 걸고 밀뤼우스(Milvius) 다리 전투에서 승리했는데, 이 전투는 사두정치 체제의 내재적 모순으로 일어난 로마 내전 중 벌어진 것으로, 당시 로마 제국 공동 황제 콘스탄티누스 1세가 경쟁자 막센티우스 황제군과 밀 뤼우스 다리에서 전투를 벌였으며, 막센티우스가 이때 죽음으로써 콘스 탄티누스 1세는 서방을 통일해 서방 정제가 됐다. 1년 뒤인 313년 서방 정제 콘스탄티누스 1세는 이때까지는 평화롭게 지낸 동방 정제 리키니우스(Licinianus, 재위 308~324)와 함께 이른바 '밀라노 칙령'을 내려 기독교를 공인하고 신앙의 자유를 부여했다. 그런데 사실 여기까지는 다신교 국가 로마제국으로서 별 문제는 없었다.

하지만 동과 서로 갈라진 로마에서 1년 만에 다시 내분이 일어나 콘스 탄티누스와 리키니우스가 전쟁을 벌이게 되는데 콘스탄티누스가 압도 적으로 승리한다. 궁지에 몰린 리키니우스의 휴전 제의로 잠시 평화가 찾아오는 듯했지만 10년 뒤인 324년 다시 서방과 동방이 격돌하게 되며, 비잔티움(훗날의 콘스탄티노플)에서 농성하던 리키니우스가 결국 항복함 으로써 콘스탄티누스 1세가 로마의 유일한 황제로 등극한다.

나뉘었던 제국을 통일한 콘스탄티누스 1세는 국가를 결집하고자 기 독교 세력을 이용하려고 했지만, 이미 기독교 교회 또한 동방과 서방 으로 나뉘어져 있었고 교리의 대립이 심화된 상태였다. 이에 325년 콘 스탄티누스 1세는 니케아 공의회를 소집한다. 여기에서 아타나시우스 (Athanasius)파의 삼위일체가 정통 교리로 인정되고 성자(예수)를 성부의 창조물로 본 아리우스(Arius)파는 이단으로 결정된다. 아타나시우스파는 세력을 얻자 이단 배척에 열을 올렸는데, 아리우스파 성직자들은 쫓겨나 게르만족 거주지 등에서 포교에 힘썼다.

375년 역사적으로 유명한 게르만족의 대이동이 시작된다. 처음에는 4 만 명 정도가 이동하다가 최대 10만 명까지 움직였다. 로마 초기 게르만 족과의 충돌 때와 비교해서 훨씬 큰 규모라고는 할 수 없었다. 사실 게르 만족의 로마로의 이동은 공화정 시대부터 있어왔다. 역대 황제는 거주지를 제공하는 방식으로 게르만족을 로마군에 편입시켰다.

380년에는 테오도시우스 1세에 의해 아타나시우스파 교리가 로마 가톨릭 정통 교리가 된다. 사실상 기독교를 국교로 받아들인 셈이다. 이때 가정의 수호신을 포함한 종래의 다신교는 이교라고 규정된다. 1년 뒤인 381년 테오도시우스 1세는 콘스탄티노플 공의회를 개최해 아타나시우스파의 정통성을 강화시킨다. 아울러 비기독교 신에게 바치는 희생을 금지하고 이교의 조각상들도 우상으로 여겨 숭배를 금지했다. 또한 이교도 신전 파괴와 해당 건축 자재를 교회 건축에 전용하도록 허락하고 장려했다. 로마 건국 때부터 이어져온 웨스타의 성화가 꺼졌으며, 황제권보다 주교권이 점점 중시됐다.

390년 테살로니키(Thessaloniki) 주민들이 폭동을 일으키자 테오도시우스 1세가 진압군을 보내 약 7,000명의 주민을 학살하는 사건이 일어난다. 이때 암브로시우스(Ambrosius, 340~397) 주교가 황제의 참회와 사죄를 요구해 이를 얻어내는 데 성공한다. 이를 교회의 권위가 황제보다 더 빛나게 된 계기로 보는 것은 무리가 있으나, 어쨌든 예전 같으면 감히 상상하지도 못할 일이 일어난 것만은 틀림없었다. 이는 1077년 주교 서임권을 놓고 교황 그레고리오 7세(Gregorius VII, 재임 1073~1085)와 대립한 신성로마제국의 황제 하인리히 4세(Heinrich IV, 1056~1106)가 결국 교황이 체류 중이던 카노사(Canossa) 성문에서 눈이 내리는 가운데 3일 동안이나 맨발로 용서를 구한 '카노사 굴욕'의 선례이기도 했다.

391년에는 테오도시우스 1세가 이미 380년 사실상 기독교를 제국의 국교로 삼았던 것을 완전히 결정짓는다. 이때부터 로마제국은 명실상부한 기독교 국가로 변모한다.

393년에는 올림피아 체육 제전, 즉 올림픽이 중지된다. 기원전 776년부터 이어져온 고대 올림픽이 막을 내리게 된 것이다. 올림픽은 1896년

이 되어서야 근대 올림픽으로 부활한다.

395년 테오도시우스 1세는 서거하면서 제국을 쪼개 자신의 두 아들 아르카디우스와 호노리우스에게 나눠준다. 이로써 로마는 동로마와 서로마로 분리된다. 하지만 이 시점까지는 브리탄니아에서 철수를 하기 전 로마제국의 영토를 유지한다. 이교 및 이단에 대한 탄압이 심해져 신전과 도서관 등이 파괴돼 채석장으로 쓰인다. 특히 포룸 로마눔의 피해가 컸다.

415년 기독교 주교의 선동에 의해 기독교인 폭도들이 이집트 알렉산드리아의 '무세이움(musaeum)'을 약탈하고 파괴하는 사태가 벌어진다. 무세이움은 그리스어 '무세이온(mouseion)'의 라틴어식 표기인데, 무세이온은 오늘날 박물관이나 미술관을 뜻하는 단어 '뮤지엄(museum)'의 어원이다. 무세이움은 도서관, 동물원, 식물원, 천문대, 실험실, 해부실 등을 갖춘 일종의 종합 학술 단지였다. 역사상 가장 훌륭한 도서관으로 평가하는 알렉산드리아 도서관도 무세이움의 일부였다. 그렇게 로마의 지식이 붕괴되기 시작했다.

기독교 국교화 이후 로마, 콘스탄티노플, 알렉산드리아, 안티오키아, 예루살렘의 주교들이 5대 대주교가 된다. 정식으로는 692년 트룰로(Trullo) 공의회로 결정된다. 이들 도시는 교회의 건설 수요가 폭발적으로 늘었고 기존 신전 등은 채석장이 됐다. 520년에는 성도들의 로마 시장 접견실이 산티 코스마 에 다미아노(Santi Cosma e Damiano) 성당으로 바뀌었고, 570년에는 팔라티누스 언덕 의전장이 산타마리아 안티쿠아(Santa Maria Antiqua) 성당이 됐다. 610년에는 판테온이 산타마리아 아드 마르티레스(Santa Maria ad Martyres) 성당으로, 625년에는 원로원 의사당이 산 아드리아노(San Adriano) 수도원으로 전용됐다.

오늘날까지 그리스·로마 시대의 신전이 남아 있는 곳들은 대개 로마

포룸 로마눔 유적지 전경

제국 멸망 후 대도시로 성장하지 못한 도시들이다. 대도시가 되지 못한
곳은 교회의 건설 수요가 없어 채석장이 되지 않은 것이다. 이탈리아의
아그리젠토(Agrigento)와 파에스툼(Paestum), 그리스의 아테네 등이 그
렇다.

: 로마의 신전 :

세계 유산에 등재된 고대 로마 시대의 신전으로는 모두 23개가 있다.
우선 가장 유명한 포룸 로마눔부터 살펴보자. 포룸 로마눔에 남아 있는
신전을 볼 수 있다. 포룸 로마눔은 동서로 약 300미터, 남북으로 약 100

미터에 달하는 고대 로마 정치·종교의 중심이 된 광장(포룸)이다.

　로마 시 유적이 교회로 전용된 사례를 앞에서 소개한 바 있다. 콜로세움은 상당 부분이 뜯겨져 산 피에트로 대성당 등으로 전용됐다. 너무 많은 부분을 뜯어내 미적 가치가 사라지는 것을 안타깝게 여긴 교황 베네딕토 14세가 수많은 기독교인들의 순교로 신성한 곳임을 선언해서 더 훼손되는 사태를 막았다.

　포룸 로마눔에 가보면 원형 신전인 웨스타 신전의 일부가 남아 있다. 그 앞으로 율리우스 카이사르 신전은 기초만 남아 있다.

　다음으로 판테온은 만신전으로서 신들에게 평화를 기원하기 위해 25년 아그리파가 건설한 신전이었지만, 소실됐다가 120년경 하드리아누스 황제에 의해 재건됐다. 정면 기둥 위에는 아그리파에게 경의를 표하는 의미로 라틴어 대문자 M. AGRIPPA L. F. COS TERTIUM FECIT(마르쿠스 아그리파 루키우스 필리우스 콘술 테르티움 페키트, "루키우스의 아들 마르쿠스 아그리파가 세 번째 집정관 임기에 짓다")라고 커다랗게 쓰여 있다.

　무근(無根, plain) 콘크리트제 돔으로 지금까지도 세계 최고 규모의 신전이다. 연약 지반에 대한 대책으로 6미터 깊이까지 원통형 기초를 설치했다. 돔은 벽 두께를 6미터에서 1.5미터로 변화시키고 경량 콘크리트를 사용했다. 천정에는 지름 6미터의 구멍(오라클)을 설치하는 등 설계부터가 매우 뛰어난 건축물이다. 그 거룩함에 매료돼 르네상스의 거장 라파엘로가 자신의 무덤을 이곳에 만들어달라 당부했다고 전해진다. 이후 산타 마리아 아드 마르티레스(Santa Maria ad Martyres) 대성당으로 전용돼 약 2,000년 동안 우뚝 솟아 있다.

　폼페이에는 유피테르, 포에부스, 이시스, 포르투나, 아우구스타 등의 신전뿐 아니라 콜로세움을 세운 베스파시아누스 황제를 모신 신전도 있다. 베스파시아누스는 임종 때 "이런 젠장! 나는 신이 되겠구나!" 하고 외

판테온

치면서 선 채로 죽었다는 일화가 전해진다. 소변세를 징수하는 것에 대해 폐지를 간언한 아들 티투스에게는 이렇게 말했다고 한다.

"맡아보거라, 세금으로 걷은 돈에서 냄새가 나느냐?"

시칠리아 남서부에 위치한 아그리젠토는 기원전 6세기~5세기경 마그나 그라이키아(Magna Graecia)에 건설됐다. 마그나 그라이키아는 남부 이탈리아 동해 연안에 건설된 그리스 식민 도시를 통틀어 일컫는 이름이었다. 신전 계곡에는 7개의 신전 유적인 유노(Juno, 헤라), 헤르쿨레스, 유피테르, 카스토르(Castor), 폴룩스(Pollux, 폴리데우케스), 울카누스(Vulcanus, 불카누스, 헤파이토스), 아이스쿨라피우스(아스클레피오스)가 있고 모두 도리아 양식으로 건축됐다.

파에스툼과 웰리아(Velia)의 고고 유적군에도 신전이 남아 있는데 오늘날 나폴리에서 동남쪽으로 80킬로미터 떨어진 곳에 위치해 있다. 아그리젠토와 마찬가지로 기원전 6세기~5세기경 마그나 그라이키아에 건

아그리젠토 신전

파에스툼 신전

설됐다. 언덕 위에 미네르바(아테나) 신전과 넵투누스(포세이돈) 신전을 비롯한 많은 신전이 있다. 티볼리 지역에 있는 하드리아누스 황제의 별장 월라 아드리아나에는 웨누스(아프로디테) 신전 등이 여럿 남아 있다.

시칠리아의 시라쿠사에는 포에부스 신전을 포함해 마그나 그라이키아 때의 신전들이 있다. 에스파냐 메리다는 이 책의 초반부에서 살폈듯이 기원전 25년 속주 루시타니아의 주도로서 '에메리타 아우구스타'라는 이름으로 건설됐다. 이곳에는 디아나 신전을 위시해 원형 극장, 원형 투

메리다 신전

에보라 신전

기장, 수도교, 트라야누스 황제 개선문 등 수많은 세계 유산이 밀집해 있다. 다른 곳도 그렇지만 기회가 되면 들러볼 만한 곳이다.

　'박물관 도시'라고 불리는 포르투갈 남동부 지역의 에보라(Evora) 유적지에도 신전이 남아 있다. 이곳은 기원전 로마의 지배하에 들어갔다. 율리우스 카이사르는 에보라를 '비옥한 율리아'라고 불렀다. 교통의 요충지로 발전하면서 시내 중심부에는 코린트 양식의 디아나 신전 등이 세워졌고 아우구스투스 황제를 모셨다.

그리스 아테네의 아크로폴리스(Acropolis)는 널리 알려진 신전이다. 기원전 6세기 중기에 건설된 도리아식과 이오니아식 건축 양식으로 지어진 건축물이 많다. 가장 유명한 파르테논 신전은 비잔티움 시대에 성모 마리아에게 바쳐진 교회다. 이후 행정 관사와 화약고가 됐지만, 덕분에 파괴를 면했다. 아크로폴리스에는 파르테논 신전 말고도 아테나(미네르바), 에레크테이온(Erechtheion), 니케(Nike, 로마 신화의 빅토리아), 엘레우시니온(Eleusinion) 등 매우 많은 신전이 있었다.

기원전 356년 알렉산드로스 대왕의 부친 필립포스 2세에 의해 창건된 마케도니아의 번창한 도시 필리포이에도 수많은 구조물과 원형 극장 그리고 신전 등의 유적이 남아 있다. 기원전 167년 로마의 식민 도시가 된 필리포이는 기독교 선교에서 중요한 역할을 한 도시다. 사도 바울로(바울)는 세 차례 필리포이를 방문했으며 61년경 신약성서 중 하나인 〈필립비인들에게 보낸 편지(빌립보서)〉를 썼다. 바울로의 영향도 있어서 필리포이는 이 지역 기독교 세력의 중심지였고 수많은 교회가 있었다. 4세기 중반부터 6세기에 이르기까지 7개의 성당이 세워졌고 바오로 성당이 있던 곳에는 5세기 말에 대성당이 세워졌다. 대성당은 팔각형으로 콘스탄티노플의 성당에도 뒤지지 않는다.

지금의 터키 지역 크산토스와 레툰(Letoon)에도 로마 시대 유적이 잘 보존돼 있다. 크산토스는 앞서 언급했듯이 고대 리키아 왕국의 수도로 기원진 167년 로마의 동치 아래 놓인 뒤 그리스 침공 기지가 됐다. 공공욕장과 님파에움(Nymphaeum, 님프를 모시는 공공 분수) 등이 만들어졌다. 바다의 여신 네레이드(Nereide) 기념당도 있었다. 이후 서서히 쇠퇴했고 6세기에 이르자 기독교 세례소와 성당이 조성됐다. 크산토스에서 약 10 킬로미터 떨어진 곳에 위치한 레툰은 그리스 신화 레토(Leto) 여신의 이름에서 유래한 도시로 리키아 왕국의 종교 중심지이자 성역이었다. 기독

바알 신전(팔미라 유적지)

교화가 초기에 이뤄져서 많은 구조물들이 성당을 짓는 데 전용됐고 7세기 때는 방치됐다.

페르가뭄은 그리스 아탈로스(Attalos) 왕국의 수도였다. 교통의 요충지로서 번성했으며 헬레니즘, 로마, 비잔틴, 오스만제국의 문화가 융합되면서 발전했다. 언덕 위에는 원형 극장, 체육관, 대제단, 수도, 신전 등의 유적이 남아 있다. 또한 터키 에페수스는 세계 7대 불가사의 중 하나인 '아르테미세움'으로 유명한 도시였다. 기원전 2세기 로마의 지배하에 들어가 소아시아 속주의 수도가 됐다. 훗날 기독교를 받아들여 신약 성서에도 〈에페소인들에게 보내는 편지(에베소서)〉가 있을 정도로 기독교가 성행했다. 마찬가지로 바울로가 집필했다. 이를 증명하듯이 성모 마리아가 여생을 보냈다고 전해지는 '성모 마리아의 집(Ana Meryem Evi.)'이 있다.

시리아 팔미라에는 기원전 3세기경부터 다수의 지하 묘지가 건설됐고

필리포이 유적지 전경

기원전 1세기부터 3세기까지는 실크 로드의 중계 도시로서 발전했다. 로마의 속주일 때는 로마 건축물이 들어섰다. 특히 시리아 지역에서 주로 숭배했고 성서에서 대표적인 우상으로 언급되는 바알(Baal)을 모신 신전으로 유명하다.

튀니지 지역 두가의 성벽으로 둘러싸인 베르베르족(Berber) 마을을 기원전 2세기 누미디아(Numidia) 왕국의 마시니사(Masinissa, 기원전 238~148) 왕이 소유하고 있었는데, 이를 2세기 후반 로마가 점령했다. 유피테르, 유노, 미네르바 등의 신을 모신 신전이 세워졌고 그 유적이 남아 있다.

리비아의 렙티스 마그나는 기원전 146년 제3차 포에니 전쟁 때까지는 카르타고령이었다가 로마의 승리로 로마령이 됐다. 앞에서 설명했듯이 이곳 출신 셉티미우스 세웨루스 황제 때 더욱 번성했다. 다수의 신전 유적이 남아 있다.

사부라타 유적지에도 신전이 많은데, 누미디아 왕국의 속령이 된 뒤 로마제국에 편입되면서 2세기~3세기에 도시가 재건됐다. 셉티미우스 세웨루스 황제가 인근 렙티스 마그나에서 태어난 덕도 봐서 그의 치세에 절정기를 맞이했다. 사브라타의 유적 중 유명한 곳은 3층 구조를 유지하고 있는 원형 극장이 있고, 그 밖에도 '자유로운 아버지'란 의미의 리베르 파테르(Liber Pater, 바쿠스)와 이시스, 세라피스(Serapis) 신 등을 모신 신전들이 있다.

키레나이카(키레네)는 기원전 630년경 건설된 그리스 식민 도시였다가 로마의 식민 도시가 되는데, 명칭은 포에부스(아폴론)에게 바쳐진 샘 키레네에서 유래했다. 그리스와 로마 건축이 병존했다. 케레스(Ceres, 데메테르), 포에부스, 유피테르 신전 등이 있다

1세기 때 세워진 알제리 지역 로마의 식민 도시 제밀라에는 셉티미우

이시스 신전(사브라타 유적지)

스 세웨루스 황제 신전과 웨누스 신전 등이 있다.

알제리 티파사는 본래 페니키아의 식민지였다가 클라우디우스 황제 때 로마의 군사 거점이 된다. 이곳에는 로마 시대를 잘 표현하는 호화로운 건물들을 비롯해 다양한 유형의 건축물이 있다. 수많은 종교 건축물들이 있어 3세기~4세기에 기독교 영향이 눈에 띄게 증가했음을 짐작할 수 있다. 도시는 바다를 내려다보는 3개의 구릉 위에 세워졌다. 하지만 현재 유적지는 제대로 관리되지 못하고 있는 실정이다.

알제리 3대 유적지 가운데 마지막 팀가드는 100년경 트라야누스 황제에 의해 건설된 로마의 식민 도시다. 고대 로마의 도시 계획에 격자 모양의 구획이 도입된 사례를 전해주는 현존 유적지 가운데 보존 상태가 매우 좋은 곳이다. 앞서 설명했듯이 오랫동안 모래에 매몰돼 있었기 때문인 것으로 여겨진다. 이곳에도 신전이 많이 있다.

모로코 지역 볼루빌리스는 40년경 건설됐으며 유피테르 신전 등이 있다.

: 제국 위에 세워지는 교회당 :

기독교는 네로와 디오클레티아누스 황제에 의해 큰 박해를 받았지만, 그것을 극복하고 마침내 313년 공인을 받게 된다. 이후 이탈리아 땅에서 수많은 교회가 세워진다. 이탈리아 외 아르메니아와 터키 지역에는 로마 제국의 기독교 공인 이전의 교회들도 남아 있다.

우선 로마 시의 산 조반니 인 라테라노 대성당부터 살펴보자. 324년 콘스탄티누스 1세의 명령으로 건설된 교회다. 로마 교회 내 최고 위상으로 로마 교구 대성당이자 로마 교구 교구장인 교황의 좌(座)가 있는 성당이다. 대성당에 인접한 세례당에서 콘스탄티누스 1세가 세례를 받았던 이야기가 전해진다.

다음은 산타 마리아 마조레(Santa Maria Maggiore) 대성당이다. 현재 로마 테르미니(Termini) 역 서쪽 키벨레 신전이 있던 곳에 지어졌다. 즉, 이교 신전에서 가톨릭 성당으로 전환된 것이다. 431년 에페수스 공의회에서 교황 식스토 3세(Sixtus III, 재임 432~440)가 성모 마리아가 신의 어머니임을 인정하고 성모 마리아를 기리는 교회로 만들었다.

산 클레멘테 성당은 콜로세움과 라테라노 대성당 사이에 있다. 미트라 신전이 있던 자리에 건설됐다. 4세기 후반 교황 시리치오(Siricius, 재임 384~399)가 1세기 후반 교황을 역임한 클레멘스 1세(Clemens I, 재임 88~99)에게 바치기 위해 건설한 것이 지하 1층에 있는 교회다.

세계적으로 유명한 산 피에트로 대성당은 콘스탄티누스 1세의 명으로 베드로 무덤 위에 만들어졌다. 초대 베드로 대성당은 교황좌가 있는 교회당이 아니라 베드로의 묘소가 있어서 성지 순례 차 모이는 순교자 기념 성당이며 베드로 대성당은 1626년 완성됐다.

이탈리아 북부 라벤나(Ravenna)에는 산 비탈레(San Vitale) 성당이 있는

산 조반니 인 라테라노 대성당

산타 마리아 마조레 대성당

데, 로마-비잔틴 양식의 교회로서 모자이크화로 유명하다. 402년 호노리우스 황제는 서로마제국의 수도를 밀라노에서 당시의 라웬나(라벤나)로 천도했으며, 로마가 멸망한 476년까지 수도로 삼았다.

아르메니아의 에치미아진(Echmiadzin)과 즈바르트노츠(Zvartnots) 유적지에는 대성당을 비롯한 기독교 성당 유적이 많이 남아 있다. 특히 에치미아진 성당은 세계 최초 국가 공인으로 세워진 교회 건축물이다. 다시 말해 세계에서 가장 오래된 성당이다. 그레고리우스 주교에 의해 301년부터 303년까지 아치형 건축물로 건설됐다. 301년 아르메니아는 세계 최초로 기독교를 국교로 삼는다. 페르시아와 로마 사이에 있어서 한때는 로마 속주였다.

지금의 터키 이스탄불 소재 아야소피아(Ayasofya) 성당은 콘스탄티누스 1세의 명으로 건설됐다고 알려져 있다. 두 차례의 화재 후 537년 유스티니아누스 황제가 헌당식을 가졌다. 돔이 붕괴되기도 해서 여러 번 보수가 이뤄졌다. 1453년 오스만 튀르크에 점령당한 뒤에는 이슬람교 사원인 모스크(mosque)로 용도가 변경됐고 현재는 박물관이다.

터키 카파도키아(Cappadocia) 유적지도 빼놓을 수 없다. 카파도키아는 실크로드의 중간 거점으로 동서 문명의 융합을 도모한 대상들의 교역로로서 크게 번성했으며 초기 기독교 형성에도 중요한 역할을 했다. 4세기 때부터 박해를 피해 자신들의 신앙을 지키고자 기독교인들이 이곳 바위

산 비탈레 성당과 모자이크화

에치미아진 성당

산에 굴을 파고 거주했으며 동굴 수도원을 만들었다. 지금도 원형 보존
이 비교적 잘되어 있어 수많은 관광객들이 찾는 곳이다.

알다시피 성서에서 요단 강은 요르단 강을 일컫는다. 신약 성서에 언
급되는 '요단 강 건너편 베다니(Bethany)'는 세례자 요한이 예수를 포함한
사람들에게 세례를 베푼 곳이다. 그러나 요르단 강 인근에 있었다는 것
만 알려졌을 뿐 정확히 어디인지는 밝혀지지 않았다. 다만 요르단 강 동
쪽 엘리야 언덕과 오늘날 세례자 요한 교회 사이의 어느 곳으로 추정하
고 있다.

이집트 지역 아부 메나(Abu Mena)도 기독교 유적지로 유명하다. 4세기
후반까지 치유를 비롯한 기적을 구하는 기독교인들에게 중요한 순례지
였다.

카파도키아 유적지 전경

산 피에트로 대성당(바티칸 시국)

: 마우솔레움, 신성한 무덤 :

고대 로마인들은 조상 섬기는 것에 열심이었던 듯하다. 매우 많은 수의 마우솔레움, 즉 영묘가 남아 있기 때문이다. 세계 유산에 등재된 것들을 살펴보도록 하자.

아우구스투스 영묘는 로마 시에 있는데, 기원전 28년 로마 초대 황제 아우구스투스가 캄푸스 마르티우스(Campus Martius) 지역에 축조한 대규모 영묘다. 단순한 무덤이 아니라 건축물이다. 마르쿠스 아그리파, 아우구스투스, 리비아(아우구스투스의 아내), 티베리우스, 칼리굴라, 클라우디우스, 네르바가 이곳에 묻혔다.

하드리아누스 영묘는 산탄젤로 성으로 더 잘 알려져 있는데, 135년 하드리아누스 황제가 자신의 영묘로 직접 설계해 착공한 뒤 안토니누스 피우스 황제 치세인 139년에 완성했다. 원래는 높이 21미터 직경 64미터였는데 이후 계속 증축돼 현재 높이 48미터의 위용을 자랑한다. 14세기 이후 로마 교황에 의해 요새로 사용됐고 감옥이나 피난소로도 활용됐다.

라벤나에 있는 갈라 플라치디아(Galla Placidia) 영묘는 테오도시우스 1세의 딸이자 호노리우스 황제의 여동생 갈라 플라치디아(390~450)에 의해 430년 건설됐다. 규모는 작지만 내부의 모자이크화로 유명하다. 유럽에서 가장 아름다운 무덤으로 불린다. 본래는 산타 크로체(Santa Croce) 성당의 부속 건축물로 만들어졌는데, 산타 크로체 성당은 이후 파괴돼 자취를 감췄고 지금은 갈라 플라치디아 영묘만 남아 있다.

이번엔 장소를 옮겨 독일 트리어의 묘비를 살펴보자. 250년 세워졌고 로마의 부유한 직물상인 가족들을 위해 제작됐다. 23미터 높이 원기둥 모양이다. 헝가리 남부 페치(Pecs)의 초기 기독교 묘지도 세계 유산에 등재된 곳인데, 4세기에 건조된 이곳은 로마의 기독교 공인 이후에도 지하

하드리아누스 영묘(산탄젤로 성)

묘지 카타콤(catacomb)에의 매장이 이뤄졌음을 보여준다. 벽화의 예술성도 높이 평가되고 있다. 불가리아 카잔루크(Kazanluk)의 트라키아인 분묘도 있다. 벽돌 구조의 둥근 천장형 카타콤이다. 공동묘지의 일부로서 좁은 회랑과 둥근 매장실로 구성돼 있다. 회랑과 매장실은 장례식의 주인공이었던 트라키아인 부부를 그린 벽화로 장식돼 있다. 묘지의 연대는 기원전 4세기까지 올라간다.

불가리아 스베슈타리(Sveshtari)에도 트라키아인 분묘가 있다. 이 또한 세계 유산이다. 기원전 3세기 트라키아 종교 건축의 기본 구조를 전해주는 소중한 유적이다. 장식으로 화려한 색상의 반인반식물인 여인상 기둥과 벽화가 매우 독특하다.

시리아 팔미라 유적지에는 다양한 분묘가 있다. 탑형, 지하 묘지형, 탑형과 지하 묘지형의 조합형, 가옥형, 구멍형의 5가지 종류다. 이 중 엘라벨의 탑(Tower of Elahbel)으로 유명한 엘라벨 탑묘는 4층인데, 벽의 구멍

273

트라키아인 분묘와 내부 벽화

IS에 의해 파괴되기 전 엘라벨 탑묘의 모습(팔미라 유적지)

이에 석관을 쌓아올린 형태로 엘라벨 가문의 156개 석관이 수납돼 있다. 3형제의 지하 분묘가 유명하다. 지하 분묘는 기원전 3세기경부터 건설됐다. 안타까운 일은 최근까지 계속된 내전으로 팔미라 유적지의 피해가 상당하다는 것이다. 엘라벨 탑묘도 지난 2016년 IS의 공격으로 파괴됐다.

요르단 페트라의 무덤도 세계 유산이다. 페트라는 기원전 1세기경부터 나바테아인들이 거주하면서 아라비아 부근의 무역을 독점해 번성했던 곳이다. 기원전 64년경부터 로마의 지배를 받았고 이때부터 로마풍 건축물 조성이 시작된다. 이 무덤은 바위산을 파내어 만들었다.

이스라엘의 마레샤와 베이트구브린의 동굴들도 짚고 넘어가야 한다. 정식 명칭은 '동굴의 땅의 소우주: 유대 저지대의 마레샤와 베이트구브린 동굴군(Caves of Maresha and Beit Guvrin in the Judean Lowlands as a Microcosm of the Land of the Caves)'이다. 이스라엘 남부 저지대에 속

사브라타 탑묘

하는 요아브(Yoav)와 라키시(Lachish) 지역에 분포하는 지하 동굴 유적을 말한다. 엄밀히 말하면 이곳이 로마령이었던 적은 있으나 로마인들의 유산은 아니다. 마레샤 지역의 동굴들은 기원전 9세기경부터 만들어져 기원전 3세기~2세기에 주로 사용됐고, 베이트구브린 지역의 동굴들은 1세기경부터 만들어진 것으로 알려져 있다. 또한 이스라엘 벳 셰아림의 네크로폴리스(Necropolis of Bet She'arim)는 유대인의 재흥을 보여주는 곳으로 제2차 유대 전쟁(132~135)에서 로마에 패한 유대인들이 묻힌 곳이다.

튀니지에 위치한 카르타고 묘지 유적은 토페트(Tophet)라고도 불리는데, 기원전 400년~200년 아이들을 위한 공동묘지로 조성됐다. 2만여 개의 뼈그릇이 출토돼서 카르타고 자녀희생설의 배경이 되기도 한다.

리비아 사브라타 유적지의 탑묘는 페니키아인들이 세운 높이 18미터에 달하는 삼각형 분탑이다. 본래 사브라타는 페니키아인들의 교역 도시였다가 2세기~3세기 때 재건됐다. 셉티미우스 세웨루스 황제 인근 렙티스 마그나에서 태어났기 때문에 그 덕을 입어 그의 치세 때 절정기를 맞이했다.

리비아 키레네 유적지에는 공동묘지 유적이 있는데, 앞서 언급했듯이 키레네는 고대 그리스 시대에 건설된 내륙 도시다. 키레네 학파가 형성될 만큼 문화 도시이기도 했다. 항구 도시 아폴로니아(Apollonia)와의 사

티파사 영묘

이에 약 10킬로미터에 이르는 거대한 네크로폴리스가 있었다.

알제리 티파사(Tipasa)의 영묘도 세계 유산에 등재돼 있다. 티파사는
아랍어로 '황폐한 도시'라는 뜻이다. 오늘날 알제리의 수도 알제에서 서
쪽으로 70킬로미터 떨어진 티파자(Tipaza) 해안가에 위치했던 로마의 식
민 도시로 기원전 1세기경 로마 귀족들의 휴양지로 건설됐다. 누미디아
왕국의 유바 2세(Juba II, 기원전 51?~23?)와 그의 아내 클레오파트라 8세
를 위해 건설된 높이 40미터의 아우구스투스 영묘를 모방해 지었다.

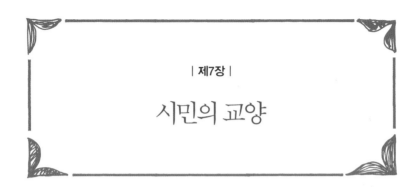

| 제7장 |

시민의 교양

고대 로마에는 수많은 철학자와 작가 그리고 기술자가 있었다. 로마인들은 민족이나 국가에 상관없이 좋은 문화라면 모두 받아들였다. 당시 문명이 발달했던 그리스와 에트루리아의 문화는 물론 이집트, 페르시아, 지중해 연안 나라들의 문화까지 흡수해 자신들의 것으로 만들었다. 그리고 이를 세상에 전파하는 일도 소홀히 하지 않았다.

드넓은 제국을 이룬 로마는 많은 국가와 민족을 통치하기 위해 실용적인 문화를 발전시켰다. 이미 살폈듯이 현재에도 건축에 많이 사용하는 콘크리트를 발견했고, 서양 법률의 틀도 대부분 로마법에서 가져온 것이며, 로마 의학의 영향이 지금까지 이어지고 있다. 영어, 프랑스어, 이탈리아어 등도 로마의 말 라틴어와 관련이 있다. 놀라운 사실은 로마인들이 모든 것을 기록으로 남겨놨다는 것이다.

당시의 정치가는 군인인 동시에 작가인 경우도 많이 있었다. 술라, 대(大) 카토, 카이사르, 키케로, 세네카, 하드리아누스 황제, 마르쿠스 아우렐리아누스 황제 등이 그런 인물들이었다. 문무를 겸비한 이들이었으며, 책을 저술했을 뿐 아니라 도서의 수집과 소장에도 주력했다. 이 장에서는 로마의 유산 중 도서관과 책에 관해 간략하게 살펴보기로 한다.

: 리브라리움, 지식의 보고 :

고대 로마의 지식 산업은 기본적으로 그리스와 헬레니즘 세계의 학문적 업적을 계승하는 데 목적을 두고 있었다. '리브라리움(librarium)', 즉 도서관도 처음에는 지적 호기심을 채우기 위한 학자 및 정치인 등의 개인 서재에서 시민의 교양을 쌓기 위한 쪽으로 변화했다. 그렇게 신전에 부속된 도서관이 건설됐다. 당시 신관은 최고의 교양인이었다. 따라서 책은 신전으로 모이는 것이 자연스러웠다. 그러다가 아예 국가 정책 차원에서 학술 발전을 목표로 이른바 대도서관을 세우게 된다. 나아가 시민 교육과 오락의 일환으로 대욕장 부속 도서관까지 짓기에 이른다.

로마에서는 읽고 쓸 줄 아는 노예를 시켜 원본을 소리 높여 낭독하게 한 뒤 필사생들이 이를 일제히 받아쓰는 방식으로 책을 대량 복제했다. 이런 덕분에 마르쿠스 마르티알리스의 《에피그라마타(Epigrammata)》나 웨르길리우스의 《아이네이스》도 몇 데나리온만 주면 구해서 읽을 수 있었다. 시민들의 독서 열기가 갈수록 뜨거워지자 필사생들의 조합도 조직됐다. 이들은 일정 노임을 받고 책을 베껴줬다. 노예 노동이 임금 노동으로 바뀌면서 책값이 다소 오르긴 했지만 기하급수적인 지식의 확대 재생산이 이뤄졌다.

이렇게 되자 도서관 관리 시스템의 필요성이 대두됐다. 2세기 말 로마 시에는 25개소의 공공 도서관이 있었고 4세기에 이르러서는 28개로 늘었다. 각 도서관에는 사서 업무를 총괄하는 도서관장으로서 국가가 임명하는 장관급 관리자를 뒀다. 지식을 정책적으로까지 육성하려는 로마인들의 '앎'을 향한 의지가 엿보인다. 그러나 380년 이교 배척으로 신전 파괴가 이뤄지면서 도서관도 함께 파괴된다. 기독교 이외의 것들에 대한 배척 때문이었다.

이에 따라 로마의 지식은 사라지고 로마의 문화도 몰락하게 된다. 이후 유럽은 게르만족의 이동 등 끊임없이 전란을 겪다가 암흑의 중세 시대를 맞는다. 대부분의 도서관이 소실됐지만 그 위치 정보는 남아 있다. 도서관 또한 로마제국 전역에 걸쳐 분포해 있었다. 그 정도로 로마인들은 지식 전파와 문물 유포에 주력했던 것이다.

개인 도서관

공화정 로마 때의 정치가들은 정복지(주로 그리스 식민지)의 문물을 도입해 시민들에게 제공하는 문교 정책을 폈다. 기원전 168년 당시 집정관이던 율리우스 파울루스(Julius Paulus)가 마케도니아 페르세우스 왕의 궁전 도서관 장서를, 기원전 86년에는 집정관 루키우스 술라가 아테네를 공격해 부호 아페리콤의 장서(아리스토텔레스의 저작 등)를 가져온 뒤 개인 도서관을 만들었다.

하드리아누스의 별장인 윌라 아드리아나에도 개인 도서관이 있었고 폼페이 이탈리아 남부 헤르쿨라네움(Herculaneum)에도 윌라 데이 파피리(Villa dei Papiri) 내에 도서관이 있었는데, 율리우스 카이사르의 장인 피소 카이소니우스(Piso Caesoninus)가 소유했던 이 별장은 79년 웨수위우스 산 대폭발로 화산재 아래에 30미터 이상 매몰됐다. 이곳은 그 위치만 알려져 있다가 1750년~1765년에 지하 터널을 뚫는 방식으로 발굴 작업이 진행됐고, 1990년대에 이르러서야 본격적인 발굴이 이뤄졌

월라 아드리아나 도서관 유적

다. 원래 이름은 아니고 저택 내 도서관에서 탄화된 파피루스 두루마리 1,785개가 발견돼 붙여진 명칭이다. 당시 4층으로 된 피소 카이소니우스의 저택은 폼페이와 헤르쿨라네움을 통틀어 가장 호화로운 건물로 꼽혔다. 이곳에서 발굴된 80여 개의 조각상을 나폴리 국립 고고학 박물관이 소장하고 있다.

참고로 1968년 미국의 석유 재벌 폴 게티(Paul Getty, 1892~1976)가 월라 파피리 유적에서 영감을 받아 로스앤젤레스 인근에 게티 빌라를 지으면서 빌라 내에 폴 게티 박물관을 만들었는데, 고대 그리스, 로마, 에트루리아의 다양한 유물을 전시하고 있다.

신전 도서관

로마의 신전 도서관은 그리스와 헬레니즘 도서관의 전통을 계승했다. 세라피스 신전 부속 도서관이 대표적인 신전 도서관이었다. 율리우스 카

시민의 교양

하드리아누스 신전 부속 도서관 유적

이사르는 알렉산드리아 도서관을 처음 접한 뒤 로마에 그보다 더 거대한 도서관을 건립하겠다고 계획한다. 문교 정책의 일환이었다. 하지만 카이사르 살아생전에는 이루지 못하다가 사후에 최측근 중 한 사람인 가이우스 폴리오(Gaius Pollio, 기원전 75~기원후 5)가 아벤티노 언덕의 자유 신전에 자신의 장서와 술라 등 개인 도서관의 장서를 모아서 로마 최초의 공공 도서관을 만든다. 그는 카이사르의 부하이자 훗날 클레오파트라 7세(Cleopatra VII, 기원전 69?~30?)의 연인으로 더 잘 알려진 마르쿠스 안토니우스의 전우이기도 했다. 안토니우스가 훗날 아우구스두스 황세가 되는 옥타비아누스와의 패권 경쟁에서 밀린 이후에는 어떤 공직도 맡지 않고 교양인으로서의 삶을 살아갔다.

　기원전 33년에는 아직 황제가 되기 전인 옥타비아누스가 유피테르와 유노 신을 모시는 옥타비아 신전을 건설하고 신전 부속 도서관을 설치했다. 그리고 기원전 28년에는 팔라티노의 언덕의 포에부스 신전에도 부속 도서관을 세웠다.

남아 있는 기록에는 제2대 티베리우스 황제, 제9대 웨스파시아누스 황제, 제13대 트라야누스 황제, 제14대 하드리아누스 황제 때에도 신전 도서관이 건립됐다. 132년에 하드리아누스 황제가 아테네 아크로폴리스 북쪽에 건설한 신전 도서관은 267년 게르만족의 일파인 헤룰리족(Heruli)의 침입으로 파괴됐으나 412년에 속주 총독에 의해 복원됐다. 오스만제국 시대에는 관공서 건물로 쓰였다.

대도서관

알렉산드리아 무세이움의 일부인 알렉산드리아 도서관은 기원전 300년경 이집트 프톨레마이오스 1세에 의해서 알렉산드리아에 건설됐다. 고대를 통틀어 가장 크고 가장 수준 높은 도서관이었다. 소실됐기 때문에 세계 유산에 등재되지 않았다. 그 모습을 볼 수 없다는 것이 매우 안타깝다.

알렉산드리아 도서관은 또한 가장 오래된 학술의 전당이기도 했다. 소장 문서만 파피루스 두루마리로 약 70만 권에 달했다. 아르키메데스나 에우클레이데스(Eukleides) 등의 뛰어난 학자들이 초청되는 학술 기관이기도 했다. 앞서 언급했듯이 알렉산드리아 무세이움 내에는 도서관은 물론 동물원, 식물원, 천문대, 실험실 등 학문 연구에 관한 거의 모든 시설이 들어서 있었다.

최초 소실 시기에 관해서는 카이사르가 이집트를 침공했을 때인 기원전 47년으로 여겨지며 이후 로마제국의 통치 아래에서 재건됐다가 380년 기독교 국교화 이후의 과정 속에서 완전히 파괴된 것으로 추정하고 있다. 415년 이교 탄압이라는 명목으로 수학자이자 신(新) 플라톤주의 철학자 히파티아(Hypatia, 355~415)를 잔인하게 죽인 사건이 있었다. 참

켈수스 도서관 유적

고로 히파티아는 여성이었다. 에드워드 기번은 《로마제국 쇠망사》에서 이렇게 쓰고 있다.

"운명의 그날, 기독교도들은 대학으로 강의하러 가는 히파티아를 마차에서 끌어내 교회로 끌고 갔다. 머리카락을 다 뽑고 벌거벗긴 후 날카롭게 간 굴 껍데기와 깨진 그릇 조각으로 피부를 벗겨내는 고문을 가했고 마침내 불구덩이로 던졌다."

기독교 외에는 자비가 없던 때였다. 아마 알렉산드리아 무세이움도 이교 신전 등이 파괴되던 시기에 비운을 맞이한 듯 보인다.

에페수스의 켈수스(Celsus) 도서관은 135년 집정관 켈수스의 이름을 따서 건립한 도서관이었으며 1만 2,000여 권의 장서를 소장하고 있었다. 지금도 기둥 등이 비교적 잘 보존돼 있다. 입구에는 지혜의 신 미네르바

(아테나)의 조각상이 있다.

　마찬가지로 터키 지역 페르가뭄 유적지에도 도서관이 있는데, 도서관이 있던 터와 기둥 밑 부분 정도만 남아 있다. 당시 페르가뭄 도서관은 알렉산드리아 도서관에 버금갈 정도로 규모가 컸다. 이에 위협을 느낀 프톨레마이오스 왕조가 파피루스 수출을 중단해버리자 페르가뭄에서 그 대체품으로 양피지를 생산하게 됐다. 이후 양피지는 전세계로 퍼져나갔다. 페르가뭄 도서관은 20만 권 이상의 장서를 소장했다고 한다. 그 서적들이 안토니우스가 클레오파트라에게 준 선물이라는 이야기도 있다. 현재 독일 베를린 페르가몬 박물관에서 당시 도서관 입구를 장식했던 미네르바 조각상을 전시하고 있다.

　알제리 팀가드에도 100년경 트라야누스 황제에 의해서 건설된 5,000권 규모의 도서관이 있었다.

공공 욕장 도서관

　앞에서 카라칼라 욕장을 자세히 살필 때 잠시 언급했듯이 카라칼라 욕장을 비롯한 아그리파 욕장, 트라야누스 욕장, 디오클레티아누스 욕장 등의 공공 욕장에는 로마 시민들의 교양 증대를 위한 도서관이 설치돼 있었다. 이곳 공공 욕장 도서관은 중앙 도서관에 대한 지소 역할을 수행했다.

　테르마이, 즉 공공 욕장은 기본이 되는 욕장은 물론 경기장, 갤러리, 체육관, 이발소, 식당, 광장, 사원 등을 갖춘 종합 시설이었다. 욕장에서 목욕으로 심신의 피로를 풀고, 체육관에서 육체를 단련하며, 도서관에서 독서를 통해 지적 유희를 즐기고, 광장에서 대화와 토론을 통해 사람들과 교류하는 시간을 갖는 것이다.

: 비블리오테카 바티칸, 영광의 계승 :

기독교가 로마제국의 국교로 공인된 이래 현재 266대 교황 프란치스코에 이르기까지 바티칸은 로마 교황청의 뿌리가 된 곳이다. 오늘날 바티칸은 지리적으로는 이탈리아 로마 북서부에 있는 작은 도시이지만 교황이 통치하는 독립국이기도 하다. 그래서 '바티칸 시국(市國)'이라고 부른다. 또한 바티칸은 로마 가톨릭의 본산이기에 이와 관련한 역사와 문화가 살아있는 건축물과 예술 작품들이 많이 남아 있다. 그중에서도 국보급 문헌들을 품고 있는 곳이 비블리오테카 아포스톨리카 바티카나(Bibliotheca Apostolica Vaticana), 즉 '바티칸 도서관'이다. 바티칸 도서관이 정식으로 개관한 것은 무려 6세기 전, 1448년 교황 니콜라오 5세가 가톨릭을 이끌던 시기다.

학계에서는 바티칸 도서관의 역사를 크게 다섯 단계로 나눠서 보고 있다. 우선 초창기인 라테라노 이전기다. 교황이 라테라노 궁전에 머무르기 전을 말한다. 라테라노 궁전은 콘스탄티누스 1세가 기독교를 공인한 뒤 기증장을 통해 교황 실베스테르 1세(Silvester I, 재임 314~335)에게 거처로 제공된 곳이라고 알려졌는데, 훗날 르네상스 시대의 학자 로렌초 발라(Lorenzo Valla, 1407~1457)에 의해 기증장은 당시 교회의 이익 수호를 위해 날조된 것으로 드러났다. 어쨌든 이후 1,000년 동안 라테라노 궁전은 역대 교황들의 기치가 됐고 지금은 박물관으로 이용되고 있다.

이후 라테라노기는 라테라노 궁전에 문서들이 보관된 시기이며, 교황 보니파시오 8세(Bonifatius VIII, 재임 1294~1303)가 재임하던 13세기 초까지 이어진다.

다음인 아비뇽기는 보니파시오 8세 서거 이후부터 교황권이 로마에 반환된 1370년 사이의 기간을 말하는데, 이 시기에 소장 자료 수가 크게 증

바티칸 도서관 외부와 시스티나 홀 내부 전경

가했다. 프랑스 남부 아비뇽(Avignon)으로 로마 교황청을 옮긴 아비뇽 유수 기간이다.

바티칸 이전기는 1370년~1447년으로 도서관의 자료들이 로마와 아비뇽 등으로 분산됐다.

바티칸기는 도서관이 바티칸으로 옮겨진 1448년 이후부터 현재까지를 말한다.

바티칸 도서관은 1448년 교황 니콜라오 5세가 자신의 장서와 문서와 함께 선대 교황으로부터 대대로 이어받은 350여 점의 그리스어, 라틴어, 히브리어 고사본을 모아 설립했다. 니콜라오 5세의 컬렉션 중에는 콘스탄티노플 제국 도서관에서 소장하던 문서도 있었다.

1481년 초대 관장을 지낸 바르톨로메오 플라티나(Bartolomeo Platina, 1421~1481)가 도서 목록을 제작했을 때 장서 수가 겨우 3,500권이었지만, 그럼에도 불구하고 유럽에서 가장 큰 도서관이 됐다. 1587년경 교황 식스토 5세 때 도서관 신관을 건설하고자 건축가 도메니코 폰타나에게 의뢰했다. 이때 지어진 건물이 현재의 모습이다.

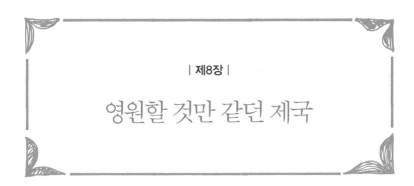

| 제8장 |

영원할 것만 같던 제국

마무리하는 시점이니 로마의 역사를 다시 한 번 간략히 정리해보자. 전승에 따를 때 건국 시기는 기원전 753년이다. 그리고 기원전 509년 정치 체제는 공화국으로 시작했고, 기원전 202년 제2차 포에니 전쟁에서 승리함으로써 지중해를 내해로 삼았다. 기원전 27년 아우구스투스가 초대 황제로 등극해 제정이 시작됐다.

제13대 황제 트라야누스 시대에 이르러서는 최대 영토를 확보한다. 395년 동과 서로 제국이 분열됐으며, 476년 게르만족 용병 대장 오도아케르(Odoacer, 433~493)에 의해 어린 황제 로물루스(Romulus Augustus, 재위 475~476)가 폐위되면서 서로마제국이 멸망했다. 이 장에서는 그 번영과 쇠망 그리고 후세에 남긴 것들에 대해서 종합적으로 정리해보기로 한다.

: 제국 유지의 조건 :

도시 국가 로마가 어떻게 오늘날 EU를 능가하는 대제국이 될 수 있었을까? 수많은 민족과 종교가 혼재된 드넓은 지역에 로마 문화를 뿌리내리게 할 수 있었던 까닭은 무엇이었을까?

첫 번째로는 강력한 군사력과 건설 기술력을 들 수 있다. 기원전 113년에서부터 101년까지의 킴브리족(Cimbri) 및 테우토니족(Teutoni)과의 전쟁을 들여다보면, 당시 이들 게르만족 일파의 침입에 기원전 113년과 105년의 전투는 로마의 참패였다. 카이사르의 숙부인 가이우스 마리우스가 시민 모병제를 직업군 체제로 바꾸고, 무기 자기 부담을 장비 일률 지급으로 군제 개혁을 단행한 결과 기원전 102년과 101년 전쟁에서는 연승을 거뒀다.

이후 카이사르는 갈리아 원정에서 크고 작은 전쟁을 치르면서 9년에 걸쳐 무려 800개의 도시를 점령했고 300개의 나라를 무찔렀다. 《갈리아 전기》는 "300만 명의 적과 싸워 100만 명을 죽이고 100만 명을 포로로 잡았다"고 기록하고 있다. 얼핏 봐도 인원이 상당히 과장됐긴 하지만, 어쨌거나 최강의 로마 군단을 형성했음을 알 수 있다.

고대 로마는 군제 개혁뿐 아니라 속주 각지에 식민 도시를 만들어 속주민과의 융화를 꾀했고, 하드리아누스 황제 때에는 제국의 확대를 중지하고 관리에 집중하기도 했다. 쓸데없는 싸움은 피하면서 강온 양책을 쓴 것이다.

두 번째는 신속히 행군할 수 있는 도로 인프라 구축이다. 전쟁이든 교역이든 간에 속도가 중요하다. 그것을 가능케 한 것이 로마 가도다. 로마를 점령지를 포함해 대부분의 시민들이 쾌적한 생활을 할 수 있도록 가능하도록 방어 시설, 상·하수도, 오락 시설 등의 도시 인프라를 구축했다. 만약 수도 로마 시와 속주의 도시가 도로로 연결되지 않았고, 이들 도시에서의 생활이 만족스럽지 않았다면 로마는 절대로 오래 유지되지 못했을 것이다. 그만큼 인프라가 중요하다.

세 번째는 식량 생산과 공급이다. 수도 로마를 비롯한 주요 도시는 식량 자급이 불가능했다. 그렇기 때문에 교역에 기대지 않을 수 없었다. 이때에도 마찬가지로 가도와 해도 인프라가 필수적이다. 로마는 그런 것들을 거의 완벽하게 갖추고 있었다.

네 번째는 관용과 흡수 그리고 능력주의다. 민족, 종교, 문화에 대한 관용, 좋은 것들은 적극적으로 받아들이는 흡수력, 그리고 출신 성분에 상관없이 인재를 등용하는 능력주의가 로마 발전의 원동력으로 작용했다. 카이사르는 로마인이든 비로마인이든 아무리 자신에게 적대했더라도 일단 충성을 맹세하면 용서해 처벌하지 않았고 경우에 따라서는 자신의 수하로 받아들였다. 믿는 도끼에 발등 찍힌 실패 사례이긴 하지만 브루투스도 그 같은 사례였다. 또한 클라우디우스 황제는 자신이 태어난 리옹에서 관용과 능력주의에 관한 연설을 한 뒤 이를 비문으로 남겼다. 다음과 같은 내용이다.

조상 가운데 가장 먼 시조 클라우수스는 사비니족 출신이다. 그러나 로마인들은 그와 그 일족에게 로마 시민권을 주었음은 물론 그에게 원로원 의석을 주어 귀족의 반열에 오르게 해주었다. 선조들의 사례에 고무되어 나는 이와 같은 방침을 행정에 응용해야 한다고 여긴다. 고향과 부족을 막론하고 능력 있는 자들은 모두 수도로 불러들이고, 뛰어난 사람이라면 중앙 정치에 관여시킬 것이다.

카이사르로 대표되는 율리우스 가문은 명문가이긴 했지만 왕정 로마의 제3대 왕 툴루스 호스틸리우스(Tullus Hostilius, 재위 673?~642?)에게

정복당한 알바롱가(Alba Longa) 출신이었다. 대(大) 카토와 소(小) 카토로
유명한 포르키우스 가문은 기원전 380년에야 로마 시민권을 받은 에트
루리아인이었다. 이렇듯 훌륭한 인재가 있으면 출신지나 부족에 상관없
이 이탈리아 전역에서 원로원으로 맞아들인 것이 우리 로마다.

마침내 안으로는 평화가 자리 잡고 밖으로는 국위가 선양되자, 이번에
는 트란스파다나(Transpadana, 아탈리아 북부 지역) 지방 부족을 로마 시민
으로 받아들였다. 그리고 로마 군단 퇴역병을 속주로 이주시키니, 그들
의 후손이기도 한 속주민 가운데 선발한 용사를 군단병으로 받아들이는
방식으로 우리는 인적 자원을 보강했다.

우리는 히스파니아에서 바르부스(barbus) 가문을, 또한 이들에게 뒤지
지 않는 훌륭한 인물을 갈리아 나르보넨시스(Gallia Narbonensis, 현 프랑
스 남부 지역)에서 영입했다. 그들의 자손은 지금도 우리 수도에 거주하고
있다. 그들이 이 나라에 가지는 애국심은 우리의 그것 못지않은 것이다.
스파르타인과 아테네인이 전쟁에서 이겼더라도 단기간의 번영밖에 누
리지 못하고 마침내는 파멸한 이유는, 다름 아닌 그들이 정복한 민족을
끝까지 이국인으로서 차별했기 때문이다.

이런 점에서 우리의 건국자 로물루스는 현명하게도 그리스인과는 반
대의 방식을 택했다. 수많은 민족을 적으로서 싸운 그 날이 미처 끝나기
도 전에 다시 동포로서 대접했다. 그뿐만 아니라 이족민이 우리 위에 서
는 일도 적지 않았다. 해방 노예의 아들에게 관직을 맡긴 적도 있다. 이
들은 많은 사람들이 오해하는 것처럼 최근에서야 벌어진 일이 아니다.
오래전부터 자주 있던 일이다.

한때 우리는 세네노스족과 전쟁을 했다. 그렇다고 볼스키족과 아이퀴
족이 우리에게 맞서 전열을 정비한 일이 전혀 없었는가? 또한 한때 우리
는 갈리아인의 포로가 됐다. 우리는 투스쿨족에게 인질을 내주거나 삼니

테스족에게 굴복한 적도 있다. 그것은 그렇다고 쳐도 모든 외국과의 전쟁을 비교하고 검증해도 갈리아와의 전쟁에 소비된 기간은 다른 어떤 민족과의 싸움보다도 짧다는 사실을 발견할 수 있다. 그 이후에도 양자 간의 평화와 우호는 흔들림이 없다. 이미 갈리아인은 관습이나 학예나 혼인을 통해 우리와 동화된 것이다. 그들은 자신들의 금광과 보물을 독점하지 않고 우리와 나누었다.

원로원 의원 여러분, 현재 여러분이 매우 구식이라고 생각하는 것들은 과거에는 모두 새로운 것이었다. 예를 들어 국가 요직도 로마의 귀족에 이어 로마의 평민이, 평민의 뒤를 이어 라틴족이, 라틴족 다음에는 기타 이탈리아 여러 부족으로 문호가 개방된 것이다. 의원 여러분, 지금 우리가 논의하고 있는 갈리아인에 대한 문호 개방도 결국 로마의 전통이 아닐 수 없다. 그리고 오늘 우리는 이 문제를 토의하기 위해 몇 가지 선례를 들었지만, 이 문제도 언젠가는 선례의 하나로 남을 것이다.

위의 카이사르와 클라우디우스의 말을 구현한 것이 첫 속주 출신 황제인 트라야누스다. 이후 아프리카 속주 출신으로는 최초로 셉티미우스 세웨루스 황제가 즉위했다. 2세기 말부터 속주 출신 황제가 배출됐고, 아버지가 노예였던 황제들도 두 사람이나 있다.

또한 로마는 수많은 도서관을 설치하고 관리했으며 엄청난 양의 책을 전영토에 유포했다. 이와 관련한 건축물들이 제국 각지에 있다. 바로 앞에서 살폈듯이 지식을 구전이 아닌 문서의 형태로 매뉴얼화해서 제국 전체에 퍼뜨린 것이다.

그리고 로마의 찬란한 건축 유산은 콘크리트의 발명이 없었다면 존재할 수 없었을 것이다. 위트루위우스의 《건축십서》에는 이런 대목이 나온다.

"자연 그대로 놀라운 효과를 발휘하는 일종의 분말이 있다. 웨수위우스 화산 일대에 있는 마을들에서 산출된다. 이 석회 및 자갈과의 혼합물은 대부분의 건축 공사에서 견고함을 더해줄 뿐 아니라, 제방을 바다 속에 축조하는 경우 물속에서도 굳는다."

콘크리트의 발명과 관련한 기록이다. 기원전후 시기에 나폴리 근교에서 발명된 콘크리트는 대형 구조물 건조에 혁명적 변화를 가져왔다. 석조와 비교해 비숙련공도 작업할 수 있게 됐으며, 소형 크레인으로도 건설 작업이 가능했다. 콘크리트의 발명이 없었다면 상·하수도와 도로 그리고 '빵과 서커스'를 실현한 구조물은 결코 만들어내지 못했을 것이다.

: 동경의 땅 :

앞서 기술한 것처럼 유웨날리스가 로마 백성들이 이제는 오매불망 빵과 서커스만 추구한다는 탄식에도 불구하고 로마제국은 그로부터 약 400년 동안이나 존속했다. 14제곱킬로미터의 좁은 로마 시의 성벽 안에 원형 극장이 3곳, 원형 경기장이 3곳, 전차 경기장이 6곳, 모의 해전장이 4곳, 대형 공공 욕장이 11곳, 소형 공공 욕장이 900곳이나 있었다. 물론 이들 모두가 같은 시기에 있었는지는 의문이지만, 수도 로마가 환락의 도시였다는 사실에는 변함이 없을 것이다. 실제로 로마 시민은 나태해져서 위험성이 높은 군무에 종사하기를 기피했다. 사실 이는 어떤 문명 국가에서나 나타나는 현상이었다. 군무뿐 아니라 육체 노동도 기피했다. 나라를 지탱하는 역할을 수행하는 원로원 의원들도 타락했다. 그렇기에 로마는 그 대체재를 속주인이나 이민족 출신자들에게서 구한 것이다.

역대 로마 황제들의 출신지를 보면 초대에서 18대 황제까지(기원전 27~기원후 192)는 로마가 15명, 속주가 3명이었다. 그 다음 19대에서 37대 황제까지(192~251)는 로마가 5명, 속주가 10명, 출신지 불명이 4명이다. 37대부터 62대까지(251~337)는 로마가 3명, 속주가 14명, 출신지 불명이 8명이다. 실제로도 출신지나 부족에 관계없이 실력만으로 승진해 로마제국을 떠받친 황제가 많았다. 그 원천은 바로 이민족의 로마에 대한 동경이었다.

그리고 속주민들에게 로마 시민으로서의 자긍심을 갖도록 하는 동시에, 그들을 회유하고자 그 족장을 원로원 의원으로 등용했다. 원로원 의원직을 퍼주듯이 한 사람은 바로 갈리아 원정의 주인공 율리우스 카이사르였다. 그는 원로원 정원을 600명에서 900명으로 증원했다. 이것이 카이사르나 클라우디우스 황제가 보여준 로마인의 지혜였다. '빵과 서커스'는 로마 시민의 우민화뿐 아니라 여러 방면에서 영향을 미쳤다.

그러자 각각의 지역으로부터 '빵과 서커스'를 체감할 수 있는 수도 로마시를 비롯한 대도시로의 이주가 많아졌다. 그 결과 대도시는 과밀화됐고 지방은 과소화가 진행됐다. 그래서 농경지를 포기하는 경우가 잦아졌다. 이는 오늘날 선진국들의 상황과도 비슷했다. 도시에서 생활하는 시민들이 오락을 비롯한 문화를 즐기면서 자연스럽게 저출산이 진행됐다. 이 또한 현대의 상황과 유사했다.

더없이 평화로운 시대, 전쟁이 줄어들고 전쟁 포로인 노예의 공급도 줄어들면서 농업을 비롯한 육체 노동을 할 사람들이 감소했다. 이것도 지금과 마찬가지 현상으로, 평화롭고 풍부한 시대가 되면 이민 및 난민이 감소돼 힘든 일을 하려는 사람들이 줄어드는 법이다.

이런 다양한 원인들로 인해 농업 종사자를 비롯한 육체 노동자들이 줄어들었고, 농지 감소에 따라 식량 공급에 타격을 입었으며, 군무 감소에 따른 군사력 저하가 발생했다. 하드리아누스 황제는 그래서 제국의 팽창을 중지하고 전쟁에서 획득한 새로운 속주에 의존하는 정책을 펼 수밖에 없었다. 이른바 이민족과의 전쟁이 아니라 상생(相生)이다. 제국 경계밖의 아프리카는 불모의 사막 지대이며 지중해 및 대서양에 접한 지역을 제외하면 게르만족이 사는 동부와 브리탄니아의 북부 그리고 켈트족이 사는 스코틀랜드 지역밖에는 없는 것이다. 게르만족이나 켈트족 모두 정착·농경 민족이지만, 수도 로마와의 거리를 생각해보면 필연적으로 자기들끼리 우의를 맺을 수밖에 없었다.

유게 토오루는《로마는 왜 멸망했는가》에서 이민족들이 로마를 동경한 이유를 다음과 같이 기술하고 있다.

"위험하고 가혹하고 빈궁한 생활에서 벗어나 문명의 과실을 맛보고 싶었을 뿐이었다."

이들이 이런 생각을 갖게 된 것은 어찌 보면 자연스러운 일이었다. 우선 로마 시민이 되면 식량과 오락을 무료 또는 염가로 제공받을 수 있었다. 그리고 치안과 방위도 로마군이 해준다. 물로 풍성해 깨끗한 식수도 얼마든지 사용할 수 있고 매일 목욕도 할 수 있다. 더군다나 속주민들에게 부과되는 세금은 약 10퍼센트 정도 저렴했다. 나아가 속주병으로서 25년 동안 복무하면 로마 시민권 획득 자격이 주어진다. 더 이상 좋을 수 있겠는가?

이처럼 이민족들에게 로마는 동경의 나라였다. 싸우기보다는 그 일원으로 넣어달라는 편이 훨씬 합리적이었다. 싸워서 이긴들 얻을 것도 없었다. 자신들 문화로는 그런 시스템을 돌릴 수 없으니까.

변방 출신도 황제가 될 수 있다고 했다. 부모가 노예였어도 황제가 될 수 있다. 두 황제가 그런 사례였다. 페르티낙스(Pertinax) 황제는 비록 193년 1월부터 3월까지 약 석 달 동안 재위했지만 엄연히 노예 출신이었다. 169년 게르만족 침입 때 큰 공을 세워 원로원에 진출했고 192년 콤모두스 황제가 서거하자 원로원에 의해 황제로 추대됐다. 그는 당시 로마 재정이 궁핍해 경비와 군사비를 절감하는 정책을 펼치려고 했는데 군대의 반발로 결국 살해당하고 말았다. 이후 셉티미우스 세웨루스 황제가 그 명예를 회복시켰다. 두 번째는 사례는 다름 아닌 사두정치 체제를 수립한 디오클레티아누스 황제다. 로마 황제 중 유일하게 살아생전 퇴위를 한 인물이기도 하다. 그는 무려 66년 동안 로마를 통치했다. 자세한 기록은 남아 있지 않지만 그 또한 비천한 노예 출신이었다.

그리고 영토에 대한 게르만족의 대규모 침입은 이미 공화정 때부터 진행되고 있었다. 아우구스투스 치세 때는 지금의 루마니아 지역에 살던 트라키아계 민족인 게타이족(Getae)이 도나우 강 하류 지역인 현재의 세르비아와 불가리아로 이주했다는 내용이 스트라본의 《지리서》에 나온다. 티베리우스 황제 때에도 4만 명의 게르만족을 받아들여 갈리아와 라인 강 지역으로 이주시켰다는 기록이 있다. 네로 황제의 치세 때는 속주 모이시아(Moesia)의 총독이 도나우 강 북쪽에서 10만 명을 속주로 이주시켰다. 2세기 후반 마르크스 아우렐리우스 황제도 3,000명의 나리스티족(Naristi)을 제국의 속주로 이주시켰다. 3세기 때는 프로부스 황제가 무려 10만 명의 바스타르나이족(Bastarnae)을 받아들였고, 콘스탄티누스 1세는 이보다 3배가 많은 30만 명의 사르마타이족(Sarmatae)을 트라키아, 이탈리아, 마케도니아 속주로 이주시켰다.

이주의 규모는 그때그때 달랐지만 계속해서 이민족들을 수용했다. 그리고 이들이 나태해진 로마 시민과 식민 도시민들을 대신해 국방의 최전선을 담당하게 됐다. 그들 중에는 입신출세(立身出世)해 '최후의 로마인'이라고 불린 플라위우스 스틸리코와 플라위우스 아에티우스(Flalvius Aetius, 395~454) 등이 있었다.

: 왼손으로 잘라낸 오른손 :

일반적으로 알려진 로마제국의 멸망 원인은 '게르만족의 대이동'이다. 이 부분을 좀 더 짚고 넘어가보자. 대이동이든 이동이든 어쨌든 간에 그들이 이동해온 것은 역사적 사실이다. 수천에서 수만 명 단위의 게르만계 부족들이 집단적으로 국경을 넘어왔다. 게르만족은 인도-유럽어족 중 게르만어를 사용하는 부족을 총칭하는 개념이다. 이들 중에는 전투원들도 있지만 대부분 비전투원 민간 가족들과 섞여 있었다.

이동의 계기는 이렇다. 376년 유럽 동부에서 침략해온 유목 민족 훈족에 밀려서 서고트족이 로마 국경이던 도나우 강을 넘고 말았다. 처음에 로마군은 도피 난민인 서고트족을 공격하면서 심하게 대응했다. 그러자 당시 이미 로마제국 내에 거주하면서 처우에 불만을 갖고 있던 동고트족과 새로 도피해온 서고트족이 합심해 대(對) 로마 전선을 형성했다. 378년 오늘날 터키 이스탄불 북서 지역 에디르네에서의 싸움은 양측 3만 명의 군세였다. 로마군은 병력의 70퍼센트를 잃었고, 도망치던 왈렌스 황제가 포위된 오두막집에서 불에 타 죽는 대패를 당했다. 이후 트라키아 지방은 서고트족에 의해 점령된다.

테오도시우스 1세는 로마군의 만회를 도모하고 부분적으로 전과를 올리기도 했지만, 379년 사산(Sasan) 왕조 페르시아의 왕 샤푸르 2세(Shapur II, 재위 309~379)가 서거하면서 제국 동방의 전세가 불안해졌다. 이에 따라 동서 양면의 동시 전쟁은 불가능하다고 판단한 테오도시우스 1세는 고트족에게 트라키아 북부로의 이주를 허용했다. 그런 뒤 382년 서고트족을 동맹 부족으로 삼아 트라키아 지방 거주와 군대 및 행정 지위 등의 기회를 열어줬다. 동맹 부족이 됐으므로 납세 의무가 사라져서 마치 로마제국 내 서고트족의 작은 국가가 탄생한 것과 같은 상태가 됐

부족명	시기	규모
반달족	429년경(아프리카로 건너간 시기)	약 8만 명
부르군트족	430년경(라인 강 동부에 거주하던 시기)	약 2만 5,000명
동고트족	488년경(테오도리쿠스 지배하에 있던 시기)	전투원 2만 명, 민간인 10만 명
서고트족	376년경(도나우 강을 건너던 시기)	약 4만 명
	416년경(에스파냐 침략 시기)	약 10만 명

_《서양 중세사 연구》(우에무라 세이노스케)에서 인용

다. 그래도 서고트족은 테오도시우스 1세가 재위하는 동안에는 얌전히 있었다.

게르만족은 초기에는 각각의 부족이 족장 중심으로 세력을 형성했고 국가적으로 조직화되지는 못한 상태였다. 정착 생활을 하는 농경 부족이었기에 유목 생활을 하는 훈족의 침입으로 토지를 잃게 되어 어쩔 수 없이 움직일 수밖에 없었다. 상황이 이렇게 되니 전쟁과 약탈 말고는 공동의 이상이나 목적이 생길 수 없었다.

상식적으로 볼 때 로마 군단이 제대로 된 군대도 갖추지 못한 이민족을 상대로 질 리가 없었다. 그래서 훗날 나폴레옹도 "훈련되지 않은 이민족을 상대로 훈련된 정규군을 이용하면 카이사르와 같은 대승을 거둘 수 있다"고 하지 않았던가. 그렇다면 왜? 앞서 언급한 유게 토오루의 말을 다시 한 번 떠올릴 필요가 있다.

"위험하고 가혹하고 빈궁한 생활에서 벗어나 문명의 과실을 맛보고 싶었을 뿐이었다."

게르만족은 로마와 싸우자고 국경을 넘은 것이 아니었다. 전투가 벌어지기도 했지만 대부분 로마군이 승리했다. 서로마제국은 게르만족과의 전쟁에서 패한 것이 아니라 게르만화된 것이다. 게르만족은 애초부터 로마 타도를 추구하지 않았다. 서로마제국 멸망 이후에도 그들은 로마인들을 고용하고 로마의 제도를 이용했다.

이미 설명했듯이 서로마제국의 공식적인 멸망은 오도아케르에 의해 로물루스 황제가 폐위된 476년이다. 그렇다고는 하지만 어떤 나라건, 하물며 거대한 제국이 어느 날 갑자기 확 망하지는 않는 법이다. 시간을 거슬러 올라가 멸망의 기미가 보였다고 여겨지는 지점부터 간략히 정리해보기로 하자.

나는 그 시발점을 313년 니케아 공의회에서 밀라노 칙령을 반포한 시점이라고 본다. 이때 아리우스파의 추방이 결정했다. 아리우스파 신도들은 이민족의 땅으로 몸을 피해 그곳에서 포교 활동을 했다. 이때부터 로마제국(아타나시우스파)과 이민족(아리우스파) 사이에 종교적 대립의 씨앗이 뿌려졌다.

이후 380년에는 테오도시우스 1세가 기독교를 로마의 국교로 선포했고 이교와 이민족 멸시 정책을 펼쳤다. 391년에는 아타나시우스파 외의 신앙을 금지시켰다. 불관용이 더욱 심화됐다. 그리고 이 같은 사회적 분위기와 평행을 이루면서 로마는 로마대로 계속해서 타락했다. 사치와 방탕이 속주 도시에까지 팽배해졌다. 로마 군단의 정규군은 어느덧 이민족 출신들이 주력이 됐다. 로마군으로 편입된 이민족들이 제국 방위의 주축 세력이 되면서 종교 문제가 불거지기 시작했다. 게르만족은 아리우스파가 대다수였다. 로마군 내의 규율 확보가 점점 더 어려워졌다.

제국 말기 로마는 정치와 국방에서 이민족 출신자들이 높은 지위를 차지하고 있었다. 그때까지만 해도 그들은 자신들을 거둬준 로마에 대한 애국심이 강해서 맡은 바 소임을 다했다. 반면 황제 측근의 로마 출신 관료들 사이에서는 이들을 향한 질투와 시기가 피어올랐다. 정통 로마인에 대한 우월성과 이민족 출신자들에 대한 편견을 라웬나(라벤나)에만 틀어

박혀 있는 철부지 황제에게 심어줬다.

그런 결과로 발생한 대표적인 사건이 바로 플라위우스 스틸리코의 죽음이다. 408년의 일이었다. 이 책의 초반부에서 다뤘듯이 호노리우스 황제가 그를 반역죄로 처형해버린 것이다. 그가 뭘 제대로 알고 그런 것이 아니었다. 로마 출신 측근들의 말만 믿고 경솔한 결정을 내린 것이었다. 호노리우스는 402년 서고트족이 침입해오자 수도를 라웬나로 천도하고 이후 그곳에만 틀어박혀 국사에는 전혀 관심을 두지 않던 황제였다. 서고트족이 이탈리아 본토를 유린하는 동안에도 황궁이 있는 라웬나는 철저히 방어되고 있었다.

선황제 테오도시우스의 유지를 받들어 서로마제국 황제 호노리우스의 후견을 맡은 스틸리코는 서고트족의 알라리크군을 상대로 수많은 승리를 거뒀다. 그가 두려워서 차마 진격을 못하고 주춤거리고 있던 알라리크군이었다. 그런데 그 스틸리코를 죽였다. 스틸리코의 처형 후 얼마 지나지 않아 비로마 출신 장교와 병사 대부분이 알라리크의 휘하로 들어갔다. 유능한 장군이 부당하게 죽임을 당한 것도 충격적인데 그를 대신해 능력 없는 로마 장군이 군대를 이끌게 됐다. 패전은 불을 보듯 뻔했다. 동요한 장교와 병사들이 너도나도 백기를 들고 투항한 것은 자연스러운 일이었다. 408년까지 브리탄니아는 서로마제국 영토였지만 스틸리코가 처형된 후 409년 알라리크군에 함락된다. 알라리크에 맞설 역량은 전혀 없던 로마 시도 410년 굴욕적인 약탈을 당한다.

하지만 이로써 서로마제국이 멸망한 것은 아니었다. 그 뒤 마찬가지로 게르만족 출신의 장군 플라위우스 아에티우스가 426년부터 두각을 나타내면서 서고트족과 프랑크족을 상대로 승리를 거듭했다. 이런 위업으로 서로마제국의 군사령관과 집정관이 된다. 그의 가장 큰 위업은 451년 훈족의 아틸라군을 상대로 카탈라우눔(Catalaunum) 전투에서 승리한 일이다. 게르만족 대이동의 원인이기도 한 훈족을 상대로 결정적인 승리를 쟁취한 것이었다. 당시 아틸라(Atilla, 재위 443~453) 왕 휘하 훈족의 대군은 전유럽을 유린할 수 있을 정도로 강성했지만, 이 전투의 패배로 그 기세가 꺾이게 된다. 그러나 이 같은 공적을 두려워한 왈렌티아누스(Valentianus, 재위 424~455)에 의해 454년 아에티우스는 암살을 당하고 만다. 이때 원로원 의원 시도니우스 아폴리나리스(Sidonius Apollinaris, 430~489)가 이렇게 말했다는 기록이 전해진다.

"저는 폐하의 의사나 분노에 대해서는 아무것도 모릅니다. 다만 저는 폐하께서 당신의 왼손으로 당신의 오른손을 잘라낸 사실은 알고 있습니다."

왈렌티아누스 황제 역시 호노리우스와 크게 다르지 않았다. 라웬나에 틀어박힌 채 자신이 황제라는 자긍심조차 없었던 것이다. 이제 로마 군단에서 대부분의 이민족 출신들은 더 이상 황제의 명령을 따르지 않게 됐다. 그렇게 476년 게르만족 출신의 로마 용병 오도아케르가 어린 황제 로물루스를 폐위시켰다. 그뿐이었다. 그러나 그것으로 단 한 번의 전투도 겪지 않고 로마군은 소멸했으며 로마제국은 멸망했다.

로마제국 이후의 역사 전개에 관해서 여러 가지 관점이 있지만, 보통은 962년 신성로마제국 시대로부터 14세기 르네상스 이전까지를 유럽의 문명과 문화가 쇠퇴한 '암흑의 중세'로 부른다. 왜 그렇게 됐는지 생각해 보자.

우선 앞서 설명한 것처럼 비기독교 문화는 대부분 파괴됐다. 이교 신전과 부속 도서관 등이 사라지자 그동안 이어져온 지식이 단절됐다. 일례로 과거 알렉산드로스 도서관은 약 70만 권의 장서를 보유했으며, 페르가뭄 도서관에는 20만 권이 있었다. 그런데 1481년 시점에서 바티칸 도서관이 소장한 장서는 3,500권이었다. 질은 고사하고 이미 양에서부터 압도적인 차이가 있다.

그리고 게르만족은 로마의 문화를 배우고 싶었지만 이교 탄압 등에 의해 로마 지식인들이 뿔뿔이 흩어졌기 때문에 지식의 쇠퇴도 급속히 일어났다. 그 간극을 메우는 데는 한계가 있었다.

또한 '빵과 서커스'의 소비 시대가 끝나고 초기 기독교의 청빈 사상이 부각되면서 '소비는 악'이라는 정서가 만연했다. 소비가 없으면 공급도 없다.

제국이 몰락하자 통일된 영토는 소국(小國) 난립 상태로 변화했다. 계속되는 전란으로 삶 역시 피폐해졌다. 로마제국을 이어주던 공급망과 인프라가 기능을 멈췄다. 대항해 시대 그리고 르네상스로 피렌체나 베네치아 등의 도시 국가가 융성해질 때까지 유럽은 무려 1,000년을 기다려야 했다.

: 로마가 남긴 것들 :

로마는 그리스 문화를 받아들여 독자적인 로마 문화로 발전시켰다. 신전, 원형 극장 등의 건축 디자인과 기술, 조각이나 회화 등의 예술, 수학과 철학 등의 지식, 비극과 희극과 같은 문학 등을 그리스로부터 흡수했으며 법률과 화폐 경제 등도 그리스의 것을 받아들여 발전시켰다.

로마가 남긴 것들을 보자. 지금 봐도 놀라움을 금치 못하는 로마의 수도는 취수, 이용, 배수에 이르기까지 오늘날의 상수도 시스템과 크게 다르지 않다. 그도 그럴 것이 대부분 로마의 방식을 가져왔기 때문이다. 하수 시스템도 마찬가지다. 상수도의 잉여수를 사용해 분뇨를 강으로 배출하는 방식을 지금도 그대로 활용하고 있다. 다른 점이라면 현재는 여과 기술이 적용된다는 것 정도. 그리고 지금은 빗물과 하수를 분리해 처리하지만 그 당시에는 합류 방식이라는 것.

로마의 공공 욕장도 대부분 그대로 전해졌다. 각지에 만들어진 대형 욕장은 오늘날의 것들과 크게 다르지 않다.

로마 때 건설된 가도는 현재 이탈리아 국도나 유럽 각국의 국도 기반이 됐다. 제국의 효율적 운영을 위해 공급지와 소비지를 선박으로 이은 로마의 해도 역시 계승됐다. 선박과 항구 시설 등이 기술적으로 진화했을 뿐이다.

로마의 건축 기술은 더 이상의 설명이 필요 없을 것이다. 콘크리트는 로마의 발명품이며 판테온의 대형 돔은 베드로 대성당이나 산타 마리아 델 피오레 대성당의 돔 등으로 모두 이어졌다.

식문화도 로마가 남긴 대표적인 문화다. 티베리우스 황제 시절에 쓰인 《아피키우스(Apicius)》라는 책이 있다. 4세기 말에서 5세기 초의 요리 레시피를 집대성한 책이다. 이 책으로 가장 큰 영향을 받은 사람은 아우구스투스 황제 시절의 식도락가로 유명했던 마르쿠스 가비우스 아피키우스(Marcus Gavius Apicius)였는데, 공교롭게도 이름이 같아서 이 책의 저자로 오인받기도 한다. 네로 황제 시대의 타락상과 식생활을 다룬 《트리말키오니스의 향연(Cena Trimalchionis)》이라는 풍자 소설도 있다. 가이우스 페트로니우스 아르비테르(Gaius Petronius Arbiter, ?~66)의 작품으로 알려져 있으며, 전문적인 요리책은 아니지만 책 속에서 묘사되는 레시피와 고급스러운 식생활이 후세의 이탈리아 및 프랑스 요리의 원류가 됨을 엿볼 수 있다.

식량 생산 기술도 빼놓을 수 없다. 가이우스 플리니우스의 《박물지》에는 소가 끄는 자동수확기에 관한 기록이 있다. 앞서 소개했듯이 프랑스 아를 지역과 가까운 바르브갈 등지에 수차를 이용하는 대규모 제분소가 있었다. 또한 푸테올리에서는 수중에 매달아 키우는 수하식 굴 양식이 이뤄졌다. 요즘 방식과 크게 다르지 않다. 이 밖에도 미식가로도 유명했던 집정관 루키우스 루쿨루스(Lucius Lucullus, 기원전 118~56)는 별미인 곰치를 양식했다. 이런 기술은 발전을 거듭하면서 현재까지 이어졌다.

로마 하면 와인이 빠질 수 없다. "와인을 마시면 새 생명을 얻을 수 있다"는 바쿠스 신앙을 비롯해 로마 군단의 근간인 켄투리오(centurio, 백인대장)의 지휘봉은 포도나무로 만들었을 만큼 와인과 로마 문화는 큰 관련이 있었다. 포도나무의 접목과 꺾꽂이, 와인에 적합한 포도 열매의 종류와 토양, 제조 기술, 산화 방지 기술, 숙성 기술 등이 로마 때 대부분 완성됐다. 지금과 비교하면 당연히 와인의 종류는 적었다. 온도계도 발병되기 전이어서 보관 시 온도 관리는 장인들의 감에 의지했다. 이런 기술들이 오늘날까지 그대로 전해졌다.

카라칼라 욕장을 소개할 때 언급한 파르네세 헤르쿨레스와 파르네세 황소 등은 훗날 미켈란젤로(Michelangelo Buonarroti, 1475~1564)의 〈다비드(David)〉 등 르네상스 예술가들에게 커다란 영향을 미쳤다. 레오나르도 다 빈치(Leonardo da Vinci, 1452~1519)가 1487년경 완성한 소묘 작품 〈비트루비우스에 따른 인간 몸의 비례(Le proporzioni del corpo umano secondo Vitruvio)〉는 다름 아닌 위트루위우스 《건축십서》의 내용을 토대로 그린 것이다.

"손바닥은 손가락 4개의 폭과 같다. 발의 길이는 손바닥 폭의 4배와 같다. 팔꿈치에서 손가락 끝의 길이는 손바닥 폭 6배와 같다. 두 걸음은 팔꿈치에서 손가락 끝의 길이의 4배와 같다. 키는 팔꿈치에서 손가락 끝 길이의 4배와 같다."

인체 비례의 아름다움을 그리스·로마인들은 알고 있었고, 그것을 다빈치가 가시적으로 보여준 것이다.

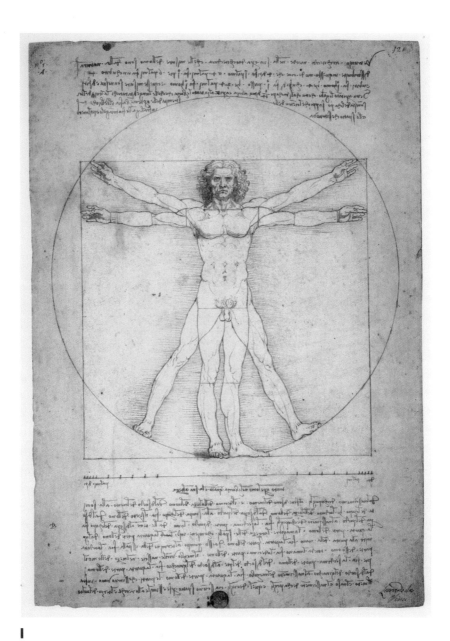

비트루비우스에 따른 인간 몸의 비례(비트루비우스적 인간)

의류 세탁이나 패션도 로마가 남긴 유산이다. 토가(toga)를 비롯한 패션과 동물성 섬유 재질의 의류를 세탁할 때 암모니아를 이용하는 클리닝 기술은 르네상스 시대로 전승됐다.

로마의 성문법 '십이표법'은 533년 동로마제국 황제 유스티니아누스가 《로마법대전(Corpus Juris Civilis)》을 반포하는 데 영향을 미쳤고, 이는《나폴레옹법전(Code Napoleon)》으로 이어졌다.

이 밖에도 지배자와 피지배자의 개념, 입신출세의 원리, 이른 아침에 일을 시작해서 낮에 끝내는 단시간 노동 방식, 효율 중심의 사상 등이 현대에까지 지속적으로 영향을 미쳤다.

~❤ **나오며** ❤~

카이사르의 것과 신의 것

만약 476년에 서로마제국이 멸망하지 않았다면 역사는 어떻게 바뀌었을까? 역사에 만약이라는 개념은 없지만, 그래도 395년 이후 동서 로마제국의 상황을 이해하기 위해 합리적 유추를 해보기로 하자. 나는 테오도시우스 1세가 391년 기독교 국교화와 이교 탄압을 하지 않고 395년 동서 분리를 하지 않았더라면, 서로마제국이 (언젠가 멸망은 했겠지만) 적어도 476년에 멸망할 일은 없었다고 생각한다. 자연스럽게 암흑의 중세도 달라졌을 것이다.

476년 이후의 추이를 보고사 395년부터 동과 서로 나뉜 시점부터의 로마제국 주요 상황을 표로 정리해 비교해봤다. 서로마제국의 멸망 후 동로마제국은 550년경 유스티니아누스 1세의 치세 때만 놓고 보면 비단 생산으로 국고가 풍족했고, 플라위우스 벨리사리우스(Flavius Belisarius, 505~565) 장군의 활약으로 옛 서로마제국의 영토도 손에 넣었다. 그 뒤 영토가 침식돼 1095년에 이르러서는 발칸 반도와 불가리아 등으로 축소

부족명	서로마제국	동로마제국
존속 시기	395년~476년	395년~1453년
황제의 권력	군대를 직접 통솔하지 않고 라벤나에 칩거해 교황에게 복종하던 상황	콘스탄티노플에 거주하되 전쟁 시 군대를 지휘하는 군인 황제, 정교일치로 대주교보다 높은 권력 유지
수도 내 시설	원형 극장 3곳, 원형 투기장 3곳, 전차 경주장 6곳, 모의 해전장 4곳	전차 경주장 1곳
성벽 확보	아우렐리아누스 성벽(275년 완공): 길이 19킬로미터, 높이 16미터	테오도시우스 성벽(413년 완공): 마르마라 해에서 골든혼 만에 이르는 길이 7킬로미터, 높이 8.5미터, 해자와 이중 성벽에 의한 삼중 구조
성벽 내 면적 인구	14제곱킬로미터 100만 명	14제곱킬로미터 30만 명
성벽 포위 상황	408년: 로마 시는 약 3만 명의 서고트족 알라리크군의 2개월 봉쇄만으로 혼란에 빠져 배상금 지불을 조건으로 철수 요청 410년: 알라리크군 10만 명 침공, 내통자에 의해 성문 개방, 사흘간 약탈당하고 수많은 시민들이 포로로 끌려감 455년: 반달족에 포위, 교황 레오 1세가 약탈 및 살인을 하지 않는 조건으로 성문 개방, 반달족은 약속을 이행하지 않고 2주간 약탈 후 많은 로마 시민을 노예로 끌고 감	626년: 아바르족의 포위 674년~678년: 아랍군의 포위 717년: 아랍군의 2차 포위 813년: 불가리아군의 포위 860년: 러시아군의 습격 1204년~1261년: 제4차 십자군에 의한 점령 1453년: 오스만 튀르크에 의해 멸망
군대 상황	군단 내 이민족 출신 멸시, 군단 자멸	중장기병 채용으로 지상전 우위 그리스의 불로 해전 우위 비잔티움 해군 저조
교육 시설 파괴	대부분의 도서관을 이교 시설이라는 이유로 파괴	415년: 히파티아 참살과 함께 알렉산드리아 도서관 등 파괴 529년: 플라톤이 창설한 아카데미아를 이교 교육기관이라는 이유로 폐쇄

| 395년 이후의 동서 로마제국 상황 비교 |

됐다. 1025년경 아나톨리아(Anatolia) 지역을 확보한 이후 계속해서 쇠퇴 일로를 걸은 것이다.

　서로마의 로마 시와 동로마의 콘스탄티노플의 크기를 비교하면 성벽으로 둘러싸인 면적은 거의 같았다. 인구와 오락 시설은 로마 쪽이 훨씬 많았다. 하지만 군대를 이끌고 정교 일치의 막강한 권력을 가진 황제가 동로마제국에서는 아직 건재했다. 성벽 내 시민병들도 로마 시의 약탈 상황을 알고 있던 탓인지 최선을 다해 방어했다. 적군에 포위되더라도 바다로부터의 보급로가 있었기에 콘스탄티노플은 포위전에서 항복하지 않았다. 다만 십자군의 콘스탄티노플 점거는 속임수에 당한 것이었다. 그렇다고 해도 1453년 멸망할 때까지 계속해서 쇠퇴의 길을 걸었다.

만약 로마제국이 존속하려면 어떻게 해야 했을까? 가상의 시나리오를 써보면 이렇다.

첫째, 제국을 동서로 분리하지 않는다. 로마는 본래 다신교이므로 기독교 또한 인정하고 존중하되 국교로 삼지 않는다. 정교일치를 유지한다.

둘째, '빵과 서커스'에 심취한 로마 시민들을 바로잡기 위해 콘스탄티노플로 천도한다. 원로원도 이동한다. 로마는 제1지방 도시로 삼는다. 단, 로마는 제국의 발상지이므로 황제가 자주 행차한다.

셋째, 이민족을 차별하지 않고 유능한 사람을 등용한다.

넷째, 이슬람 등 다른 세력의 대두에 대응해 지중해 제해권을 강화한다. 기존의 '민간 선박이 주, 제국 해군은 종'이라는 태도를 바꿔 제국 해군력을 증강시킨다. 육상 교통인 로마 가도는 더 이상의 효율화가 어려우므로 해상 교역 촉진을 중점 과제로 추진한다.

이를 토대로 이후 로마의 기술 발전 등에 관한 가상의 청사진을 그려볼 수 있다. 어쨌든 기술은 획기적인 발견이나 발명이 있어도 실용화가 되지 않으면 아무런 소용이 없다. 《건축십서》에도 기록된 알렉산드리아의 수학자이자 기계학자 헤론(Heron, 62?~150?)이 개발한 회전식 증기 기관은 획기적인 발명이었지만 실용화할 수 없었다. 현대에 이를 그대로 구현한 실험에서 분당 1,500회전의 성능이 확인됐지만, 회전구와 증기를 공급하는 수평축 파이프의 밀폐(누기 대책)가 문제였다. 완전히 누기를 없애면 회전을 하지 않고, 누기가 너무 많으면 회전력이 작아진다. 적당한 밀폐가 필요하다. 이런 정도의 기술은 고대에는 무리라는 견해도 있지만, 마찬가지로 알렉산드리아의 기계학자이자 헤론의 스승 크테시비우스(Ctesibius, 기원전 250~?)가 발명한 배수 펌프는 피스톤을 사용하므로 밀폐가 가능하다고도 생각된다. 어쨌든 알렉산드리아의 기술자는 대단한 발상과 그것을 실행하는 기술을 갖고 있었다.

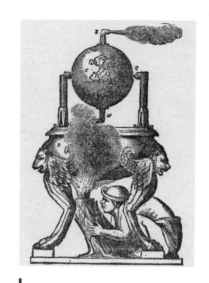

헤론의 회전식 증기 기관

395년 이후에 최대 수요는 무엇이었을까? 고대에서 가장 강력한 수요는 역시 군사다. 군사적 측면에서는 이른바 '그리스의 불(Greek Fire)'을 비롯한 화염 방사기나 광산 개발을 위한 증기식 배수 펌프, 해상 교통의 효율화를 위한 증기 구동 외륜선, 인도 항로 활성화 및 대항해 시대(15세기 후반~18세기 중반) 선점을 위한 수에즈 운하의 재건 등을 생각해볼 수 있다. 증기 자동차와 증기 기관차도 증기 구동 외륜선의 연장선상에서 개발이 가능하지만, 자동차의 경우 주행할 도로의 포장 상태가 현재와 같은 평탄한 아스팔트가 아니라 조약돌이나 석판으로 포장했기 때문에 요철이 크고 차량이 고속으로 주행한다면 엄청나게 덜컹거렸을 것이다. 회전축과 톱니바퀴에 엄청난 부담을 주기 때문에 아마 발명됐더라도 내구성 문제를 해결 못해 실용화는 어려웠을 것이다. 하지만 다른 측면에서 보면 이미 콘크리트를 발명한 로마인들이었기에 자동차 전용 도로도 만들 수 있지 않았을까 하는 생각도 든다.

'그리스의 불'부터 설명하자면 일종의 화염 방사기다. 그리스의 불이란 이름은 훗날 십자군이 붙인 것이고 당시에는 로마의 불, 액체 화염, 끈적 끈적한 화염 등 다양하게 기록됐다. 최초의 기록은 펠로폰네소스 전쟁 당시 나무 성벽을 불태우기 위해 사용한 공성 병기였으나 이후에는 사용 기록이 없다. 그러다가 동로마 제국 시절 다시 언급된다. 672년경 개발 돼 이후 8세기 전반에 걸쳐서 이슬람 함대의 공격을 막아내 동로마제국 을 위기에서 구해낸 일등공신이었다. 송진, 나프타, 산화칼슘, 황 또는 질산칼륨의 연소성 혼합 액체를 고압 사이펀을 사용해 분사했고 물 위에 서도 탔다. 당시 동로마 해군은 4배에 가까운 이슬람 함대를 상대로 그리 스의 불을 이용해 모두 불태워서 승리했고, 연이은 이슬람 함대의 공격 도 그리스의 불로 막아냈다. 14세기에 화약이 실용화되기 전까지 이슬 람에는 공포의 무기였고 동로마제국에는 최종 병기였던 셈이다.

제조법은 동로마제국의 극비 사항이었다. 원유 생산지인 흑해 연안에 가까웠기 때문에 실용화됐다고 생각된다. 사이펀의 비거리가 짧아서 그 문제를 해결하기 위해 노궁을 사용해 멀리 보내자니 용량이 작아지는 문 제가 있어서 13세기에는 기록에 나타나지 않는다. 혹여 크테시비우스의 배수 펌프 기술을 사용하면 상당한 비거리를 기대할 수 있지 않았을까? 또한 대포의 캐터펄트(catapult, 사출기)는 50킬로그램의 돌을 500미터까 지 날려 보낼 수 있다고 하니, 이것들을 뱃전에 갖춘 뒤 사출기는 원거리 를 노리는 대포로, 인력 펌프는 근거리용 화염 방사기로 사용한다면 무 적의 화염 발사선이 되지 않았을까 싶다.

중국에서 6세기~7세기 때 발명된 흑색 화약은 질산칼륨, 탄소, 황을 배합해 제조한다. 그리고 8세기 말부터 9세기 초 당나라에서 개발된 화 창이 총포의 효시로 알려져 있다. 유럽에 총이 전해진 것은 14세기 때의 일이다. 하지만 그리스의 불도 흑색 화약보다 연소와 폭발의 차이가 있

동로마 제국의 군선 드로몬(dromon)에서 발사하는 '그리스의 불'을 묘사한 삽화

어 중국의 화약 기술을 앞지르기는 어려웠을 것이다.

　다음은 증기식 배수 펌프다. 당시 속주 에스파냐 리오틴토(Rio Tinto)의 구리 광산에서 사용한 배수 펌프는 물을 30미터까지 뽑아 올렸다. 16명의 인력이 수차를 회전시키면 물바가지가 바닥에 고인 물을 퍼 올려서 상부에 있는 통으로 배출하는 기구였다. 능력은 시간당 9세제곱미터 정도였다. 여기에 헤론의 증기 기관을 사용하면 물레방아를 돌릴 수 있다. 원래 장작을 태워 연소시키지만, 동로마제국에서는 원유를 생산하고 있었으므로 그것을 사용하면 고출력이 됐을 것이다.

　1712년에 실용화된 뉴커먼(Newcomen) 증기 기관은 단동 피스톤 방식의 광산 배수용이었다. 단동 피스톤이기 때문에 밸브는 2개로 비교적 단순한 구조다. 한편 로마 칼리굴라의 배에 사용된 빌지 펌프는《건축십서》에 기록돼 있듯이 크테시비우스가 만든 복동 피스톤 펌프다. 복동이라서 4개 밸브가 있는 복잡한 구조였다. 헤론의 증기 기관 실험 결과는 알렉산드리아 도서관 구석에 묻혀 있었다. 만약 헤론과 크테시비우스의 장치를 조합했다면 꽤 빨리, 예컨대 8세기 정도에는 실용화가 가능했을 것이다.

증기 구동 외륜선 이야기도 해보자. 로마제국의 수도를 콘스탄티노플로 천도했다면 제국의 서쪽 거리가 늘어나 해상 교통의 신속화가 요구됐을 것이다. 또한 지중해의 제해권을 확보할 필요도 있다. 선박 항행은 기존대로 범선이 주체이지만, 바람이 없을 때와 연안 항해 시 역풍으로 인해 태킹(지그재그 항해)이 어려울 때 동력 항행이 가능한 고성능 선박이 필요해진다.

《건축십서》에는 소를 이용해 구동시키는 외륜선 기술이 묘사돼 있다. 바르브갈 제분소의 수차 바퀴를 배의 외륜으로 삼는 것이다. 맷돌 돌리기를 소에게 맡기는 것과 같다. 헤론의 증기 기관은 수평 축(수직 축도 가능)의 회전이지만, 이 제분소와 마찬가지로 우산톱니바퀴(베벨 기어)를 사용해 회전축을 90도 바꾼다. 원유로 작동하는 고성능 헤론식 증기 기관 개발이 가능한 것이다. 이 또한 8세기경에는 실현 가능하지 않았을까? 참고로 최초의 외륜선 주행은 1807년 허드슨 강에서 로버트 풀턴(Robert Fulton, 1765~1815)이 성공했다. 속도는 시속 약 8킬로미터였다.

위에서 수에즈 운하 재건을 말했는데, 헤로도토스의 《역사》와 플리니우스의 《박물지》에 수에즈 운하에 대한 기록이 있다. 그리고 1798년 ~1801년 나폴레옹의 이집트 원정 때 그 유적이 발견됐다. 현재 수에즈 시 근방에 당시 운하의 존재를 증명하는 '대(大) 다리우스의 수에즈 비석'이 남아 있다. 비문에 이렇게 적혀 있다.

"성스러운 왕 다리우스: 페르시아의 왕인 짐은 고국을 떠나 이집트를 정벌했다. 짐은 이집트를 흐르는 나일 강으로부터 페르시아 영토 끝과 만나는 바다까지 운하를 만들도록 명령했다. 완성된 운하는 짐의 의도대로 이집트에서 페르시아로 가는 해로를 연결했다."

다리우스 1세는 앞에서 설명한 바와 같이 고대 페르시아의 고속도로인

'왕의 길'을 건설했다. 8세기에는 카이로와 홍해(수에즈 인근)를 잇는 운하가 존재했다. 참고로 나폴레옹의 이집트 원정은 수에즈 운하 재건 계획을 입안하는 목적도 갖고 있었다.

대규모 육로나 해로 건설에는 국력을 기울일 만한 뚜렷한 목표가 필요하다. 다름 아닌 전쟁이다. 페르시아 아케메네스 제국 최고의 권력자 다리우스 1세는 그리스를 침공한 페르시아 전쟁(기원전 499~449)을 위해 육로인 '왕의 길'을 만들었고, 해로인 '수에즈 운하'를 건설했다. 하지만 세 차례의 침공이 모두 실패로 돌아가자 이 길들도 함께 소멸했다.

그 다음의 수에즈 운하 건설 역시 카이로와 홍해를 연결하는 계획이었다. 639년 이슬람군에 의해 이집트가 점령되고 641년에는 알렉산드리아가 함락됐다. 페르시아와 마찬가지로 이집트를 바다와 육지에서 공략한다고 생각하면 이해하기 쉽다. 767년에 압바스(Abbas) 왕조의 칼리프 만수르(Mansur, 754~775)가 아라비아 반도의 적대 세력에 대항하기 위해 운하를 폐쇄했다고 전해진다. 로마 가도가 이민족 침입의 고속도로 역할을 한 것이 교훈이 됐는지도 모른다.

수에즈 운하 재건은 로마제국에는 우선 이슬람 방어가 목적이 될 테지만, 점차 페르시아와 인도 항로 개발로 발전할 수 있게 된다. 로마제국의 뛰어난 토목 기술이라면 4~5년이면 재건이 가능하다. 플리니우스가 《박물지》에서 "아라비아는 우리와의 교역으로 매년 1억 세스테르티우스를 챙기고 있다"며 불만을 토로하던 당시 로마는 동방 교역을 활발히 진행하고 있었다. 그대로만 갔으면 아마도 8세기~9세기에는 수에즈 운하 재건이 이뤄지지 않았을까 상상해본다. 어쨌든 수에즈 운하는 역사적으로도 많은 시대적 요구를 받았던 곳이다. 재건됐다면 동방 무역, 나아가 대항해 시대가 촉진됐을 것이다. 참고로 수에즈 운하 개통은 1869년의 일이다.

한편 눈을 돌려 중국을 살펴보면 장대한 만리장성이나 경항대운하(京杭大運河)가 이미 오래전에 건설됐다. 이집트의 피라미드와 고대의 수에즈 운하와 마찬가지로, 인력을 활용해 거대 구조물을 세우는 일은 고대에도 가능했다. 말이 나온 김에 조금 더 들어가보자. 만리장성은 흉노(훈) 등의 북방 이민족의 침공을 막고자 기원전 214년 진시황의 명령에 의해 건설됐다. 이후 여러 왕조에 의해 보수와 개축이 반복됐는데, 현존하는 만리장성의 대부분은 명나라대에 만들어진 것이다. 현재 전체 길이는 6,260킬로미터다.

경항대운하는 베이징(北京)에서 저장성(浙江省)의 항저우(杭州)까지 중국 동부를 종단하는 길이 2,500킬로미터의 장대 운하다. 기원전 5세기부터 제각각 만들어지던 소운하를 수나라 문제(文帝)와 양제(煬帝)가 연결하고 정비했다. 완성은 610년에 이뤄졌다. 중국 대륙의 남북이 연결됨으로써 곡물 유통이 전체 식량 사정을 향상시켜 대운하는 이후 왕조의 내륙 물류의 핵심이 된다. 13세기에 이르러서는 중국 5대 하천이 연결돼 경제·문화 교류에 중요한 역할을 수행했다. 운하의 대부분은 지금도 이용되고 있다.

'467년에 서로마제국이 멸망하지 않았다면 이후 역사는 어떻게 변했을까?' 하는 궁금증으로 몇 가지 이야기를 더하게 됐다. 남아 있는 기록과 나의 엔지니어적 상상력으로 구성해봤다. 알렉산드리아 등에 남아 있던 뛰어난 기술이 이교 배척이라는 명분으로 로마제국에서 매장됐다. 이후 그것들이 다시 이용되는 데 무려 1,000년이나 걸렸다.

예수는 "카이사르의 것은 카이사르에게, 하느님의 것은 하느님에게" 돌리라고 말했다. 이 말씀 그대로만 했다면 아무런 문제가 없지 않았을까? 로마는 해석을 제대로 했어야 했다.

"속세의 것은 속세의 것에 따르라."

"신앙은 내면의 자유가 더 중요하다."

신권과 황권은 일치하거나 아니면 각각 별개여야 했다. 속세의 것은 속세의 것을 따르는 '현실'과 신앙에 대한 내면의 '자유'를 극복하지 못하고 결국 신권이 황권을 넘어섰다. 이 구분에 실패했기 때문에 역사는 암흑의 중세로 흘러가버린 것이다. 로마 스스로 예수가 카이사르의 것(속세의 것)을 탐하도록 만든 것이다. 이것이야말로 신성모독이 아닌가.

～ 참고 문헌 ～

- 水道が語る古代ローマ繁栄史, 中川良隆, 鹿島出版会, 2009

- 交路からみる古代ローマ繁栄史: 中川良隆, 鹿島出版会, 2011

- 娯楽と癒しからみた古代ローマ繁栄史: 中川良隆, 鹿島出版会, 2012

- 建設マネジメント実務, 中川良隆, 山海堂, 2002

- ローマ帝国衰亡史: エドワード, ギボン, 吉村忠典他 訳, 東京書籍, 2004

- 風土, 和辻哲郎, 岩波文庫, 1979

- ジュリアス・シイザア戦争論: ナポレオン・ボナパルト(口述), マルシアン(筆記編纂), 外山
  卯三郎(訳), 葛城書店, 1942

- 古代のローマの水道, フロンテイヌス, 今井宏著 訳, 原書房, 1976年

- ウイトールウイウス建築書, 森田慶一 訳註, 東海大学出版会, 1979年

- プルーターク英雄伝, プルタコス, 河野与一 訳, 岩波文庫, 1952, 1956

- プルタルコス英雄伝, プルタルコス, 村川賢太郎 編, ちくま学芸文庫, 1996

- 年代記, タキトゥス, 国原吉之助 訳, 岩波文庫, 1981

- プリニウスの博物誌, 中野定男・中野美代・中野里美, 雄山閣出版, 1986

- ガリア戦記, カエサル, 国原吉之助 訳, 講談社学術文庫, 1994

- ユダヤ戦記, フラウイウス・ヨセフス, 秦剛平訳, 筑摩書房, 2002

- ローマ皇帝伝, スエトニウス, 国原吉之助 訳, 岩波文庫, 1986

- ギリシア・ローマ世界地誌, ストラボン, 飯尾都人 訳, 龍渓書舎, 1994

- エリュトゥラー海案内記, 著者不詳, 村川堅太郎 訳, 生活社, 1944

- 歴史, ヘロドトス, 松平千秋 訳, 岩波文庫, 1972

- 古代ローマを知る辞典, 長谷川岳男・樋脇博敏, 東京堂出版, 2005

- ローマ人の物語, 塩野七生, 新潮社, 2001

- 古代の技術, フォーブス, 平田寛監訳, 朝倉書院, 2004

- 古代ローマの自由と隷属, 長谷川博隆, 名古屋大学出版会, 2001

- 古代ローマの市民生活, 嶋田誠, 山川出版, 1997

- 古代ローマ文化誌, C.フリーマン, 小林雅夫監 訳, 原書房, 1996

- 古代ローマの日常生活, ピエール・グリマル, 北野徹訳, 白水社文庫クセジュ, 2005

- 古代ローマ帝国, 吉村忠典, 岩波新書, 1997

- 古代のローマ, 小林雅夫訳, 平田寛監修, 朝倉書店, 1985

- 古代の旅の物語, ライオネル・カッソン, 小林雅夫監訳, 原書房, 1998

- 古代の道, ヘルマン・シュライバー, 関楠生 訳, 河出書房新社, 1989

- ローマ帝国, クリス・スカー, 吉村忠典 監修, 川出書房新社, 1998

- ポンペイ, グラフィテイ, 本村凌二, 中公新書, 1996

- ポンペイの遺産, 青柳正規 監修, 小学館, 1999

- ポンペイ・奇跡の町, ロベール・エティエンヌ, 弓削達 監修, 創元社, 1991

- 古代の船と航海, ジャン・ルージェ, 酒井傳六訳, 法政大学出版局, 1982

- 古代のエンジニアリング, J. G. ランデルズ, 宮崎孝仁 訳, 久納孝彦 監訳, 地人書館, 1995

- 古代ギリシア・ローマの飢餓と食料供給, ピーター・ガンジイ, 松本宣郎 訳, 白水社, 1998

- 帝国を魅せる剣闘士―血と汗のローマ社会史, 本村凌二, 山川出版社, 2011

- ローマ皇帝伝, スエトニウス, 国原吉之助 訳, 岩波文庫, 1986

- ローマ盛衰原因論, モンテスキュー, 井上幸治 訳, 中公クラシックス, 2008

- ローマはなぜ滅んだか, 弓削達, 講談社現代新書, 1989

- 新ローマ帝国衰亡史, 南川高志, 岩波新書, 2013

- 蛮族の侵入, ピエール・リシェ, 久野浩訳, 白水社, 1974

- ローマ人の世界, ロジェ・アヌーン他著, 青柳正規 監修, 創元社, 1996

- ローマ喜劇, 小林標, 中公新書, 2009

- ローマ文明, ピエール・グリマル, 桐村泰次 訳, 論創社, 2009

- ローマの古代都市, ピエール・グリマル, 北野徹 訳, 白水社文庫クセジュ, 1995

- ローマ経済の考古学, ケヴィン・グリーン, 本村凌二 監修, 平凡社, 1999

- パンと競技場, ポール・ヴェーヌ, 鎌田博夫 訳, 法政大学出版局, 1998

- アウグストゥスの世紀, ピエール・グリマル, 北野徹 訳, 白水社文庫クセジュ, 2004

- コロッセウムから読むローマ帝国, 嶋田誠, 講談社選書メチエ, 1999

- グラディエイター：ステファン・ウイズタム, 斉藤潤子 訳, 新紀元社, 2002

- マキアヴェッリ語録, 塩野七生, 新潮文庫, 1992

- パイプづくりの歴史, 今井宏, アグネ技術センター, 1998

- Ancient Hellenistic and Roman Amphitheatres, Stadiums, and Theatres The Way They Look Now, Raymond, G. Chase, Peter E. Randall Publisher, 2002

～ 로마 연표 ～

BC 753	로마 건국(왕정)		
509	왕정 폐지/공화정 시작	578~535	세르위우스 성벽 건설
494	호민관 설치	535~509	키르쿠스 막시무스 건설
451	십이표법 제정	520	클로아카 막시마 건설
367	리키니우스-섹스티우스법 제정	490	라티나 가도 건설
343~290	삼니움 전쟁(총3차)/이탈리아 반도 통일	312	아피아 수도·가도 건설
264~146	에니 전쟁(총3차)/아프리카 속주	305~3세기 전반	알렉산드리아 파루스 등대 건설
215~148	마케도니아 전쟁(총4차)/그리스 속주		
133	티베리우스 그라쿠스 토지개혁법 제정	168	파울루스 도서관 개설
123	가이우스 그라쿠스 곡물법 제정	86	술라 도서관 개설
107	마리우스 군제 개혁	55	폼페이우스 원형 극장 완공
60	제1차 삼두정치		
58~51	카이사르 갈리아 원정	50	카이사르 키르쿠스 막시무스 대보수
44	카이사르 암살	46	카이사르 모의 해전 실시
43	제2차 삼두정치	33~22	위트루위우스 《건축서》 출간
30	이집트 속주	25	아그리파 욕장 완공
27	제정 시작(초대 황제 아우구스투스)	13	마르케르스 원형 극장 완공
4	예수 그리스도 탄생	BC 1C~AD 1C	푸테오리 3개 터널 건설
AD 6	유대 속주	AD 46	클라우디우스 항구 부분 공용
30	예수 그리스도 십자가형	80	콜로세움 완공
43	브리타니아 속주	83~132	리메스 게르마니쿠스 건설
64	로마 대화재/기독교 박해	97	프론티누스 《로마 수도론》 출간
66~73	제1차 유대 전쟁/마사다 전투 승리	113	트라야누스 항구 완공
132~135	제2차 유대 전쟁	122~132	하드리아누스 방벽 건설
117	로마 최대 영토 확보	123	카르타고 수도 완공
132	하드리아누스 영토 확대 중지	135	에페수스의 셀시우스 도서관 개설
212	안토니누스 칙령(카라칼라 황제)	216	카라칼라 욕장 완공
		226	안토니니아나 수도 완공(마지막 수도)
293	사두정치 시작(디오클레티아누스)	275	아우렐리아누스 성벽 완공
313	밀라노 칙령 기독교 공인(콘스탄티누스 1세)	298~306	디오클레티아누스 욕장 완공
330	콘스탄티노플 천도(콘스탄티누스 1세)		
375	게르만족 대이동 시작		
380	기독교의 국교화 진행(테오도시우스 1세)		
391	기독교 국교 채택(테오도시우스 1세)		
395	제국 동서 분리	404	콜로세움에서의 마지막 검투사 경기
410	서고트족 로마 약탈	523	콜로세움에서의 마지막 맹수 사냥
476	로물루스 폐위/서로마제국 멸망		
1453	오스만 튀르크 콘스탄티노플 함락/동로마제국 멸망		

찾아보기

2,000년을 견뎌낸 로마 유산의 증언

빵과 서커스

초판 1쇄 발행 2019년 4월 18일
초판 2쇄 발행 2019년 5월 10일

지은이 나카가와 요시타카
옮긴이 임해성
펴낸이 정용수

사업총괄 장충상 본부장 홍서진
편집주간 조민호 편집장 유승현
책임편집 조민호 편집 조문채 진다영
디자인 엔드디자인
영업·마케팅 윤석오 우지영
제작 김동명
관리 윤지연

펴낸곳 ㈜예문아카이브
출판등록 2016년 8월 8일 제2016-000240호
주소 서울시 마포구 동교로18길 10 2층(서교동 465-4)
문의전화 02-2038-3372 주문전화 031-955-0550 팩스 031-955-0660
이메일 archive.rights@gmail.com 홈페이지 ymarchive.com
블로그 blog.naver.com/yeamoonsa3 페이스북 facebook.com/yeamoonsa

ⓒ 나카가와 요시타카, 2019
ISBN 979-11-6386-020-4 03900